志愿服务实务丛书

中国志愿服务联合会
中国志愿服务基金会　组编

志愿服务组织建设与项目管理

王忠平　沈立伟　主编

中国人民大学出版社
·北京·

“志愿服务实务丛书”编委会

总　序

志愿服务是现代社会文明进步的重要标志，是加强精神文明建设、培育和践行社会主义核心价值观的重要载体和有效抓手。改革开放以来，我国志愿服务事业不断发展、服务队伍不断壮大、服务水平日益提升，志愿服务已经成为促进社会和谐、推动文明进步的重要力量。

中央高度重视志愿服务事业的发展。党的十八大以来，习近平总书记多次回信、寄语并做出重要指示，给予广大志愿者极大的鼓舞。一系列文件及法规，如《中华人民共和国慈善法》《志愿服务条例》《关于支持和发展志愿服务组织的意见》《关于公共文化设施开展学雷锋志愿服务的实施意见》的出台，为志愿服务事业保驾护航。党的十九大报告在加强思想道德建设层面，明确提出要推进诚信建设和志愿服务制度化，强化社会责任意识、规则意识、奉献意识，为新时期志愿服务事业指明前进的方向。如今，在习近平新时代中国特色社会主义思想的指引下，我国志愿服务事业步入历史发展的新阶段。

为进一步推动志愿服务事业健康发展，在中国志愿服务基金会的支持下，中国志愿服务联合会自成立以来便高度重视志愿服务培训工作，紧紧围绕志愿服务的制度化、法制化、规范化、信息化、专业化，积极探索志愿服务培训的新途径、新机制、新模式。依托全国宣传干部学院建立了中国志愿服务培训基地，并分别在武汉、青岛、河北、惠州等地建立培训基地，先后举办了秘书长培训班、理论研讨班、法制化培训班、信息化培训班、志愿服务组织负责人培训班以及青年志愿服务、公共文化设施志愿服务、巾帼志愿服务、助残志愿服务、社区志愿服务等各类培训班，截至2018年共培训4 000余人。全国各省市志愿服务联合会及志愿服务组织通过多种渠道积极开展了形式多样的培训活动。同时，各领域的专家学者积极开展理论研究，先后出版发行了《中国志愿服务大辞典》《中国特色志愿服务概论》《经验·价值·影响——2008北京奥运会、残奥会志愿者工作成果转化研究》等，为培训提供了智力支撑，为相关教材编写奠定了坚实的基础。

根据《中国志愿服务培训工作“十三五”时期发展规划(2016—2020)》，中国志愿服务联合会、中国志愿服务基金会联合组织专家编写志愿服务培训系列教材。通过编纂具有较强针对性、可读性和实用性的“志愿服务实务丛书”，帮助广大志愿组织和志愿者深入领会中共中央关于志愿服务工作的一系列文件精神和政策法规，了解志愿服务的内涵，掌握志愿服务的思路方法、实践路径，不断提高培训质量，提升志愿服务的能力水平。

本丛书由中国人民大学公共管理学院魏娜教授主编、中国人民大学出版社出版，通过公开征集的方式向志愿服务领域的专家学者和科研机构发布有关信息，在自主报名和推荐的基础上经过专家评审确定执行主编，并由中国志愿服务联合会、中国志愿服务基金会、中国志愿服务研究会等相关机构人员及专家学者组成编委会。

希望在各方支持和大家共同努力下，丛书在实践中不断丰富和完善，编纂工作顺利推进。相信本丛书会在推动中国特色志愿服务事业发展中发挥积极的作用。

中国志愿服务联合会
中国志愿服务基金会
2018年9月

前　言

志愿服务是现代社会文明进步的重要标志，是加强精神文明建设、培育和践行社会主义核心价值观的重要内容。作为现代国家治理体系的重要组成部分，志愿服务在增加民生福祉、促进社会文明发展、提升人民道德文明等方面具有不可替代的功能。党的十九大报告明确指出，中国特色社会主义进入新时代，我国社会主要矛盾已经转化为人民日益增长的美好生活需要和不平衡不充分的发展之间的矛盾；提出了“推进诚信建设和志愿服务制度化，强化社会责任意识、规则意识、奉献意识”的新部署。

在志愿服务的整体布局中，志愿服务组织是志愿服务事业的重要主体，是供需双方有效对接的主要平台。《关于支持和发展志愿服务组织意见》和《志愿服务条例》都明确了推动志愿服务组织化建设的创新方向，并提出到2020年，基本建成与经济社会发展相适应，布局合理、管理规范、服务完善、充满活力的志愿服务组织体系。这就要求：进一步推进志愿服务组织依法登记、建立健全组织孵化机制、积极推进志愿服务组织承接公共服务项目；进一步完善志愿服务组织监督管理和强化志愿服务组织示范引领，鼓励志愿服务组织可以依法成立行业组织，反映行业诉求，推动行业交流，促进志愿服务事业发展。

在志愿服务政策的推动下，各地大力培育和发展志愿服务组织，组织数量迅速增加，然而组织的服务质量有待提升，类型种类有待完善。现存的志愿服务组织多为实施型，枢纽型和技术型组织相对较少，完整的行业生态系统还未形成，志愿服务组织在管理、规划、治理等方面还存在一些不足。在志愿服务项目层面，多数志愿服务组织把“活动”当“项目”，把“产出”当“成果”，项目的开展多是从追求产出数据的角度出发而不是从解决实际问题的角度出发，导致大家产生了志愿服务就是做活动的错误认识，这对于解决目前在社会治理过程中遇到的一些诸如养老、助残等问题不能起到根本性的作用。此外，志愿服务领域可涵盖扶贫、济困、扶老、救孤、恤病、助残、救灾、助医、助学、环保、公共文化、大型赛会等层面，每个领域都可展开形式多样、内容丰富的志愿服务项目，但目前的志愿服务项目多集中在传统的关爱和助残等领域。因此，要推动志愿服务多领域、深层次的发展则需要扩展志愿服务项目的多元化视角，从不同的维度去设计志愿服务项目，满足社会的多元化需求。为此，需要一本推动志愿服务组织发展的培训指导教材，有效推动志愿服务的健康发展。

本书结合理论与实务，收录了大量的志愿服务组织和志愿服务项目的案例：一部分来源于网络与正式发行的书籍和刊物，另一部分来源于笔者对多年经验做的梳理和总结，希望读者可以通过案例更好地理解和消化相关知识。

本书共十二章，在各章的撰写过程中，和众泽益志愿服务中心的孙孝文、钟金秀、郭捷做了大量的基础工作，陆士桢、魏娜、谭建光、张晓红、莫于川等教授给予了非常中肯的建议，中国志愿服务联合会培训部、中国志愿服务基金会项目管理部对本书的撰写给予了大力支持。在此表示衷心的感谢！没有大家的努力，本教材就不能顺利地完成和出版。

志愿服务的发展是一个不断完善的过程，编者希望与更多志愿服务的同人一起努力、砥砺前行，为推动中国志愿服务事业的发展做出各自的贡献。

编者

2018 年 9 月

目　录

第一章 志愿服务组织概述

引 例

38 支志愿服务队延续“扫桥爷爷”善举

2014 年 7 月 16 日上午，右安门地区 300 多名居民陆续走进辽金城垣博物馆，通过展示的 100 幅摄影和书画作品，再一次回顾了默默守桥 11 年的窦珍老人的生平事迹。随着老人的离世，“扫桥爷爷”的事迹传遍京城，右安门街道借助窦珍老人志愿服务精神的影响力在街道成立了“窦珍志愿服务联合会”并由社区、辖区单位、学校等力量组成了 38 支“窦珍志愿服务队”，形成了从“一个人”到“一群人”、覆盖整个地区的志愿服务组织。

资料来源：http://bj.people.com.cn/n/2014/0716/c82838-21687947.html.

由于具有灵活性、深入社区等特点，越来越多的地方开始成立志愿服务组织。本章将详细阐述什么是志愿服务组织、志愿服务组织有哪些类型和特点，以及与志愿服务组织相关的概念的辨析等内容。

第一节　志愿服务组织的概念

案　例

微能力发挥正能量，微组织成就大作为

2008年5月31日，“微能力　正能量”志愿者团队在吉林省松原市成立，这是一个由一群来自不同行业的志愿者自发组建的志愿服务组织。截止到2016年底，团队成员已达到500多人，其中长年参加各项活动的骨干志愿者有170多人。团队的服务宗旨是尽自己微薄之力，为社会做一点力所能及的小事，传递一种健康乐观、积极向上的动力和情感；服务内容涵盖了公益互助、关爱弱势群体、扶残济困、植树、献血、环保等丰富多彩的志愿服务活动；服务准则是把好事做好、善事做成。“微能力　正能量”志愿者团队内部组织结构划分为人员信息组、策划组、宣传组、通信组、文艺组、后勤组、物品管理组七个小组。

自成立以来，“微能力　正能量”志愿者团队的服务内容和服务范围不断扩大，使更多有需求的群体享受到志愿服务，如到敬老院慰问孤寡老人，给他们包饺子、送水果、演节目，陪老人聊天；到市福利中心看望孤儿，给他们送衣服、送文具，和他们做游戏；为因车祸无钱手术的小女孩捐款、给贫困的家庭送去生活费、为乡村中学募捐学习用品；慰问抗战老兵；建立“微能力　正能量”志愿者团队捐赠室……8年间，团队共组织了看望、慰问孤寡老人和儿童，参加义务植树、义务献血等社会公益活动400余次，爱心捐款30余万元，志愿活动足迹遍布松原大地，多次受到社会各界好评。团队荣获了2014年大庆油田优秀志愿者团队、吉林省第四届优秀志愿服务组织、松原市优秀志愿者团队等称号；省、市两级媒体先后多次报道了该团队及优秀志愿者的事迹。

通过不断的学习和探索，团队内部管理日趋完善，团队也迈上了体系化的发展轨道，如今，“微能力　正能量”志愿者团队已成为吉林省松原市一支实干性极强的志愿服务队伍。

资料来源：http://www.wenming.cn/specials/zyfw/4g100_39622/zjzyfwzz/201611/t20161104_3866887.shtml.

【点评】

“微能力　正能量”志愿者团队是典型的志愿服务组织，该组织从发起到逐渐成熟的发展过程具有一定的代表性，在公益项目管理、志愿者队伍管理、志愿者阵地建设、组织宣传、组织建设、财务管理、资源整合等方面均积累了成熟的运作经验，逐步走上了正规化发展道路。

一、志愿服务组织的定义和作用

2017 年 12 月 1 日起实施的《志愿服务条例》中明确规定，志愿服务组织是指“依法成立，以开展志愿服务为宗旨的非营利性组织”。由此可以看出，志愿服务组织应当同时满足四方面的要求：一是依法成立，志愿服务组织的登记、管理要按照有关法律、行政法规的规定执行；二是必须以开展志愿服务为宗旨；三是非营利性，不以营利为组织发展目标，这也与志愿服务的无偿性特征相一致；四是组织化，人数至少要大于 1 个，且不是志愿者之间的简单联合。志愿服务组织关联着志愿服务的管理者、指导者与参与者，联系着志愿者和志愿服务受益对象，是志愿服务的关系枢纽①。

志愿服务组织是汇聚社会资源、传递社会关爱、弘扬社会正气的重要载体，是形成向上向善、诚信互助社会风尚的重要力量。伴随着中国特色社会主义的建设，我国志愿服务事业快速发展、志愿服务组织不断涌现，对促进志愿服务活动广泛开展、推进精神文明建设、推动社会治理创新、维护社会和谐稳定发挥了重要作用，具体而言，志愿服务组织的作用体现在：

（一）有助于满足社会多元需求

作为政府部门和市场部门以外的“第三部门”，志愿服务组织的行为是一种新型的资源配置方式，可以有效弥补政府失灵和市场失灵。我国志愿服务组织以扶贫、济困、扶老、救孤、恤病、助残、救灾、助医、助学等为工作重点，可有效弥补社会民生领域的薄弱环节。此外，志愿服务组织的一个特点是深入社区、了解社区需求，通过志愿服务组织的项目化运作，可以有效汇聚社会资源，满足社会多元需求。

（二）有助于提高资源利用效率

志愿服务组织以解决某类具体的社会问题为宗旨。成立志愿服务组织

① 李平. 志愿服务培训教材. 北京：中国石化出版社，2015：117.

可有效避免临时性、短期化的不足，提升志愿服务的可持续性。同时，组织化的志愿服务具有成本低、效率高、灵活度高、创新性强等特点，有助于提高资源利用效率。

（三）有助于构建多元治理格局

近年来，我国经济社会发展不平衡不充分的问题日益突出，不同区域、不同群体、不同组织之间的矛盾日益凸显，市场化取向的改革所催生的多元市场主体提出了不同的利益诉求。创新社会治理需要构建多元治理格局，最终实现共建共治共享的现代治理体系，志愿服务组织是多元社会主体中的一种重要组织形式，是化解社会矛盾、维护基层稳定的一股重要力量。

（四）有助于推动国际民间交流

随着中国外派志愿者数量的逐渐增多，志愿服务成为民间交流的重要渠道。民心相通是“一带一路”建设的社会根基，志愿服务在促进民心相通方面发挥着重要作用。传承和弘扬丝绸之路友好合作精神，广泛开展文化交流、学术往来、人才交流合作、媒体合作、青年和妇女交往、志愿者服务等，为深化双边、多边合作奠定了坚实的民意基础。对此，国家层面出台了《推动共建丝绸之路经济带和21世纪海上丝绸之路的愿景与行动》《关于加强我国社会组织参与国际非政府组织活动协调管理工作的指导意见》《关于支持和发展志愿服务组织的意见》等重要文件，积极鼓励志愿服务组织通过志愿服务的方式加强民间交流。

二、志愿服务组织的发展

20世纪70年代以来，大规模有组织的志愿活动开始在全球范围内蓬勃兴起，志愿服务组织也逐渐成为现代社会的一股活跃力量。1970年联合国大会通过决议，组建联合国志愿人员组织（UNV），负责管理与国际志愿者事业相关的各项事务，该组织从属于联合国开发计划署（UNDP），是联合国系统内最大的直接向发展中国家输送各行业高、中级专业技术志愿人员的组织。

联合国志愿人员组织总部位于德国波恩，其项目涉及的领域非常广泛，联合国志愿人员组织的人才库包含了110多个专业领域（如农业、卫生、教育、社区发展、职业技术培训、工业技术、交通、能源、环保和人口研究等）的人才。联合国志愿人员在140个国家提供服务，其中36%在非洲，31%在亚洲及太平洋地区，其余在阿拉伯国家、加勒比海、中南美及中东欧。三分之一的志愿人员在全球最贫困、偏僻和落后的地区工作。

在中国，联合国志愿人员组织是致力于通过志愿行动解决发展问题的重要机构。

改革开放以后，我国最早的志愿者产生在社区服务领域，此后，社区志愿者组织逐步建立，中国真正意义上的志愿服务组织始于 20 世纪 80 年代。1983 年北京市西城区大栅栏街道的学雷锋“综合包户”的出现标志着中国现代意义上的志愿者和志愿服务项目诞生，1989 年“天津和平区新兴街道社区服务志愿者协会”的出现标志着第一个专门的社区志愿服务组织建立。到 20 世纪 90 年代初，中国青年志愿者协会成为我国第一个全国范围的志愿服务组织，其成立推动了志愿服务在全国范围内的蓬勃发展。

据全国志愿服务信息系统提供的数据，截至 2016 年底，全国在该系统登记的志愿服务团体数量达到 287 516 个。到 2017 年 6 月，志愿服务团体数量增长到 342 065 个。根据相关调查，不同类型志愿服务组织发展的登记情况如下：由机关和企业事业单位主管的团队数量最多，占总数的 43.51%；挂靠在社区的团队和在民政部门登记注册的志愿服务组织，分别占总数的 17.69% 和 16.18%；社会自发的志愿服务团队，占总数的 8.58%；其余组织类型包括企业内部的团队、高校团队、挂靠在合法登记的社会组织的团队等①。

志愿服务组织快速发展的同时，不同区域、不同领域、不同类型的志愿服务组织联合也成为新趋势。作为志愿服务领域的全国性行业组织，中国志愿服务联合会是由志愿服务组织、志愿者自愿组成的全国性、联合性社会组织。联合会成立以来，坚持“联合、服务、促进、交流”的职能，覆盖了各级各类志愿服务组织 15 万多个，实现全国 31 个省份组织区域全覆盖。从全国和各地的整体状况来看，截至 2016 年底，全国已有中国志愿服务联合会、中华志愿者协会、中国青年志愿者协会、中国文艺志愿者协会、中国助残志愿者协会、中国扶贫志愿者服务促进会等全国性志愿服务行业组织和重点领域志愿服务行业组织，23 个省份成立了省级跨领域的枢纽型志愿服务组织，规模较大的市也成立了地区性志愿服务组织，初步形成了志愿服务行业组织体系。

根据 2016 年 7 月中央宣传部、中央文明办、民政部、教育部、财政部、全国总工会、共青团中央、全国妇联印发的《关于支持和发展志愿服

---

① 中国志愿服务联合会. 中国志愿服务发展报告（2017 年）. 北京：社会科学文献出版社，2017：8.

务组织的意见》，到2020年，我国要基本建成与经济社会发展相适应，布局合理、管理规范、服务完善、充满活力的志愿服务组织体系。志愿服务组织服务范围不断扩大，基本覆盖社会治理各领域、群众生活各方面，涌现一批公信度高、带动力强的志愿服务组织。志愿服务组织成为推进人们相互关爱、传递文明的重要渠道，成为提升社会服务水平、改善民生福祉的有力助手，成为增进社会信任、维护社会稳定、促进社会和谐的有生力量。

三、其他相关概念辨析

在志愿服务领域，存在一些与志愿服务组织相关的概念，按照组织范围划分，由大到小依次为社会组织、慈善组织、志愿者组织、志愿者协会、志愿者团队、志愿者小组。

1. 社会组织

社会组织是指由一定数量的社会成员按照一定的规范并围绕一定的目标聚合而成的社会群体。根据民政部2011年实施的《社会组织评估管理办法》，社会组织是指经各级人民政府民政部门登记注册的社会团体、基金会、民办非企业单位。在我国是指政党、政府之外的各类民间组织，主要包括：冠以协会、学会、研究会、商会、促进会、联合会等名称的，基于一定社会关系形成的会员制组织——社会团体；由民间出资成立的，直接提供各种社会服务的各种民办学校、医院、福利机构等非会员制组织——民办非企业单位；基于一定财产关系而形成的财团性组织——基金会；部分中介组织和社区活动团队。社会组织包含慈善组织，也包含协会、商会等非慈善组织。

2. 慈善组织

《中华人民共和国慈善法》规定，慈善组织是指依法成立、符合慈善法规定，以面向社会开展慈善活动为宗旨的非营利性组织，慈善组织可以采取基金会、社会团体、社会服务机构等组织形式。慈善组织应当符合下列条件：（1）以开展慈善活动为宗旨；（2）不以营利为目的；（3）有自己的名称和住所；（4）有组织章程；（5）有必要的财产；（6）有符合条件的组织机构和负责人；（7）法律、行政法规规定的其他条件。

根据《志愿服务条例》，志愿服务组织是指依法成立，以开展志愿服务为宗旨的非营利性组织，志愿服务组织可以采取社会团体、社会服务机构、基金会等组织形式。从定义可以看出，慈善组织和志愿服务组织的共同之处有：（1）成立要符合相关法律规范；（2）不以营利为目的；（3）均可以采取社会团体、社会服务机构、基金会等组织形式。两者不同之处主要在于服务宗旨不同，慈善组织是以开展慈善活动为宗旨，而志愿服务组织以开展志愿服务活动为宗旨。根据《中华人民共和国慈善法》中“大慈善”的定义，慈善组织包含志愿服务组织。

3．志愿者组织

联合国将志愿者组织定义为：公民所成立的地方性、全国性或国际性的非营利、志愿性组织。根据《中国志愿服务大辞典》，从广义上讲，志愿者组织是指具有非营利性质、非政府性质和志愿性质的组织。从狭义上讲，《北京市志愿服务促进条例》将其定义为市和区、县志愿者协会及各类专业性志愿者协会等依法成立、专门从事志愿服务活动的非营利性社会团体。一般而言，志愿者组织与志愿服务组织的区别在于组织的持续性和目标性，志愿服务组织的持续性和目标性相对较好。

4．志愿者协会

志愿者协会是指一群人同意以志愿者的身份结成一个有着一定目标的联合体（社团）。按照是否登记注册，志愿者协会可以分为具有法人资格和不具有法人资格两类。根据中华志愿者协会的定义，在中国，志愿者协会在广义上是指由志愿者、志愿服务组织以及关心支持志愿服务事业的单位或组织自愿组成的，按照章程开展活动的联合性、非营利性、公益性社会团体组织。在狭义上，志愿者协会仅指具备《社会团体登记管理条例》规定的条件，经县级以上民政部门依法登记，从事志愿服务的社会团体法人。

5．志愿者团队

志愿者团队是由两个或两个以上的志愿者为完成一个项目或任务而结成的分工明确且相对独立的小型组织，一般以 5～12 人为最佳。志愿者团队主要有 5 个构成要素：目标、团队成员、团队的定位、权限、计划。志愿者团队具有 3 个特征：（1）团队成员多样性。志愿者来自不同领域、不同年龄、不同专业，具备不同学历、不同经验、不同价值取向、不同兴趣爱好以及不同个性特征。（2）较强的独立自主性。志愿者因自愿走到一起，他们保持较强的个人意志。（3）变化和流动性。志愿者进出团队的自由度较高，因此，团队成员常有变化和流动。

6．志愿者小组

志愿者小组是由两个或两个以上的志愿者本着“奉献、友爱、互助、进步”的志愿精神组成的专门提供志愿服务、参与志愿活动的非正式组织。相比其他正式志愿服务组织，志愿服务小组具有更强的机动性、同质性。兴起于20世纪60年代的学雷锋小组，便是典型的、较早的志愿者小组。

第二节　志愿服务组织的特点与类型

案　例

“萤火虫”——受助人心中的一盏灯

北京市西城区太平街社区“萤火虫志愿服务队”成立于2010年3月，以“便民”为核心，长期致力于开展平安巡逻、绿色环保、医疗助老、法律民调、博爱助残等形式多样的便民服务活动。服务队充分发挥志愿者技能优势，不断拓展志愿服务内容，建立了服务范围覆盖妇女和老年维权、法律咨询、卫生、环保、治安巡逻等多个层面的共12支服务小分队，定期开展体检、医疗保健讲座、电器维修、心理咨询、法律援助等活动。自2010年成立以来，“萤火虫志愿服务队”共有180余名注册志愿者。这些志愿者是来自各个社区的活跃人士，其中以老人为主。

服务队以“萤火虫”为品牌名称，每位加入服务队的志愿者就像一只只闪闪发光的萤火虫，用自身的光芒照亮身边每一位需要帮助的人，将快乐传递给每一位居民，凝聚服务队的力量，造福社区居民。服务队坚持以引导居民“对号入座”参与志愿服务为建队理念，定期开展各项志愿服务活动。分门别类构建服务小分队，让居民足不出户，即可享受贴心服务，真切感受到社区大家庭的温馨。2015年，在中央宣传部、中央文明办、民政部、共青团中央等13家单位共同发起的宣传推进志愿服务“四个100”先进典型活动中，“萤火虫”志愿服务队被评为最佳志愿服务组织。

资料来源：http://www.bjwmb.gov.cn/zt/2016/fcl/3/t20160302_770533.htm.

【点评】

太平街社区“萤火虫志愿服务队”是一个发端于社区、服务于社区的志愿服务组织，其组织结构、制度建设、组织活动持续性等都有着非常成熟的规范体系，具有志愿服务组织的典型特点。

一、志愿服务组织的特点

结合中国的实际情况，并参考国际上一些志愿服务组织的特点，志愿服务组织的特点总结如下：

1. 合法性

《志愿服务条例》中明确规定志愿服务组织是指“依法成立，以开展志愿服务为宗旨的非营利性组织”。依法成立是志愿服务组织的基本要求，无论是注册、备案还是挂靠都要符合相关法律法规，符合合法性的特征。

2. 组织性

与志愿者个体或临时性志愿服务团队、小组相比，志愿服务组织具有明确的宗旨和目标，在社会中承担独特的功能，通过组织化运作针对性解决社会问题、满足社会需求。志愿服务组织的成立、登记、管理要按照有关法律、行政法规的规定执行。志愿服务组织依《中华人民共和国慈善法》《志愿服务条例》享有权利，承担相应的义务。

3. 非营利性

《志愿服务条例》中明确规定志愿服务组织是指“依法成立，以开展志愿服务为宗旨的非营利性组织”。作为非营利性组织，志愿服务组织的使命是解决社会问题，成员把自己的时间、精力无偿奉献给需要帮助的群体。一般而言，志愿服务组织运营所需要的资金主要来源于社会捐赠或其他公益性收入，其剩余收益或盈余不可作为利润进行分配，只能用于组织的可持续发展，解决社会问题。《志愿服务条例》中明确规定“不得以志愿服务名义进行营利性活动”。

4. 自愿性

《志愿服务条例》规定，“任何组织和个人不得强行指派志愿者、志愿服务组织提供服务”。自愿性是指志愿者在自由选择基础上的自觉自愿行动。志愿服务组织开展的活动是人们在共同理想信念和奋斗目标的感召下，在道德良知和道德责任感的激励下，自觉自愿地为社会和他人提供的服务和帮助。它不靠权力指使，也不靠利益驱动，它是基于责任意识、参与意识、合作意识和自我完善意识之上自觉自愿的奉献和付出。

5. 公益性

《志愿服务条例》规定：“志愿服务，是指志愿者、志愿服务组织和其他组织自愿、无偿向社会或者他人提供的公益服务。”志愿服务组织开展的活动涵盖扶贫、济困、扶老、救孤、恤病、助残、救灾、助医、助学等领域，推动了社会公平，满足了居民多元化需求。

6. 灵活性

受发展阶段限制，目前，我国存在很多的“挂靠式”“非注册”“备案式”志愿服务组织。一方面，我国许多机关单位、事业单位、工商企业内部都成立了志愿服务团队；另一方面，近年来我国民间非正式注册的志愿服务组织大量出现。我国志愿服务组织发挥规模小、服务灵活的特点，积极从不同领域开展类型多样的志愿服务活动，如开展“结对子”“一帮一”等帮扶活动，为残疾人、孤寡老人、困难家庭、贫困学生提供关爱和帮助。采取相对灵活的方式运作是志愿服务组织的一个显著特点。

二、志愿服务组织的类型

近年来，在国家法律、政策、制度、措施的支持下，各地区志愿服务组织快速发展，截至 2016 年 12 月 31 日，在中国志愿服务网备案的志愿服务组织数量为 287 619 个，注册志愿者为 32 775 342 人①。我国的志愿服务组织逐渐呈现出多种类型。

（一）依据功能类型区分的志愿服务组织

伴随中国志愿服务事业的迅猛发展，我国志愿服务组织呈现多元化趋势，志愿服务组织类型不断增加，形态不断拓展，呈现多功能、多类型的特点。依据功能类型区分的志愿服务组织主要有以下 3 类：

1. 枢纽型志愿服务组织

枢纽型志愿服务组织是指在对同类别、同性质、同领域社会组织的发展、服务、管理工作中，在政治上发挥桥梁纽带作用，在业务上处于龙头地位，在管理上承担业务主管职能的联合性社会组织。近年来，我国逐步建立了多层级的枢纽型志愿服务组织，国家层面的如中国志愿服务联合会，省市层面的如北京市志愿服务联合会、广东省志愿服务联合会，部分地区也建立了区级层面的志愿服务联合会，如北京市西城区志愿服务联合会。

① 中国志愿服务联合会. 中国志愿服务发展报告（2017）. 北京：社会科学文献出版社，2017：96.

2. 技术型志愿服务组织

技术型志愿服务组织是指专门提供智力支持、技术支持、信息支持等服务的组织，通过开展研究、调查、培训、辅导、评估等活动，为各类志愿服务组织提供多样化的帮助。这种组织一般又可细分为两类，一类是专门从事志愿服务研究和教育的支持型组织，例如 2011 年 4 月 9 日成立的北京志愿服务发展研究会是全国首个从事专业志愿服务研究的社会团队，2010 年成立的广州志愿者学院，主要功能是对志愿者进行培训、对志愿服务事业进行研究。另一类是汇聚不同领域的专业资源，为志愿者和志愿服务组织提供支持的机构，例如 2010 年成立的和众泽益志愿服务中心等。

3. 操作型志愿服务组织

中国的志愿服务组织大多数是操作型，即针对城乡群众的需求设计和实施具体的志愿服务项目的组织。不论是青年志愿服务组织的“阳光助残”服务、“关爱行动”农民工子女服务、援外志愿服务，还是民间志愿服务组织的关爱困难人士服务、山区扶贫服务、环境保护服务，都是开展志愿服务项目策划执行的代表。目前伴随志愿服务组织数量、志愿者参与人数的增多，操作型组织的类型也更加丰富多样，从社区服务、农村服务到异地服务、异国服务，从线下联系与服务到网络联系线下服务，从普通的关爱慰问服务到精准的专业技术服务等，操作型志愿服务组织不断涌现。

(二) 依据志愿者来源区分的志愿服务组织

近年来，参与志愿服务的人员越来越多，群体越来越多样，形成了不同类型的志愿服务主体。随着志愿服务事业的深入发展，志愿服务项目更加具有针对性，志愿者来源更多，志愿服务组织类型更加多元。根据志愿服务组织成员的来源不同，目前，我国志愿服务组织主要可以分为 8 种类型：

1. 党员志愿服务组织

共产党员参与志愿服务，是增强党性、实现价值自觉的需要。全心全意为人民服务是党的根本宗旨，志愿服务以奉献他人、服务社会为主题，是密切党群关系的一个重要举措，是巩固和深化党的群众路线教育实践活动成果的重要载体。我国党政机关、企事业团体积极成立“学雷锋志愿服务小组”等志愿服务组织，在体现全心全意为人民服务宗旨、帮助困难人群与家庭、弘扬文明与道德风尚、改善党员与群众关系、塑造服务型党组织等方面发挥积极作用。

案　例

党员服务近群众，周末高港进人心

近年来，江苏省泰州市高港区以区委组织部、区委区级机关工委牵头组建的“周末高港·党员关爱服务队”为载体，组织机关党员志愿者利用周末时间，充分发挥岗位优势和专业特长，深入基层、贴近群众，开展了一系列富有特色的志愿关爱服务活动。党员关爱服务队累计组织党员志愿者1 500多名，开展关爱服务活动80多场次，投入资金300多万元，资助留守儿童1 000多名，服务群众2万余人次，“周末高港·党员关爱服务行动”成为泰州市文明优质服务品牌，“周末高港·党员关爱服务队”被评为泰州市优秀志愿服务组织，被江苏省委宣传部等四部门授予“爱心单位”称号，其开展的系列关爱服务活动，被中直党建、中国江苏网和江苏机关党建等媒体推介报道。

资料来源：http://www.wenming.cn/specials/zyfw/4g100_39622/zjzyfwzz/201611/t20161104_3864974.shtml.

【点评】

党员志愿服务近年来发展迅速，成果显著，而党员志愿服务组织更是层出不穷。党员志愿者与党员志愿服务组织充分发挥“党建引领”的作用，有力地推动了志愿服务组织的整体发展。

2. 巾帼志愿服务组织

2001年，全国妇联制定了《关于发展壮大“中华巾帼志愿者”队伍的意见》。随着我国经济发展和公众素质的提高，巾帼志愿服务组织的队伍更加庞大，出现了以妇女为主体的家庭志愿者、维护权益志愿者、绿化环境和环境保护志愿者等队伍。

案　例

北辰社区巾帼志愿服务队

新疆生产建设兵团农九师一六二团北辰社区巾帼志愿者服务队成立于2009年，队中注册志愿者人数为65人。服务队充分利用社区现有资源，依托“妇女之家”等阵地，利用广播、宣传栏加强各种法律法规、妇女保健、科技知识的宣传，在此基础上开展敬老爱老、教育子女方面的典型人物和事迹宣传活动。在社区开展的“最美家庭”评选活动中，巾帼志愿服务队充分发挥作用，引导广大妇女在活动中接受道德教育，积极传承夫妻和睦、尊老爱幼、科学教子、勤俭持家、邻里互助的美德，引导广大社区妇女积极参与和谐家庭建设。2016 年，北辰社区巾帼志愿者服务队开展各类宣传活动 16 次、文体活动 6 次、扶贫帮困 16 次、法律宣传咨询 9 次，协理信访 11 起，调解邻里纠纷 10 起，组织妇女打扫环境卫生 7 次，印发倡议书、卫生小常识手册、宣传贴画等 400 余份，劝导不文明、不卫生行为 60 多次，受到社会广泛好评。

资料来源：http://www.wenming.cn/specials/zyfw/4g100_39622/zjzyfwzz/201611/t20161104_3866039.shtml.

【点评】

《志愿服务条例》规定：“工会、共产主义青年团、妇女联合会等有关人民团体和群众团体应当在各自的工作范围内做好相应的志愿服务工作。”巾帼志愿服务组织一直是重要的志愿服务组织类型之一，成员由妇女组成，可凭借自身优势针对性地开展志愿服务工作，是值得学习和推广的志愿服务组织类型。

3. 老年志愿服务组织

老年志愿服务组织是指由老年人自发成立的志愿服务组织。随着我国经济社会发展，人均寿命逐年提高，越来越多的退休老人通过开展志愿服务活动，继续发挥余热。

案　例

洛阳市老干部督导团

在洛阳城市街头，活跃着一支由老红军、老八路、老解放组建，平均年龄 75 周岁的文明城市创建和城市管理志愿者队伍，他们就是被市民誉为“洛阳城里的好八连”的洛阳市老干部督导团。

1992 年，洛阳市城管力量薄弱，城市管理与先进地市相比还存在很大差距，以原北疆军区司令员郭兴（平原游击队“李向阳”原型）、原某部后勤部长兼政委马世凯等为首的一批生活在洛阳的离退休老干部看在眼里急在心里，他们主动请缨成立洛阳市老干部督导团，参与城市管理，为地方建设发挥余热。这支由有着革命历史传统的部队团以上干部组成的城市管理督导队伍，共设 1 个总团 10 个分团。老干部督导团按照“高层次参与，全方位督导”的指导思想和“干活不干扰，帮忙不添乱”的工作原则，参与到城市规划、市政建设、城市管理、矛盾调处等城市工作中。20 多年来，发现问题、撰写城市管理意见和建议累计 32 700 多项，直接纠正乱摆乱放和无证经营，教育疏导各种车辆违章，治理店外营业，调整处理基层执法人员乱罚款、乱收费和接待个体商户投诉，协助查处欺行霸市、肆意宰客、出售伪劣商品等不法商贩以及制止沿街抽签算命等迷信活动，调处民事纠纷等问题数百万次，有效地协助市委市政府解决了城市管理中的一些重点、难点和热点问题。

资料来源：http://www.wenming.cn/specials/zyfw/4g100_39622/zjzyfwzz/201611/t20161104_3864816.shtml.

【点评】

老年志愿服务队等组织类型可充分调动老年人这一庞大群体，开展一些老年人适合参与的志愿者活动，如社区管理等，不仅可以服务大众，还可以使老年人“老有所为”“老有所乐”。

4. 学校志愿服务组织

由于志愿者服务年龄的限制，一般年龄较小的学生参与志愿服务需要有监护人的陪同。青年作为志愿服务的主要群体和先锋队，在其中发挥了重要作用。学校志愿服务组织成为青年学生，特别是大学生奉献社会、开展志愿服务的重要载体。就目前学校志愿服务组织的运行情况来看，主要有 3 种模式：一是社团化管理模式。目前很多学校，特别是大中专院校会根据学生的兴趣爱好，支持鼓励学生成立各类以志愿服务活动为主的学生社团。二是项目管理模式。例如，中国人民大学的校青年志愿者协会是在校团委志愿者工作部的指导下开展工作的，共设立了 9 个项目管理部门，负责全校 9 个领域志愿服务项目的日常管理和监督工作，各院系青年志愿者协会也基本效仿此组织模式。三是党政支持、共青团示范、社团管理的模式。党政的支持为青年志愿服务组织工作开展提供制度和环境保障，共青团为志愿服务活动的开展把握方向、提供指导，社团组织成为志愿服务活动具体开展的组织者和协调者。

案 例

长安大学青年志愿者服务总队

长安大学青年志愿者服务总队自2008年11月成立以来，注册志愿者人数超过2.5万人，他们以“服务社会、帮助他人、完善自己、弘扬新风”为行动宗旨，按照“树理念、做品牌”的工作思路，秉承“奉献、友爱、互助、进步”的志愿精神，组织有志于从事志愿工作的广大学生，践行志愿精神、服务社会，与社会各界公益组织团体协同发展，在支农支教、社区服务、绿色环保、青春健康、爱心捐赠、会展服务等领域开展了丰富多彩的志愿服务活动。先后开展了“指尖爱”关怀计划、“红高粱”行动、“美丽社区”、“传承古国文化，情系丝国之心”、“情系渭水，爱暖长安”、“渭水行动”、“蓝天梦，环保行”以及“青春之翼”等系列活动。目前已基本实现了志愿服务和公益活动的品牌化、常态化、基地化、社会化。

资料来源：http://www.wenming.cn/specials/zyfw/4g100_39622/zjzyfwzz/201611/t20161104_3864947.shtml.

【点评】

学校志愿服务组织主要由青年学生组成，是青年志愿服务组织的重要组成部分。青年学生文化素质较高、参与积极性较高、服务意愿较强，同时学校志愿服务组织的服务范围较广，这在很大程度上推动了志愿服务组织的发展，尤其是学校志愿服务组织的发展。

5. 企业志愿服务组织

企业志愿服务又称“员工志愿服务”，指的是由企业提供资助和项目支持，鼓励并允许员工参加社区志愿服务活动。近年来，企业志愿服务组织兴起并且发展较快，在志愿服务事业中占据着非常重要的位置。根据和众泽益志愿服务中心发布的《中国企业志愿服务发展报告（2017）》：在时间及各方面条件允许的前提下，高达99.28%的企业员工愿意参加志愿活动，企业员工参与志愿服务的热情高涨，参与意愿强烈；企业志愿服务发展的组织化趋势在加强，越来越多的企业愿意从自身层面推动开展志愿服务活动。

案 例

拜耳中国志愿者协会

拜耳中国志愿者协会成立于2009年，致力于“女性赋权与健康”“儿童科学教育”“促进社会融合”“关爱老人”“保护环境”“实行绿色倡导”“支持灾害救援及扶贫”等公益行动。目前，拜耳志愿者协会在上海、北京、广州、杭州、南京、成都、昆明、天津、哈尔滨等省市都已成立分会，并逐步发展，为社会做出更多贡献。截至2016年底，共有4 792名志愿者注册，贡献志愿服务61 710小时。

资料来源：http://www.bayer.com.cn/index.php/SheHuiZeRen/VolunteerAssociation.

【点评】

企业志愿服务组织是近年来兴起的新型志愿服务组织形式，企业提供资源支持员工参与志愿服务，践行企业社会责任。企业有丰富的资源，因此企业志愿服务组织的服务积极性和服务频率较高，影响也较为广泛。

6. 医院志愿服务组织

我国医疗卫生改革的逐步深入，要解决医疗服务领域中存在的社会问题，满足患者多层次的服务需求，仅靠医务工作者的努力是不够的，需要志愿者作为第三方来发挥其促进医患和谐的推动作用。志愿服务是医务工作者社会工作中的重要组成部分。让经过专业志愿服务工作培训的志愿者，为患者提供生理-心理-社会-伦理全方位的服务，成为适合中国国情的有效切入点。为拓展医院服务领域、满足患者多元服务需求、架起医患沟通的桥梁、增进医患之间的互信与理解，同时为社会人士搭建奉献爱心的平台，2009年3月，卫生部医政司决定在北京大学人民医院开展社会志愿者志愿服务试点工作。此后，我国医疗卫生系统及各医院积极开展志愿服务工作，出现了一批医院志愿服务组织。

案　例

白衣天使志愿服务队

北京大学人民医院于2009年4月成立医务社会工作暨志愿服务工作部，开展包括就诊引导服务、透析室患者陪伴服务、急诊室服务、患者图书借阅服务、手术室患者陪伴服务、患者关爱服务和健康教育在内的19项志愿服务工作，逐步建立起包括招募体系、培训体系、管理体系、评估体系和激励机制在内的适合中国国情的志愿服务模式。从2009年4月2日至2017年9月12日，北京大学人民医院注册志愿者共计5 524人，参与志愿服务35 918人次，服务累计88 960小时32分钟。志愿者在为患者服务的同时，也积极发现医院服务流程中的不足，为医院提出合理化建议200余条，一系列方便患者的服务举措得到落实，医院树立起全新的社会形象。

【点评】

医院志愿服务组织有其自身的运行规律。医院既可以通过志愿者的志愿服务工作为患者提供服务，也可以将医院资源与社区资源进行对接，广泛开展健康义诊、健康讲座、免费体检等便民服务。

7. 文化志愿服务组织

文化志愿服务是培育和践行社会主义核心价值观、提高国民素质和社会文明程度的重要载体。在文化建设过程中培育和壮大文化志愿者队伍，广泛开展文化志愿服务活动，能够满足公民日益增长的多方面、多层次、多样性的精神文化需求，提高公民的道德素质和文化素质，促进人的全面发展，在努力消除文化生活的城乡差异、提升文化服务的人性化和个性化功能、保障公民基本文化权利以及让文化改革发展成果惠及最广大的人群等方面将会发挥十分重要的作用。根据文化部2016年发布的《文化志愿服务管理办法》，文化志愿服务的范围主要包括：（1）在公共图书馆、文化馆（站）、博物馆、美术馆等公共文化设施和场所开展公益性文化服务；（2）深入城乡基层开展文艺演出、辅导培训、展览展示、阅读推广等公益性文化服务；（3）为老年人、未成年人、残疾人、农民工和生活困难群众等提供公益性文化服务；（4）参与基层文化设施的管理和群众文化活动的组织等工作；（5）参与文化行政部门和文化单位开展的文化遗产保护、文化市场监督等工作；(6) 开展其他公益性文化服务。

案　例

志愿服务助力文化推广

宋庆龄同志逝世后，党中央决定将宋庆龄生活和工作的主要场所——后海北沿46号寓所，命名为“中华人民共和国名誉主席宋庆龄同志故居”，确定为全国重点文物保护单位、全国青少年爱国主义教育基地。自2000年以来，宋庆龄故居开始招募志愿者。2011年1月27日（宋庆龄诞辰纪念日），宋庆龄故居志愿者联合会正式挂牌成立。目前，常年活跃在故居志愿服务岗位上的志愿者约300人，包括来自北京师范大学、北京科技大学、人大附中等19所高校和中学团体，西城区老医药卫生工作者协会、北京什刹海摄影协会两个社会团体在内的成员，还包括来自21所“时代小先生”示范校的少年儿童。同时，也为以个人名义参加志愿服务的人们开通渠道，设置不同时间、不同性质的工作岗位，打造了一支覆盖广泛、梯次合理、特色鲜明、作用突出、影响较大的志愿者团队。

资料来源：http://news.163.com/11/0128/14/6RGAMLEM00014AED.html.

【点评】

文化志愿服务组织开展文化志愿服务要坚持“政府引导、社会参与”的原则，立足实际，建设一批组织文化志愿服务活动规范有序、作用发挥明显、社会影响力大的示范单位，带动各级各类文化企事业单位、文艺院团及社会文化机构参与文化志愿服务。

8. 外来务工人员志愿服务组织

外来务工人员志愿服务组织是指主要由外来务工人员发起或组成的志愿服务组织，既包括纯粹由外来务工人员组成的志愿服务组织，也包括由外来务工人员与其他人员组成的组织，主要开展群体自助服务、互动服务以及面向社会的服务。概括起来主要有以下几种类型：一是知识传授型。帮助外来务工人员尽快适应当地文化、制度和人际关系交往等，协助农民工融入当地生活。二是就业辅导型。志愿服务组织通过收集整理原来求职的经验教训，开展新的就业创业辅导服务，不断提升务工人员的综合发展能力。三是支持发展型。一个做法就是挑选优秀的志愿者作为“圆梦计划”中的外来务工人员的“人生导师”，传授做人做事的经验，培养职业道德、职业素质。另外就是志愿者团队通过开展多种多样的服务，丰富务工人员的文化休闲生活，以便于他们融入城市、健康发展。四是权益维护型。志愿服务组织主动联系政府部门、司法部门，建立务工人员权益保障“信息直通车”。改变原来务工人员缺乏合法合理投诉渠道的境况，化解社会矛盾。五是提供外来务工人员子女关爱服务的组织。志愿服务组织积极联络城市社区、农村村庄的志愿者力量，为流动儿童与留守儿童提供关爱服务。

案　例

北京工友之家文化发展中心

北京工友之家文化发展中心，简称工友之家，成立于2002年11月，是经北京市工商行政管理部门正式注册、审批的非营利性社会公共服务机构，致力于打工者群体的社会、文化、教育、权益维护及其生活状况的促进与改善，提倡互助合作、团结友爱、立足社区、奉献社区，为促进我国经济改革与发展、社会和谐与进步服务。曾被北京市政府评为“北京十大志愿者团体”。工友之家的打工青年艺术团，曾被国家文化部、中央宣传部评为“全国服务农民先进集体”。

【点评】

集合外来务工人员组建自治型志愿服务组织是服务外来务工人员较为直接和有效的方式，外来务工人员最了解自身的需求，针对需求提供服务，服务效果才更好。

（三）依据区域类型区分的志愿服务组织

根据志愿服务组织所属的区域类型，大致可以分为以下两类：

1．城市社区志愿服务组织

目前城市社区志愿服务组织是我国志愿服务的主要力量，在一定程度上改变了追求经济发展，忽视精神文化、人际关系的社会现状，促进了社区居民之间关系的和谐，在潜移默化中培育了社区居民的志愿精神。大部分社区形成了有组织、有章程的志愿者队伍，如成立“社区志愿服务指导委员会”“社区服务志愿者协会”等。社区志愿服务组织对促进街道基层治理、提升服务质量具有重要推动作用。

案　例

源于社区，服务社区

民安华福社区有居民 4 万余人，邻里纠纷、困难群体问题、居家安全问题等不断出现，社区工作人员力量不足。在此情况下，社区工作人员积极发动辖区内党员参与志愿服务，帮助困难群体，并在提供志愿服务的过程中，不断吸纳更多居民加入志愿者队伍。随着服务的不断深化，2013 年社区建立了“五色志愿服务队”，招募注册志愿者 7 044 名，下设 5 支分队，分别开展平安家园护卫志愿服务、文明家园宣传志愿服务、爱心家园互助志愿服务、洁净家园环保志愿服务、和谐家园调解志愿服务。五色志愿服务队成立以来，以“帮助他人、完善自我、服务社区、弘扬新风”为宗旨，积极开展公益性群众文化宣传、邻里纠纷调解、环境卫生保护、老弱病残帮扶等志愿服务活动，为建设和谐安定、文明互助的公租房社区做出了积极的贡献。

资料来源：http://www. wenming. cn/specials/zyfw/4g100 _ 39622/zjzyfwzz/201611/t20161104_3864947. shtml.

【点评】

发动社区居民组建社区志愿服务组织，由社区志愿者为本社区直接提供服务，解决与社区居民自身生活相关的问题，使得志愿者参与更为积极，同时因志愿者和被服务居民所处同一区域，居民的配合度较高，服务效果较为好。

2. 农村志愿服务组织

我国农村志愿服务组织处于快速发展阶段。伴随着农村经济的变革、传统基础结构的瓦解和农民价值观念的转变，群众性的农村志愿服务组织越来越成为支持农村经济、政治、社会、文化发展的重要力量。当前中国农村志愿服务组织主要有三种形式：一是农村生活区志愿服务站。主要为村民及其他成员提供生活帮助、文化娱乐、环境优化等服务。二是农村工业区志愿服务站。这种形式的志愿服务组织“两外”特点非常明显，志愿者主要由外来工组成，服务内容主要是针对外来工需求。其向外来工提供多种服务，如创办外来工小刊、小报，免费提供版面，让这些人表达心声或发表文艺作品。三是镇村联合志愿服务队。主要是在镇政府一级志愿者的引领下，镇村合作开展志愿服务。

案 例

小榄镇志愿者协会

小榄镇志愿者协会成立于2012年2月，目前注册志愿者2.56万人，累计开展志愿服务42 735小时。近年来，协会广泛凝聚全镇志愿者，努力营造“全民志愿，修身善行”的浓厚氛围。

一是促进服务体系多元化。建成1 137支志愿服务队伍，打造涵盖社区、学校、企业和社会组织的志愿服务体系。积极探索社区公益志愿服务模式，是全国“最美志愿服务社区”的新式社区，建设家庭综合服务中心，以“社工＋义工”的形式向群众提供各类社会服务。推动全镇15个社区建立公益平台，建成镇、社区两级共建的全民公益园共3.5万平方米，让居民群众尽享“家门口”的志愿服务。

二是推进服务组织制度化建设。制定《中山市小榄镇志愿者协会工作指引》《关于开具志愿服务时数证明的管理办法》，规范志愿者、志愿者组织和志愿服务活动的科学管理。推进“志愿中山”微信平台的应用普及，通过其实现在线注册、实名认证、活动发布、签到签离、时数统计、组织管理、活动传播等。深化“创益菊城”行动，自2012年起每年举办公益创新大赛，面向社会公开征集志愿服务品牌项目。至今，孵化培育了涉及妇幼家庭、青年儿童、老年残障、新老中山人、医疗卫生、生态环境、创业就业和文化艺术等9大类159个优秀项目。近三届还增加了征集公益文化作品、公益点子、社区公益版块、部门公益版块、寻找身边公益达人等内容。健全政府购买服务机制，让公益团体、志愿组织能提供多层次、多样化的社会服务项目。整合民间志愿力量，举办志愿服务项目推介会、公益志愿嘉年华等公益创投活动，广泛推动“爱·行·善”全民公益行等活动，让更多的社会力量参与优秀志愿服务项目的推广和实施。至今，共发起公益创投活动281场次，得到了369家爱心企业支持，9.93万市民参与，累计筹得1 259多万元善款，让27.3万人体验到公益志愿活动带来的快乐。

三是注重服务队伍发展培育。建立志愿者培训体系，邀请国内知名专家及学者定期举行志愿服务培训班；打造“社工＋志愿者”孵化基地，提供志愿者培训与人才培育的场所；聘请专业社工机构提供督导服务。鼓励志愿者参加社工培训班，设定专项激励制度，支持和引导164名志愿者考取了社工专业资格，发展“社工互助小组”公益项目，培养志愿者队伍的团队合作精神。各分队结合实际需要，积极探索各队伍人才培育模式，如绩西社区志愿服务总队的推优入党机制，激励优秀志愿骨干成为党的后备军。

四是加强服务活动宣传。制作《爱传递》《我相信》《因为有您》等宣传短片，在QQ群、微博和微信群推广志愿活动的开展效果，举办“感恩有您”公益盛典，引导广大群众自觉参与志愿活动。

资料来源：http://www.wenming.cn/specials/zyfw/4g100_39622/zjzyfwzz/201611/t20161104_3864947.shtml.

【点评】

农村志愿服务组织与城市的社区志愿服务组织类似，均是动员居民志愿者直接参与本地社区服务的形式，志愿者参与度和居民配合度较高，服务效果较好。

（四）依据注册类型区分的志愿服务组织

从是否独立注册发展的角度看，志愿服务组织可以分为两类：

1. 正式注册的志愿服务组织

正式注册指的是志愿服务组织按照相关的法律条例，在区（县）级或区（县）级以上民政部门提交材料并获审核通过。正式注册的志愿服务组织在组织结构、制度建设、组织活动持续性等方面更具规范性，更容易得到政府和相关资助方的认可。

2. 非正式注册的志愿服务组织

随着志愿者数量的急剧增长，越来越多的志愿者自发组织起来参与到志愿服务中来，但是由于他们只能利用个人的业余时间开展活动，因此并没有在民政部门正式注册，因为在民政部门注册需要固定的注册地址，相应的法律流程也会增加志愿服务组织的成本和时间投入，所以他们一般以非正式注册的方式参与活动。这种情形在国内非常普遍，比如国家与地方还有许多机关单位、事业单位、工商企业内部的志愿服务团队，在党政部门和志愿服务联合会等指导下，开展类型多样、灵活创新的服务活动，这些志愿服务组织也属于非正式注册的类型，大多数实施“双重挂靠”管理模式：一是接受单位党政部门的监督管理，二是接受本地志愿服务联合会的指导管理。

思考与讨论

1. 什么是志愿服务组织？
2. 志愿服务组织的作用是什么？
3. 志愿服务组织的特点是什么？
4. 志愿服务组织有哪些类型？
5. 志愿服务组织、慈善组织和社会组织，你能说清三者的关系吗？

第二章
志愿服务组织的定位

引　例

中国扶贫志愿服务促进会

中国扶贫志愿服务促进会（简称“促进会”）成立于2016年4月，是由国务院扶贫办主管，在民政部登记注册的全国性、非营利性社会组织。促进会是《中华人民共和国慈善法》颁布后我国成立的首个致力于扶贫济困的民间组织。

根据2020年全面建成小康社会的战略目标，促进会将围绕为贫困地区发展提供服务，促进贫困县、贫困村摘帽以及建档立卡贫困户脱贫致富的目标，充分发挥社团组织的作用，聚合中国社会扶贫的资源和力量，建立健全社会扶贫志愿服务平台。通过充分发挥桥梁纽带作用，推广扶贫志愿服务理念，弘扬扶贫志愿服务精神，发展扶贫志愿服务事业，营造和谐、文明、健康、向上的社会氛围，促进会将为打赢脱贫攻坚战、全面建成小康社会做出积极贡献。

促进会的业务范围包括：

（一）贯彻国家脱贫攻坚方针政策，推广扶贫志愿服务理念，提高社会公众对扶贫志愿服务工作的认知度和参与度；

（二）完善社会服务体系，吸引、聚合、优化社会扶贫资源，搭建贫困地区群众与政府、企业、慈善机构等对接的综合性扶贫志愿服务平台；

（三）组织开展实地调研，进行扶贫志愿服务理论研究，为国家制定扶贫志愿服务政策提供参考；

（四）开展产业扶贫，以产业带动扶贫，动员社会资源和资本参与扶贫产业发展；

（五）开展教育、健康、专业技术等领域的社会帮扶工作；

（六）开展扶贫志愿服务和脱贫致富带头人创业培训工作；

（七）加强扶贫志愿者队伍建设，着力提高扶贫志愿服务组织和扶贫志愿者的能力，拓展服务领域、开展服务活动；

（八）反映扶贫志愿服务组织和扶贫志愿者诉求，维护扶贫志愿服务组织和扶贫志愿者的合法权益；

（九）经批准，依照有关规定开展对扶贫志愿服务组织和扶贫志愿者的表彰活动；

（十）开展与国际及港、澳、台地区扶贫志愿服务组织的交流活动，推进国际扶贫项目合作。

资料来源：http://www.cppvs.org.cn/pages/gywm/jgjj/584.html.

志愿服务组织建立之初就要为组织进行精准定位，设定组织的使命和愿景，确立组织的价值观，制定组织的章程与战略规划。精确的组织定位可以有效引领组织的发展并指导组织工作的开展，但具体应该如何进行组织定位呢?

在本章内容中将详细阐述有关志愿服务组织的使命、愿景、价值观、章程与战略规划内容。

第一节　志愿服务组织的使命

案　例

使命引领组织前行

重庆市阳光志愿服务队成立于2017年7月1日，是由共青团重庆市委员会与精神文明建设委员会办公室、重庆志愿服务网指导成立的公益志愿服务队，其使命是：致力于社会公益历程的推进，传播公益理念，尤其是在高校间传播公益理念，为高校学生参与志愿服务提供平台，让当代青年成为有责任有担当有公益意识的一代。

【点评】

重庆市阳光志愿服务队的组织使命可以清晰地描绘出服务队未来要开展的工作，指导服务队未来的发展方向就是使命的价值和意义。

一、志愿服务组织使命的概念

何谓组织使命？一个组织的使命就是其存在的目的，也就是它存在的缘由，使命阐述了组织的基本性质和存在理由。志愿者服务组织的使命是指志愿服务组织在社会中承担的角色、责任及其任务，这是组织存在的根本目的。志愿服务组织的使命是实现组织愿景的途径和方式，反映了社会对志愿服务组织的要求，也包含着志愿服务组织创始人和领导者的价值追求和抱负。

二、志愿服务组织使命的作用

志愿服务组织使命决定着志愿服务组织的发展方向、未来规划和资源配置，是志愿服务组织制定战略规划、行动计划、组织运行和实施服务的重要纲领。使命具有感召力，因为使命可以吸引志同道合的志愿者，保证组织内部成员为组织的主要目标达成做出贡献。

任何组织都要有明确的使命。组织使命有助于确立组织发展方向，明确组织定位，增强组织凝聚力（见图 2－1）。现实中志愿服务组织的管理者往往在不断强调“去做”“去践行”，而忘记去思考“为什么要这样做”。实际上，对使命的思考对于志愿服务组织的发展和战略管理起着至关重要的作用。

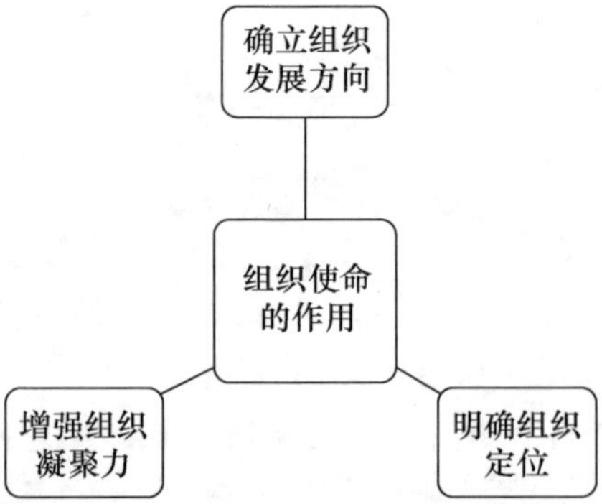

图 2－1　组织使命的作用

（一）对使命的思考有助于确立志愿服务组织的发展方向

对志愿服务组织使命的反思，有助于了解志愿服务组织能够向社会提供什么服务，明确志愿服务组织存在的理由和奋斗的目标。如果将志愿服务组织比作一艘远航之船，那么志愿服务组织的管理者便是这艘船的船长。在扬帆起航之前，船长必须知道这艘船具有什么样的潜能，要开到哪里，去做什么。

（二）对使命的思考有助于明确志愿服务组织的定位

在现实中，很多志愿服务组织的管理者忽视了使命的作用，认为使命是空洞的，这是应该竭力避免的一种观点。使命是一个组织的命脉，如果一个组织的内部成员对本组织的使命没有达成共识，那么这个组织将是涣散的。对所有的志愿服务组织来说，关注组织内外环境变化、根据变化趋势来调整使命是管理者的首要责任。志愿服务组织的管理，不是靠利润的驱使，而是靠使命的凝聚力和引导，只有能反映社会现实需要的使命，才能获得社会各方面的支持。正如德鲁克所指出的，募款的目的是支持志愿服务组织顺利实现自己的使命，而不是将使命置于募款之下。现实中也是这样，一个有力的带有激励性质的使命，能够让组织把注意力集中在那些对完成任务有重大影响的方向性任务上，甚至使更小的组织变得高效。

（三）对使命的思考有助于增强组织的凝聚力

志愿服务组织的使命，不仅是落实在字面上的一段文字和描述，同时它还起到陈述一个志愿服务组织的文化理念、存在价值以及发展目标的作用。一个明确而清晰的组织使命可以激发员工的使命感和自豪感，使大家围绕同一目标和方向共同努力，增强组织的凝聚力。

三、志愿服务组织使命的陈述与调整

使命对组织来说就是其追求的远大目标，对于使命的具体表述则是简短的一两句话。如何用一两句话来描述清楚一个组织的使命是富有挑战性的工作。对于使命的描述，应该在明确组织目标的基础上进行，而且要富有感染力和号召力。使命的确定要基于对组织所要达成的目标、应该承担的责任以及开展的服务内容的有效分析。例如，中国扶贫基金会的使命是：播善减贫，成就他人，让善更有力量。

志愿服务组织管理者在确立使命的过程中应该发挥全体成员的力量，这样建立起来的使命也容易被认同。可以组织全体成员进行有关组织任务和目标的讨论。以下 5 个问题是讨论的核心：

（1）我们是谁？（借此确定组织的定位。）

（2）我们的服务对象是谁？存在什么样的需求要我们来满足？

（3）服务对象认为有价值的东西是什么？我们应该如何对这些需求和问题做出反应？

（4）我们的核心指导思想和价值观是什么？什么东西把我们团结在一起？

（5）我们有什么优势和资源能确保高效地满足社会需求？

如果通过这些讨论能够使组织成员逐渐取得一致的看法，接下来就是对这些目标和内容进行语言上的提炼和概括。使命一旦确定，管理者的下一步工作就是让全体组织成员了解并认同这一使命，将这一使命融入日常工作。

使命既不是一成不变的，也不是时刻在变的，它总是在一段时间内与组织的内外环境达到一种平衡。当内外环境发生重大变化时，管理者要敏锐地发现变化，并修正组织使命带领组织适应变化。

第二节　志愿服务组织的愿景

案　例

愿景增强组织影响力与号召力

重庆山城志愿服务中心是重庆本土最具潜力的志愿服务组织之一，正式成立于2007年11月11日，2014年9月19日在重庆市民政局正式登记注册，该组织致力于志愿者发展工作，到2014年9月19日，正式注册的志愿者达7 000余名，组织活动1 000余次，志愿者服务时间累计数万小时。重庆山城志愿服务中心提供志愿者宣传招募、登记注册、志愿者文化营造、志愿者培训、志愿者活动等服务。

重庆山城志愿服务中心的组织愿景：人人献出一点爱，让山城变得更美丽。

资料来源：http://www.sczyz.org/content.asp? bid=13&id=29.

【点评】

重庆山城志愿服务中心的组织愿景简洁清晰，希望通过组织愿景的号召与动员，使更多的人参与志愿服务、参与公益，共同建设美丽山城。

一、志愿服务组织愿景的概念

志愿服务组织仅仅有使命是不行的，还需要规划一个美好的愿景去激发志愿者向着未来奋斗。

1. 愿景的定义

所谓愿景，就是对组织未来蓝图的勾勒，是组织领导者对组织前景和发展方向的高度概括的描述。对于志愿服务组织的管理者而言，组织管理的首要环节不是迫不及待地招募志愿者，组建一个团队，也不是针对社会的需求制订计划开展服务活动，而是为志愿服务组织确定恰当的组织使命，并围绕组织使命塑造共同的愿景。明确的愿景，能使志愿服务组织的员工和志愿者有共同的目标、共同的期待。一般而言，愿景包括两个方面：一方面是指达到使命后，志愿服务组织能为社会带来的变化；另一方面则是指组织本身的变化，即为志愿者生动地描绘出组织未来的样貌、工作内容和社会地位。总而言之，愿景为志愿服务组织的管理者、员工、志愿者、资金赞助者和潜在的支持者描绘出一幅充满希望的蓝图。

2. 愿景的组成要素

愿景分为个人愿景和组织愿景。个人愿景是组织愿景的基础，组织愿景是个人愿景的升华。就组织愿景而言，它是组织成员就组织的未来所达成的共识，是组织有能力实现的梦想。组织愿景主要回答两方面的问题，一是组织存在的价值，二是组织成员存在的价值。组织愿景由四个要素构成（见图 2－2）：

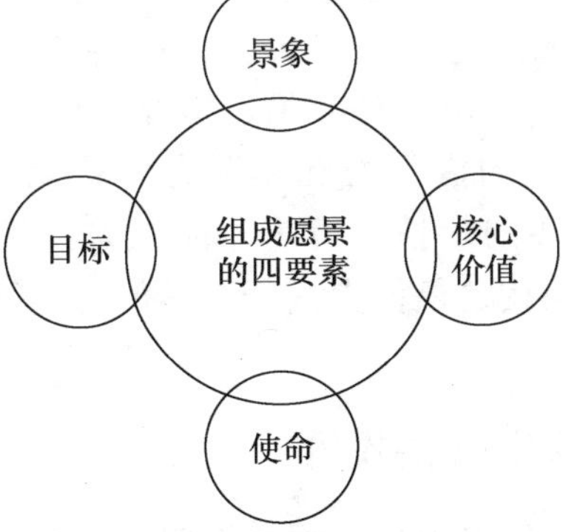

图 2－2　组成愿景的四要素

（1）景象：组织想要创造的未来景象。

（2）核心价值：组织实现目标的行动指南。

（3）使命：组织存在的理由。

（4）目标：组织在短期内要取得的成果。

3. 愿景的基本特征

愿景是组织的灵魂。没有愿景，组织就没有未来，没有成功的愿景，组织就不会有旺盛的生命力。组织愿景有如下四大基本特征：

（1）愿景应当是清晰的。组织愿景不是一句口号，更不是空想，它必须清晰而准确地指明组织的前进方向和要达到的目标，塑造每个成员都乐意追求的可信的梦想。虽然组织发展有时快，有时慢，甚至有时出现倒退的情况，但愿景总是能让每个人都知道组织应该朝什么方向前进，从而形成强大的感召力。如果组织对将来的机会和挑战没有明确的判断，那么它就会遇到阻碍或困难，影响组织的良好运营与发展。

（2）愿景应当是独特的。一个成功的组织愿景常常是独一无二的，它必须反映出组织的个性和看法，反映出组织认为最主要的东西，反映出组织存在的真正理由。组织愿景集智慧、信念、价值观、情感、洞察力、创造性、环境于一体，超越组织现状，面向组织未来，是组织知识的累积，是组织核心能力之所在。

（3）愿景应当是持久的。组织愿景是组织的精神内核，不论市场环境、竞争对手怎样变化，也不论组织的战略、产品、服务等怎么变化，这个核心应在一定时期保持不变。持久的愿景凝结了组织追求成功的强烈愿望，是推动组织可持续发展的核心动力。

（4）愿景应当是共同的。组织愿景不是组织中个别人所持有的相同愿景，而是组织成员及其他利益相关方共同持有的愿景，其力量来自对组织的共同关切，并创造出一种和谐、有序的整体感，从而贯彻于组织的全部活动，形成极强的内聚力和驱动力。愿景只有被全体成员认同，才能激发他们为之奋斗的热情，组织才能优秀，甚至卓越。例如，中国扶贫基金会的愿景是：构建最值得信任、最值得期待、最值得尊敬的国际公益平台。

二、志愿服务组织愿景的作用

愿景在志愿服务组织发展过程中的作用主要体现在以下几个方面（见图2-3）。

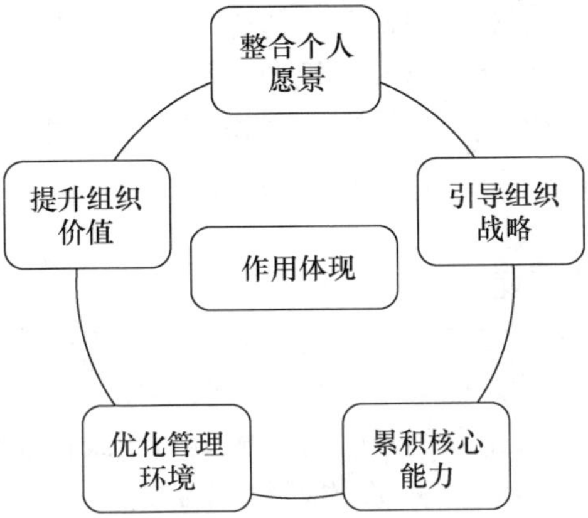

图 2-3　志愿服务组织愿景的作用

（一）整合个人愿景

个人愿景是发自个人内心的，是个人最关心、一生热切追求的并想达成的愿望，一般包括个人形象、财产、家庭、健康、工作、人际关系等方面，通常受个人价值观和能力的制约。个人愿景是建立组织愿景的基础，而组织愿景是在与个人愿景的互动中形成的。组织愿景的塑造，需要组织员工、志愿者和管理者平心静气地聚在一起，本着平等和相互尊重的原则进行讨论，这样的过程本身便是相互交流、加深了解的过程。借此，员工、志愿者和管理者能够产生休戚与共的感觉，能产生“这是我们大家的志愿服务组织……”的共鸣，进而促进志愿服务组织的管理者和员工、员工与员工以及员工和志愿者的交流合作。当个人愿景融入组织愿景时，就会自然地产生一种持久的激励与约束，形成强大的感召力和牵引力。

（二）引导组织战略

对使命的讨论能够确保志愿服务组织的发展方向。同样，对组织愿景的讨论也能保证组织朝着既定的目标发展。愿景指出组织未来的生存领域、要成为什么样的组织，是未来理想状态的蓝图，它像旗帜一样引导组织战略沿着正确的方向不断前进。具体来说，愿景为志愿服务组织选择活动领域、资源配置、竞争策略及组织协同等提供了依据。

（三）累积核心能力

志愿服务组织的发展过程是组织能力的累积过程。组织愿景不仅要累积和提升个人的智慧、价值观、洞察力、创造力、行动力等，也要累积和提升组织的智慧、价值观、洞察力、创造力、行动力等，这实际上是一种知识的累积和提升，最终会形成组织的核心能力，从而赢得竞争优势。不仅如此，愿景还可帮助组织加快这一累积和提升的过程。志愿服务组织如果没有愿景，就会因时滞而找不到正确的方向或缺乏竞争力，结果只能是被淘汰。

（四）优化管理环境

愿景是组织文化的主体，它不仅影响志愿服务组织成员、利益相关方、竞争者，还会影响志愿服务组织的社会形象。愿景所引发的组织成员的广泛共鸣，可以增强组织的吸引力和成员对组织的忠诚度，同时还可将组织内部各级组织、部门、团队的理想和期望统一起来，减少内耗和冲突；愿景可以有效协调组织与利益相关方的关系，形成双向的作用力和影响力，提升组织的社会形象；成功的愿景还可以改变竞争环境，与竞争者达成共识，甚至反败为胜、转危为安。

（五）提升组织价值

建立组织愿景的最终目标就是提升组织价值，通常是通过人、文化、服务（或产品）三要素来实现的。首先，愿景通过感召、吸引、塑造、激励各组织成员，提升成员个人的价值。人是组织中最宝贵的资源，通过个人与组织的互动，进而提升组织的价值。其次，愿景通过价值观、规范、创意、信息交流、共享经验等达成共识，再通过有效传播，创造出一种愿景文化，进而提升组织的价值。最后，愿景还要通过为社会提供服务、为服务群体提供产品来提升组织的价值。志愿服务组织存在的理由就是需求，存在的价值就是能够满足这些需求。愿景不仅能为志愿服务组织带来希望和梦想，更能通过创造性的活动将这些希望和梦想变成现实，进而最大限度地提升志愿服务组织的价值。

总而言之，愿景在志愿服务组织管理中占有重要地位。任何志愿服务组织的管理者都不能忽视愿景的塑造和讨论。只有当愿景真正存在于人们脑中、能够被付诸行动且被融入组织日常运作的时候，愿景才能真正发挥作用，否则只是脱离实际的一纸声明。

三、志愿服务组织愿景的制定步骤

构建愿景不是预测未来，而是创造未来。志愿服务组织愿景的制定具有重大意义，要采用科学的方法，遵守一定的流程（见图 2－4）：

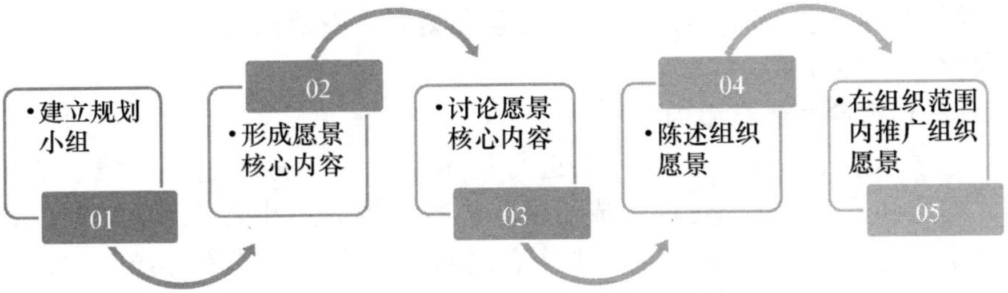

图 2-4 志愿服务组织愿景的制定步骤

（一）建立规划小组

愿景开发首先需要一个规划小组，该小组可由志愿服务组织的管理者牵头，其成员可以从专职员工和志愿者中挑选。该小组第一步需要先开展领悟力训练，因为开放的心态非常重要，每个人都必须倾听、了解愿景开发和修正过程中他人对愿景的初步表述。当然，不管规划小组是由执行人员组成，还是由其他人组成，这个小组必须有足够的动力来启动并维持愿景的开发过程。如果成员之间的工作关系经常变动，价值观互相冲突，或者每个成员对所在组织的看法和感受互不相同，成员之间缺乏信任，那么持久有效的愿景是不可能出现的。

（二）形成愿景核心内容

愿景的塑造实质上是关于未来情景的规划。所以管理者要对组织的未来情景有所规划，首先应该尝试着思考这些问题的答案：

（1）组织未来会影响到哪些人？如何与他们合作？如何为他们创造价值、提供服务？

（2）组织对这个社会有什么特殊的贡献？

（3）组织的核心价值观是什么？如何被员工和志愿者肯定？

（4）如何为继任者和后续志愿者保障组织的未来？

只有对这些问题有过深入的思考，志愿服务组织的管理者才可以向员工、志愿者做出回答。在回答上述问题的基础上，通过群体讨论来形成愿景的核心内容，可以分为以下两个步骤：

第一步，要求小组内每一个成员说出自己心目中的组织“是什么样的”，把他们各自的观点压缩为简短的句子或词组。

第二步，要求小组的每个成员讨论各自的组织“愿景”。每个成员对自身及对所在组织的抱负是什么？他们的期望是什么？本小组及整个组织的具体目标、价值观和观念是什么？在该过程中，人们开始提问、分享并讨论他们以前涉及的一些问题。此时，可以运用一些技巧，如给每个人一张白纸和一些记号笔，要求他们用符号或图画，把他们对每个问题的回答形象化地概括出来。

（三）讨论愿景核心内容

愿景草案形成后，还要反复进行讨论和检验，再通过愿景信息的传递、沟通和反馈，最终才能形成清晰、独特、持久、共同的组织愿景。进行愿景讨论是非常必要的，通过讨论方能相互启发、消除分歧、和谐关系、走向一致、达成共识。还要对这些共识进行检验，如是否整合了个人、团队和利益相关方的愿景，能否引导志愿服务组织的战略，能否累积组织的核心能力，是否优化了组织的管理环境，是否能够真正提升组织的价值。通过检验的共识便可初步形成一个组织愿景可能包括的要素清单。关于“愿景核心内容”的讨论，既可以局限于规划小组内部，也可以进一步扩展至整个志愿服务组织。

此外，管理者还应该及时收集大家的意见，与相关的专家学者进行沟通，请他们提供创意性的建议，修正、补充原有的愿景内容。这时候形成的愿景内容构成愿景陈述阶段的陈述基础，因此要注意借鉴专家学者的专业性指导意见。

（四）陈述组织愿景

确定了愿景的核心内容，在愿景展开之前，必须对愿景进行准确的陈述。陈述愿景要注意遵循以下原则：

（1）以积极、热烈的语气陈述愿景。要以肯定句来描述组织的未来，切勿以否定或疑问语气陈述。消极陈述会让成员的注意力集中在组织的不足上，而非组织将完成的目标上，唯有振奋、热烈的愿景陈述才能够感染人。

（2）在现实和理想之间寻求中道。愿景是对未来景象的描绘，但绝非天马行空。如就我国目前的状况而言，希望在一年内为志愿者基金募集到几个亿的资金，用于开展志愿服务活动或者满足某类群体的需求几乎是不可能的。因此，要基于现实状况来陈述愿景。

（3）要敢于创新。塑造愿景时，千万不要让组织成员的思维受到限制。不妨假定在现实基础上制定的愿景，只要运用想象力、充分发挥聪明才智，就一定能将它变为现实。好的愿景不是墨守成规，而是要激发每位成员敢于超出现有的财务和人力资源限制，帮助机构完成使命。

（4）叙述应该具体清晰。愿景是一种生动的景象描述，如果不清晰，人们就无法在心目中建立一种直觉形象，鼓舞和引导的作用也难以发挥。

因此，千万不要用那些形式化的语句，也不能采用武断的结论，而要具体描述组织如何取得成功，充分展现其现实性和可能性。例如，壹基金的愿景为“尽我所能，人人公益”。

（五）在组织范围内推广组织愿景

正如彼德·圣吉所说：“当一群人执着于一种心中的愿景时，就会产生一种力量，做出许多原本做不到的事情。”要想最大限度地发挥志愿服务组织愿景的价值，光有愿景陈述和愿景宣言是不够的，还要运用整合传播手段，如口号、纲领、制度、榜样等来宣传组织的愿景，使在组织内外相关方产生共鸣，使全体成员心中时刻存有愿景这座灯塔，指引和鼓舞他们为实现组织愿景而努力奋斗。

第三节　志愿服务组织的价值观

案　例

价值观助力组织发展

和众泽益志愿服务中心是中国领先的志愿服务支持与咨询机构，致力于打造一个政府、企业、基金会、社区、社会组织和志愿服务组织的资源对接平台，实现志愿服务资源配置效率最大化，打造志愿服务的全产业链和生态系统。

和众泽益志愿服务中心的价值观：创业、专业、融合、创新。

资料来源：www. hcvcchina. com.

【点评】

和众泽益志愿服务中心自 2010 年成立就确立了组织的价值观为平等、合作、快乐、真诚，体现了成立之初组织内部的文化氛围和价值导向。随着组织不断发展壮大，原有的价值观已经不能满足组织的发展需求，在 2015 年底，组织将价值观调整为创业、专业、融合、创新。价值观对于组织发展是非常关键的，不恰当的价值观可能会阻碍组织的发展。

一、志愿服务组织价值观的概念

志愿服务组织和人一样也有自己的价值观，不论价值观是显在的、一望即知的，还是潜在的、隐藏在深处的，它都在发挥作用。对人来说，价值观是对周围事物的意义、重要性的总体看法和评价，它影响人对各种价值的取舍以及目标的设定，同时也是人的行为准则和价值尺度。它时刻发挥作用，决定人们的态度和言行。对志愿服务组织来说，价值观则表现为集体的价值准则，是组织成员为追求使命所信守的理念和行为的判断标准。它同样决定着组织成员在工作中的态度和行为。

二、志愿服务组织价值观的构成原则

志愿服务组织的价值观是志愿服务组织在解决社会问题的过程中，所推崇和信奉的基本行为准则。这种价值观的主要作用在于，它能够引导志愿服务组织内部的所有成员达到一种共识。志愿服务组织价值观的构成原则大致有以下六个：

（一）目标原则

志愿服务组织必须有一个高远的目标追求，并使志愿者自觉认同这一崇高目标，全体志愿者通过自己的努力向目标靠拢，并在此过程中实现自我价值。

（二）共识原则

志愿服务组织应改变传统的发号施令型的指挥型价值观、塑造共识决策型价值观。未来志愿服务组织能否成功，要看其是否能激励广大成员一起展开创造性思考。

（三）卓越原则

志愿服务组织价值观应有“追求卓越”的精神。“卓越并非一种成就，而是一种精神。卓越精神掌握了一个组织的生命与灵魂，它是一个永无止境的学习过程。”卓越的基础是志愿者“改变社会”、解决社会问题的追求，是不甘于现状，希望用自身的资源、技能和精力改变社会的价值追求。

（四）成效原则

成效原则要求志愿服务组织树立讲求实际成效的价值观。志愿服务组织的存在价值体现在利用从其他公共机构转移过来的资源为社会、服务对象创造产品与服务，为志愿者发展创造机会，因而它必须注重成效。

（五）亲密原则

亲密原则价值观要求志愿服务组织努力营造一个和谐亲密的人际氛围，使身处其中的每名志愿者都有家的感觉，激发其积极性、创造性与凝聚力。

（六）正直原则

正直原则价值观要求志愿服务组织的管理层必须具备正直无私的品格，以此赢得组织成员的支持与信任。

案　例

中国扶贫基金会的价值观是：服务 改变 阳光 坚韧

服务：专业，敬业，激情，效率

　　　始于需求，将心比心，成就他人

改变：正视改变，拥抱改变，创造改变

阳光：开放、透明、诚信、率真

坚韧：不改初心，不屈不挠，无怨无悔

【点评】

从中国扶贫基金会的价值观可以看出，一个组织的价值观不仅是组织成员价值判断的基础，也为组织成员提供了关于工作态度的指引。

三、志愿服务组织价值观的传播

（一）以言传身教来传播组织价值观

志愿服务组织的负责人应充分利用各种机会向组织成员和志愿者传播组织价值观。这是因为志愿服务组织的价值观需要组织的宣传，志愿者会逐渐接受组织的价值观并内化为自身的行为准则。在这个过程中，需要志愿服务组织的负责人进行积极倡导与宣传，以深化组织成员和志愿者对组织价值观的认识。志愿服务组织的负责人是该组织价值观的忠实执行者，但言传不如身教，组织价值观不能只存在于负责人的口头上，更应体现在行动上，负责人只有以身作则才能获得组织成员和志愿者的认可。

（二）组织价值观的渗透

志愿服务组织价值观渗透在组织运营中的每一环节与各种仪式和活动中。志愿服务组织的管理制度必须体现和维护组织价值观。

制度一方面体现了管理的科学化、规范化，另一方面又是组织价值观的重要载体。由于制度规范志愿者的服务行为，因而建立和完善各种制度，对于塑造和践行组织价值观有着重要作用，并且应加强教育和引导，努力提高志愿者的素质。优秀的组织价值观是通过所有志愿者的共同努力才能得以实现和体现的。志愿者对志愿服务组织价值观的认识、领会是其认同、内化、实践价值观的前提。志愿者的知识文化水平、见识、视野直接决定了其对组织价值观的认知程度。

第四节　志愿服务组织的章程

案　例

广东美术馆志愿者团队章程（2014 版）

第一条　宗旨

广东美术馆是按现代多功能目标规划建设的当代型美术博物馆，是一个不以营利为目的、为社会发展服务、向公众开放的永久性的国家文化事业机构。广东美术馆致力于为公众提供终身学习的场所，是向公众传递人类生活经验的文化载体。担负着对国家艺术珍品收藏、研究、展示，开展公民素质教育及对外文化交流，推动当代美术事业发展的社会责任和历史使命，具备收藏、研究、陈列展览、教育、交流、服务六大功能。

广东美术馆志愿者团队是实现与完善本馆教育、服务功能的一支主力军，是由热爱美术馆、积极参与艺术推广活动的社会各界人士组成的公益团体。广东美术馆志愿者团队在美术馆公共教育部的管理和指导下，坚持“艺术使生活更完美”的信念，通过参加和协助组织各种类型的教育、服务活动，引导广大市民接近艺术、了解艺术、享受艺术，普及优秀的人文精神与价值理念，加强社会各界的文化交流，为当代美术事业发展做贡献。

第二条　志愿者资格

年满 18 周岁，有充足业余时间、对艺术有浓厚兴趣、愿意为美术馆事业及艺术文化推广出一份力的义务服务者，遵守团队章程，可申请成为广东美术馆志愿者团队的成员。

第三条　志愿者行动口号

艺术使生活更美好！

第四条　志愿者享受下列权利

1. 免费培训：本馆将为志愿者提供免费的艺术讲座、业务能力课堂等提升志愿者个人能力的培训活动。

2. 优先参加活动：在服务期间享有本馆举办的教育活动优先参与权。

3. 申请查阅资料：在服务期间，志愿者可通过申请免费查阅本馆图书资料。

4. 双向自由选择：本馆志愿者参加活动时享有自由选择权，可根据自身的情况自由选择参加不同种类的活动。

5. 工作鉴定证明：服务期满一年，累计工作时数达到 30 小时以上的志愿者，可向管理部门申请出具志愿者服务证明。

6. 建议和意见：在服务期间，志愿者可以随时向管理部门提出建议和意见。

7. 优惠购买图书：在服务期间购买本馆图书享有折扣优惠。

8. 其他权利以广东美术馆公共教育部公布为准。

第五条　志愿者履行下列义务

1. 铭记本会宗旨，拥护本团队章程，维护本馆及本团队形象。

2. 自觉与志愿者团队管理部门保持联系，积极参加活动，认真完成任务。

3. 坚持学习与实践相结合，以实际行动扩大志愿者工作的社会影响力，以高质量文化服务回馈社会。

4. 及时向管理部门反映工作中遇到的问题，协助管理人员解决问题。

5. 不得以志愿者身份从事任何以营利为目的或违背社会公德的活动。

第六条　附则

志愿者团队的招募、管理工作均由广东美术馆公共教育部负责。关于团队的所有信息，以公共教育部网站（http://ggjy. gdmoa. org/）发布为准。

广东美术馆志愿者团队于 2011 年加入广东省文化志愿者总队。

第七条　实施日期

本章程于2009年10月制定。

于2014年1月根据实际情况变动进行部分内容修订，并于2014年2月正式实施。

资料来源：http://www.gdmoa.org/Public_Education/Volunteer/Volunteer_Constitution/201706/t20170630_13844.shtml.

【点评】

广东美术馆志愿者团队的章程对组织宗旨、志愿者资格、志愿者权利与义务等方面做出了明确的规定。作为组织的最高准则，章程是保证组织健康运作的基石。

一、志愿服务组织章程的概念

志愿服务组织的章程是指志愿服务组织为了协调其内部关系、规范内部成员的行为而制定的具有明显的行为规则性质的文件，是志愿服务组织内部管理制度的核心。章程主要规范志愿服务组织的宗旨、使命、行为能力及志愿者的权利与义务等。志愿服务组织类型多样，但无论哪种类型的志愿服务组织，其章程作为一种行为规则都调整着一定范围内的志愿服务关系。

二、志愿服务组织章程的作用

志愿服务组织章程是一个志愿服务组织进行自身管理的基本规则，它有以下四个方面的基本作用：

（一）保证志愿服务组织的思想统一

这是章程最主要的作用之一。每个志愿服务组织都有自己的性质、宗旨、指导思想、基本任务，它的成员必须就这些内容达成共识，才能保证这个组织的思想统一性。

（二）建立志愿服务组织的管理机制

志愿服务组织的章程要明确组织内部的管理机制，要对管理和领导岗位的设置、理事和领导者的产生办法和任期、下设部门和分支机构的规划等一一进行确定，以保证组织内部的正常运行。

（三）保障志愿服务组织的成员权利

参加任何一个组织、团体，都要承担相应的工作和义务，但同时也享有这个组织所规定的权利。志愿服务组织的章程必须明确其成员的权利和义务，并对其成员的权利起到保障作用。

（四）规定志愿服务组织的组织纪律

志愿服务组织的章程还要对成员的行为提出种种规范，凡违背章程规定的组织纪律者都应受到处理或制裁。

三、志愿服务组织章程的内容

任何志愿服务组织都必须有章程，且章程需要经过本志愿服务组织会员代表大会或者理事会讨论通过。志愿服务组织章程草案在内容上，大致分为标题、正文两大部分。

（一）组织章程的标题

一般是“志愿服务组织名称＋章程”的形式，标题下面，写明什么时间、由什么会议通过，加上括号。组织的代表大会通过了，就算正式章程。如果是尚未经代表大会通过的，在标题末尾加上“草案”字样。

（二）组织章程的正文

志愿服务组织的章程正文包括总则、业务范围、会员、组织机构和负责人产生机制、资产管理和使用原则、章程的修改程序、终止程序及终止后的财产处理、附则。具体内容如下：

（1）总则。主要内容包括志愿服务组织的名称（一般包括中英文）、性质、宗旨、注册及管理单位、住所等。

（2）业务范围。业务范围应写明服务对象、区域、项目等，要与经费来源、场地设备、人员编制、从业人员、志愿者等基本条件相适应。

（3）会员。一般的志愿服务组织都有会员，会员是志愿服务组织内部工作顺利开展的重要组成部分。首先，应明确个人会员和团体会员的入会条件、入会程序，以便形成规范化的会员管理机制；其次，在会员入会后的权利和义务、会员违规和退会等方面也要做出规定。

（4）组织机构和负责人产生机制。组织机构可以用图表形式反映，也可以用文字表述，一般包括两方面描述：一方面是法人（或负责人）、内部的各个职能机构设置情况和职责权限、工作规程等，另一方面是产生法人（或负责人）的会员代表大会、执行法人（或负责人）意志的理事会、民主管理和监督机构（监事会）的职责权限和议事规则。法人（或负责人）的产生一般应固定当选条件、审议程序两方面，并为其设立职位职责，一般章程中应体现会长或理事长和秘书长的产生条件、审议程序和职位职责。

（5）资产管理和使用原则。资产管理和使用应按照国家规定的财务管理制度进行，接受会员代表大会或理事会和财政部门的监督，定期向社会公布，不得侵占组织资产或挪作他用。

（6）章程的修改程序。章程的修改程序应在章程中具体写明，因国家法律、法规、规章和政策会修改调整，组织章程可随之做相应修改，修改程序一般与产生程序相同。

（7）终止程序及终止后的财产处理。一般情况下章程终止及终止后的财产处理应先由理事会或会员代表大会提出，并经会员代表大会同意，报请相关主管单位进行审批后终止，但须符合国家法律、法规、规章制度要求。

（8）附则。法人（或负责人）认为有必要说明的有关重大事项，可以列入章程附则说明。如审议通过时间、章程最终解释权、章程生效时间等。

志愿服务组织章程一般包括以上内容，当然不同的志愿服务组织可按照自己组织的使命及愿景制定适合本组织的章程。

第五节　志愿服务组织的战略规划

案　例

西安公益联盟战略规划

西安公益联盟是一个由网络和现实有机结合的新型志愿服务组织，以西安公益网、论坛、500人QQ群为平台进行日常网络管理，把网络交流迅速转化为现实公益活动。联盟自2006年11月12日成立以来，由最初的7位成员发展到现在的1 000多人，由最初的敬老和环保项目，发展到现在包括环保、敬老、儿童、助残、助教、助学、扶贫、社区、义演、献血跟车、交警协勤、节日安保等内容丰富的多个公益项目，联盟的活动也得到群众和政府的一致支持。

西安公益联盟也有自己的发展规划，制定了中期目标、中长期目标及远期目标。

中期目标：西安地区最大的公益门户组织，在全省有一定的名气。组织正式注册人员 5 000～10 000 人。建立起西安地区东、南、西、北、中各区机构，在各行政区域成立分支基层单位。拥有自己的公益品牌。

中长期目标：西安地区最大的公益门户组织，影响力扩大到全省，在全国有一定的名气。组织正式注册人员 10 万～20 万人。以西安为总部，在全国建立不少于 10 家分支机构，拥有自己的服务中心和公益品牌以及基金会。

远期目标：西安地区最大的公益门户组织，影响力扩大到全省、全国、全世界。组织正式人员 30 万～50 万人，在民政局正式注册，以西安为总部，在全国各地区均有分支机构。拥有自己的服务中心和公益品牌以及基金会。

资料来源：http://www.docin.com/p-1570916708.html.

【点评】

西安公益联盟所代表的组织形式虽然较为新颖，行业同类组织较少，但这并不妨碍公益联盟对自身的发展进行清晰规划。从案例可以看出，公益联盟的战略规划较为清晰，从积累志愿者人数到形成品牌项目再到成立基金会，一系列规划像灯塔一样指引组织向目标发展。

一、志愿服务组织战略规划的概念

在确定了组织的使命、愿景和价值观之后，志愿服务组织的管理者还需要对组织在未来 3～5 年内的发展进行战略规划，以实现使命中所承诺的目标。任何一个志愿服务组织都是为了达成某种使命而存在的，战略规划则是实现这一使命的途径。

战略规划是战略管理的核心概念，它指对组织及其内外环境进行战略思考，从而确定组织的宗旨和目标、制订切实可行的计划、积极而有步骤地推动其实施，并及时加以调整的一整套系统的方法与过程。战略规划的理念和做法在 20 世纪五六十年代风行于美国的跨国企业中，并在 20 世纪 70 年代被西方绝大部分企业广泛接受，逐渐深入人心。它要求企业在特定的时间范围内（一般是 3～5 年）集中企业的资源完成几个特定的目标，使企业效益最大化。从目前的实践来看，企业的战略规划取得了极大的成功，有效地扩展了业务范围，树立了公司的良好形象，赢得了更多的市场份额，推动和指导了企业的全面发展。

20 世纪 90 年代中期，借鉴企业战略规划的概念和工具，战略规划的概念逐渐传入非营利领域并受到人们的重视。但是目前来看，国内志愿服务组织的战略规划仍处于起步阶段，绝大部分组织并没有真正进行过战略规划，更谈不上实施战略规划的管理理念。应该说，志愿者的战略规划还需要国内广大志愿服务组织在应对新问题和新任务的实践中共同探索。

二、志愿服务组织战略规划的特征

尽管在企业管理领域战略规划的理念取得了巨大的成功，但是具体应用到志愿者和志愿服务组织，仍有一些值得注意的差异。所以在了解志愿服务组织战略规划的具体步骤之前，有必要先了解一下，与企业战略规划相比，志愿服务组织战略规划更突出的特征（见图 2－5）。

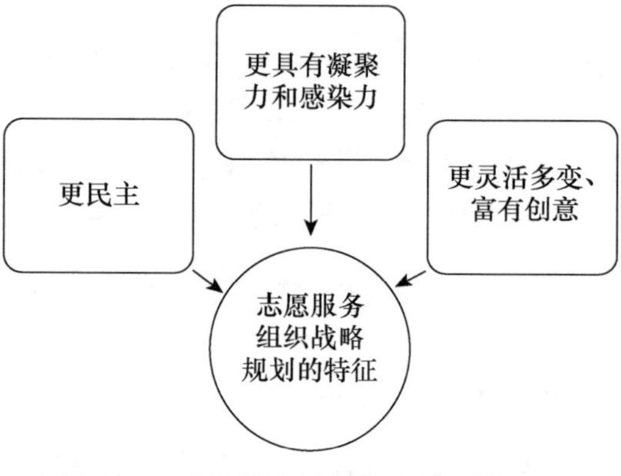

图 2－5　志愿服务组织战略规划的特征

首先，志愿服务组织的战略规划更具有凝聚力和感染力。企业追求的是扩大市场和实现利润的最大化，它的战略规划是以利益和市场为导向的；志愿服务组织代表公共利益和志愿服务的宗旨、使命和价值观，强调如何实现组织的理想，因此理想信念是统筹志愿服务组织战略的主线。

其次，志愿服务组织的战略规划更民主。企业只求获利，做到使顾客与员工满意即可，而志愿服务组织却重视公众的参与，力求使各方面的不同声音都能反映到组织的战略中，并被吸收和采纳。因此与企业相比，志愿服务组织要协调更多的利益群体，包括受益者、资助者、志愿者、理事、会员、专职员工及其相关群体，如社区、政府，这些群体的观念和需求呈现多元化的趋势，甚至可能存在复杂的利害关系。因此，志愿服务组织的战略规划要更民主。

最后，志愿服务组织的战略规划更灵活多变、富有创意。志愿服务组织与企业在提供服务和产品的模式方面是相似的，都可以采用量化的形式，并且都需要通过创意来带动规模发展或服务效果。但是，企业的创意是在产品或服务的限定基础上进行的，具有一定的限制性，而志愿服务组织的创意则只受政治、环境、经济、服务等客观因素的影响，通过志愿服务可以整合更多的社会资源，不受其自身资源的限定，从而可以进行灵活多变的调整和创新。

三、志愿服务组织战略规划的作用

战略规划关系到志愿服务组织如何长期有效运作的构思和行动，能为志愿服务组织找到存在的价值，更好地应对挑战，确定生存、发展之路。具体来说，志愿服务组织战略规划有以下作用：

（1）能更好地贯彻落实志愿服务组织的使命，使整个组织找到其宗旨的任务定位。这些实质内容体现在志愿服务组织的管理中，便是志愿服务组织的战略管理。围绕组织使命的战略规划和管理，使所有的员工和志愿者都明确要干什么和为什么人服务，并且能充分调动组织中最具创造力和积极性的因素，促进志愿服务组织完成使命，走向成功。

（2）能确定组织的优先目标，分清轻重缓急，将有限的资源用于社会需求最紧迫和组织最擅长的事情。任何志愿服务组织的资源都是有限的，有效的管理体现在把资源集中在重要而紧迫的事情上，并避免次要事情的干扰。志愿服务组织需要全体员工和志愿者对什么是优先而重要的事情达成共识，这样才能达到较好的效果。

（3）能够有效诊断出组织发展中存在的问题，有序地推进组织的创新。志愿服务组织在探讨改革的时候，经常会遇到各类问题，但很多组织没有清楚的沟通机制和决策渠道，用于收集和整理各种意见和构想，进行深入探讨并消除彼此间的分歧，进行战略规划是解决该问题的一个很好的途径。制定战略规划时，需要广泛地征集各类意见，鼓励全员参与、提出问题并进行充分讨论，以求达成全面共识。

（4）能够密切注意外部环境的变化，抓住有利于组织发展的机会。通过对战略规划与长期计划的比较，可以发现战略规划的一大优点是密切关注社会环境的变化，包括社会的发展趋势、志愿者的变化、服务对象需求的变化等，这要求管理者对环境变化保持敏感，引导志愿服务组织把握环境变化带来的机会，同时也注意预防来自环境的潜在威胁，这种努力可以使志愿服务组织在环境变化中保持优势，为组织带来新的发展契机。

四、志愿服务组织战略规划的步骤

战略规划一般可分为如下几个步骤：陈述组织目标、环境分析、优劣势识别、组织目标评估、制定战略规划和行动纲领（见图 2－6）。

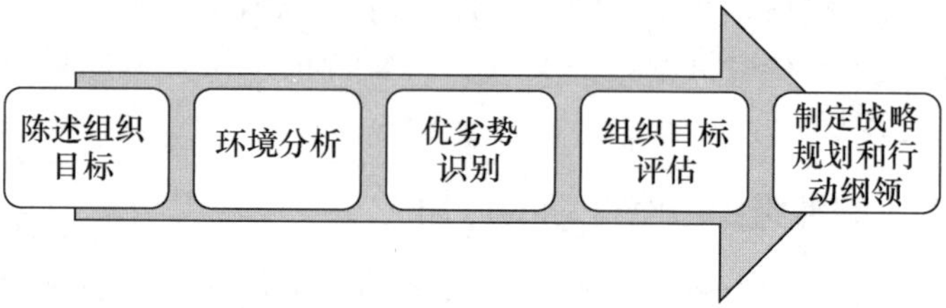

图 2－6　志愿服务组织战略规划的步骤

（一）陈述组织目标

对组织目标的陈述应该有时间段的限制，比如 3 年或者 5 年内等。目标的陈述不应背离组织使命，应该是组织使命的细化。比如一个致力于健康提升的组织的目标是：本组织将于下一年度募集基金 100 万元，为社区困难居民提供更好的保健医疗服务。再如和众泽益志愿服务中心 2016 年的目标是：通过未来 3 年的努力，覆盖中国所有的区域，实现全国志愿服务资源的对接。

（二）环境分析

环境分析是指一个组织通过对其所处的内外部环境进行综合分析和评估，识别该组织相对于其他组织所具有的优势、劣势及所面对的外部机会和威胁的过程。志愿服务组织环境分析主要包括志愿服务组织外部和内部环境的分析。进行环境分析的目的是志愿服务组织在制定和实施战略管理措施时，能更好地了解哪些因素会对组织未来活动产生影响，并认清这些影响因素的性质，了解组织应在哪些方面做出积极应对，从而高瞻远瞩地把握组织的发展方向，确保其战略规划的相对稳定性。

1．志愿服务组织外部环境分析

外部环境的分析，通常包括两个层次的因素：第一层次是社会的宏观环境因素，主要包括政治、经济、社会、科技、环境及法律等因素；第二层次是相对第一层次而言的，指的是与志愿服务组织有着直接关系的微观环境因素，主要包括志愿服务组织的同行、需求方、内部职员、所在社区、利益相关方代表、政府和自然环境等。宏观环境因素必然影响组织长期战略的选择、确定和实施，而微观环境因素与组织的短期发展息息相关。

（1）政治因素：指志愿服务组织所处国家或地区的政治体系情况及其从事政治活动、进行政治决策的背景条件。这种政治环境是志愿服务组织的宏观外部环境的重要评估因素，它涉及志愿服务组织所在国家或地区的政治体制、政治方针和政策、国家法制和法规等。国内外志愿服务的发展经验表明，政府政策是志愿服务发展的推动力。当今许多国家、地区都十分重视志愿服务，也进行相应的制度建设，形成一种重视志愿服务的社会风尚。志愿服务组织政治因素评估涉及政府各种促进和管制政策、政府管制解除政策、政府预算采购政策、政府预算规模政策、政府文化体育政策、政府规划发展政策、政府志愿服务发展政策、政府其他方面的政策等。进行具体志愿服务组织环境分析时，可能分析的因素和重点不同，可以视具体情况而定。2014 年 2 月中央文明委发布的《关于推进志愿服务制度化的意见》，明确了志愿服务制度化的重要意义和指导思想、建立健全志愿服务制度、加强对志愿服务制度化的组织推动等，为推进志愿服务经常化制度化指明了前进方向；2016 年 5 月中央深改组审议通过的《关于支持和发展志愿服务组织的意见》，将志愿服务上升至国家战略层面；2016 年 8 月中央深改组审议通过《关于公共文化设施开展学雷锋志愿服务的实施意见》，强调稳步推进公共文化设施志愿服务站点建设，广泛吸引志愿者参与文化志愿服务，发展壮大学雷锋志愿服务队伍，加强志愿服务保障和支持。这些政策都是志愿服务发展的重要推动力。

（2）经济因素：指影响志愿服务组织的经济因素，主要包括宏观经济政策、经济发展水平、经济发展速度等。例如，政府的财政与税收政策的变化可能直接影响项目资金，经济形势下滑可能导致企业的捐赠资金大幅度降低等。志愿服务是有成本的，经济形势的好坏决定了志愿服务资金的多少。在中国，经济发展好的省市在志愿服务方面投入的资金普遍高于经济发展一般的地区。企业也是同样的道理，在经济形势不好、业绩下滑的情况下，很多企业会缩减志愿服务项目的支持资金，导致很多项目无法正常开展。一般情况下经济发展水平高的地区，志愿服务发展得也相对比较快，志愿服务项目化水平也较高。但是经济的影响也不是绝对的，如美国在 2008 年遭遇金融危机时，国民志愿服务的参与热情和比例不仅没有降低，还有所提升。

(3) 社会因素：指志愿服务组织在社会中面临的历史发展、文化传统、价值观念、教育水平以及风俗习惯等影响因素。组织管理要了解当地的文化，尊重当地的习俗。例如，志愿者是志愿服务组织的主要构成力量，人口的数量和层次决定了志愿服务组织的发展规模和方向。按照十三五规划，中国志愿者数量在 2020 年将达到人口比例的 13%，超过 1.8 亿人，未来几年志愿者数量将会高速增长。

(4) 科技因素：在现今科学技术迅猛发展的情况下，没有哪个组织的经营及所取得成果不受技术应用和技术进步的影响。同样，对于志愿服务组织而言，志愿服务项目的实施和管理也需要与时俱进，善于学习和运用先进技术。技术要素不仅仅包括那些引起革命性变化的发明，还包括与项目有关的新技术、新工艺、新材料的出现及应用。技术环境分析涉及的因素有宏观技术政策、技术发展水平、技术发展速度和方向等。例如，目前国内的一些创新志愿服务项目很多都与互联网相关，现在互联网技术的发展，推动了志愿服务项目的创新，比较有名的“冰桶挑战”“宝贝回家”等项目，都是利用互联网技术平台实现的。

(5) 环境因素：我们生活在环境中，环境中的种种因素都影响着我们的生活，志愿服务项目也不例外。环境因素涉及宏观自然条件、宏观生态环境、宏观自然资源等。应急志愿者是目前国内发展迅速的一支志愿服务力量，2008 年被很多人认为是中国志愿服务的元年，主要原因之一就是“5·12”地震救援中志愿者的广泛参与，因此，环境因素对于志愿服务项目的影响是非常明显的。

(6) 法律因素：志愿服务组织所面临的外部法律法规、司法状况和公民法律意识组成了一个综合系统，法律环境的变化将直接影响志愿服务组织的运行。法律环境分析涉及的主要因素包括相关法律法规的规定、项目法制情况等。例如，《北京市志愿服务促进条例》中明确规定：“志愿者组织招募志愿者时，应当公布与志愿服务项目有关的真实、准确、完整的信息，并明确告知在志愿服务过程中可能出现的风险。”目前，全国已经有 40 多个省市发布了志愿服务的相关条例。2016 年 9 月 1 日正式实施的《中华人民共和国慈善法》对志愿服务、志愿者权益保护（包括志愿者实名登记，记录志愿者的服务时间、内容、评价）等做了明确规定。国务院《志愿服务条例》的出台，是推进我国志愿服务制度化进程的重要一步，对规范和促进我国志愿服务事业发展具有里程碑意义。

2. 志愿服务组织内部环境分析

内部环境分析是志愿服务组织的战略设计者对自己组织的长处和不足进行的分析。全面而准确地了解外部环境是比较困难的，但志愿服务组织应当有能力了解和控制自身的内部环境。内部环境分析是对志愿服务组织的资源状况、管理模式和能力水平等进行优势和劣势的评估，并做出定性和定量的分析的过程。志愿服务组织内部环境分析既要注重对有形资源的分析，也要注重对无形资源的分析，如对管理水平、服务质量、组织声望的分析；既要注重对内部资源的现状进行分析，又要注重对内部资源的利用和开发潜力进行分析；既要注重对内部资源的重新配置潜力进行分析，又要注重对内部资源与外部资源的重新联合潜力进行分析。需要重点分析的因素是内部管理、产品或服务分析、财务分析和无形资产管理。

(1) 内部管理：志愿服务组织日常内部管理的计划涉及人、财、物三方面，即人员安排、资金安排和物资调配。只有各部门科学分工、协调发展，才能创造良好的内部组织环境，为志愿服务组织战略管理规划的实现打下良好的基础。

(2) 产品或服务分析：要清晰地分析出志愿服务组织自身到底提供了什么样的产品或服务，同时也需要知道相较于其他同类型的机构，本组织提供的产品或服务的竞争力在哪里？如果没有特别明显的竞争性，或者没有突出的差异点，就需要对组织的服务或产品进行进一步的完善。

(3) 财务分析：不同于企业的追逐高额利润，志愿服务组织的目标是实现其使命，所以其财务管理的首要目标应是组织的稳定和长期发展，借此才能实现组织的使命，并履行其对社会和受益人的责任。志愿服务组织的财务分析，可以帮助组织的管理者和公众更好地了解组织的财务计划、活动和状况。同时，志愿服务组织的财务管理必须透明。

(4) 无形资产管理：在战略背景下，无形资产表现出的价值，可能帮助组织成功。志愿服务组织的战略能力、战略信息及组织文化是其重要的无形资产，为战略的协调和整合提供了框架。

(三) 优劣势识别

对组织资源的分析可以引出管理者对组织优势与劣势的分析，管理者要能够识别本组织与其他同类型组织相比所存在的独特能力和资源。SWOT 分析是目前战略管理领域广泛使用的分析工具之一，SWOT 分析矩阵如表 2-1 所示：

表 2-1 SWOT 分析矩阵

内部分析 / 外部分析	优势 S	劣势 W
机会 O	SO 战略 发挥优势，利用机会	WO 战略 克服劣势，利用机会
威胁 T	ST 战略 利用优势，规避威胁	WT 战略 减少劣势，规避威胁

SWOT 分析是通过了解自己组织的优势（Strength）与劣势（Weakness），掌握外部机会（Opportunity），规避威胁（Threat），从而制定战略规划。这种分析方法分为以下八个步骤：

（1）列出组织的关键外部机会；

（2）列出组织的关键外部威胁；

（3）列出组织的关键内部优势；

（4）列出组织的关键内部劣势；

（5）将内部优势与外部机会相匹配，形成 SO 战略；

（6）将内部劣势与外部机会相匹配，形成 WO 战略；

（7）将内部优势与外部威胁相匹配，形成 ST 战略；

（8）将内部劣势与外部威胁相匹配，形成 WT 战略。

SO 战略是组织发挥内部优势且利用外部机会的战略；如果组织存在着外部机会，但内部又存在着劣势，妨碍外部机会的实现，组织可以采用 WO 战略，将战略目标定位为利用外部机会来弥补内部劣势；ST 战略是利用内部优势来规避或减轻外部威胁的影响；WT 战略是一种旨在减少内部劣势同时规避外部威胁的防御性战略。一个组织如果存在大量的外部威胁，又有许多内部劣势，那么这个组织将处于极不安全的生存境地。

（四）组织目标评估

在对组织的内外环境及自身优势、劣势进行了评估之后，一般会对组织目标产生一些新的认识和想法。这就有必要对组织目标进行再评估。通过上一步的 SWOT 分析，管理者可以重新评估原先陈述的组织目标：这些目标是实事求是的吗？它们需要修正吗？如果需要改变组织的整体方向，战略规划是否要重新制定？如果不需要改变组织的大方向，管理者应进入下一步，着手制定行动规划并组织实施规划。很多志愿服务组织的目标设定过于理想化，根据以上的分析，志愿服务组织要进一步明确组织的目标，不要使其过于空泛。

（五）制定战略规划和行动纲领

对组织进行全面的资源扫描之后，战略管理就进入了制定战略规划与行动纲领阶段。制定规划时，组织的重要成员必须参与。这些成员包括战略规划委员会、重要的理事会成员和管理层等。无论战略规划做得多么完美，如果不能实施，它将毫无用处，因此要避免规划流于形式。通常，战略规划比较广泛，为了实施好规划，还要在规划的基础上制定出具体的行动纲领，指出特定事件中需要完成的事项及负责人，即把规划细化成行动并责任到人。

思考与讨论

1. 志愿服务组织的使命及愿景的作用各是什么？
2. 志愿服务组织愿景的制定步骤有哪些？
3. 志愿服务组织价值观的特征是什么？
4. 志愿服务组织战略规划的作用是什么？
5. 志愿服务组织战略规划的制定步骤有哪些？

第三章
志愿服务组织的组建

引　例

"益童志愿团"何去何从

"益童志愿团"是一个由数十名志愿者自行发起的志愿者团队，旨在关爱城市中的流动儿童。团队中的志愿者有政府人员、企业员工、个体经营者和学生，大家不论工种如何、收入高低都凭着爱心与热情奉献资源和时间为流动儿童提供服务，他们资助生活困难的儿童、教授儿童课外知识、带领儿童游戏互动……随着活动数量的增加需要投入的资源和精力也相应地增加，这让初始团队的志愿者感觉到压力倍增甚至有的志愿者因压力过大而纷纷离开团队。这种情况的出现让团队的几名核心成员重新思考组织的发展，认为应该进行一些改变去吸引更多的人和资源加入进来，减轻现有成员的压力，同时让本团队可以长久和正规的存在下去。但具体如何改变就成了一个横亘在众人面前的问题。

志愿者团队若希望正规化、规模化地发展，吸引更多的资源，帮助更多的人，那么组建志愿服务组织就势在必行。志愿服务组织是志愿者团队的未来发展方向，但在成立志愿服务组织前需考虑组织以什么形式存在，是选择登记还是备案；选用何种类型的组织架构；成员中有党员存在是否需要成立党组织，党组织开展什么工作等问题。本章将就这些问题进行详细介绍。

第一节　志愿服务组织的登记管理

案　例

登记管理有利于组织正规化发展

李明是一家大型企业的高级管理人员，在一次随公司开展的助学公益活动中偶然接触到了公益和志愿服务，当他看到那些被帮助的孩子因为家庭贫困或其他原因无法读书时渴望的眼神和得到帮助、可继续读书时的开心时，李明被触动了也被感动了。他觉得自己应该多付出一些去帮助更多这样的孩子。自此，李明辞掉了工作，开始专职做助学志愿者。他的事迹被越来越多的人得知，也有越来越多的志愿者加入进来一起开展助学活动，越来越多的贫困儿童得到帮助，这让李明感受到了"人多力量大"。随即他决定组建一个团队，并取名"益学志愿团"，此团队由李明及几名关系要好的朋友组成，他们动员身边的志愿者加入团队，共同开展助学工作。但渐渐地，李明发现志愿者流动率很高，核心成员更换率也很高。更为重要的是，因为未注册，团队获得的资源支持越来越少，而合作的资源支持方对于团队的信任程度也越来越低。这让李明很苦恼，但又不想自己辛苦成立的团队就这样解散，更不想需要帮助的孩子得不到帮助。

【点评】

李明及其志同道合的朋友凭满腔热血组建志愿团队，开展志愿服务，但团队因"身份问题"得不到更多的资源，无法正规化、规模化地发展。李明应该考虑将团队进行合法登记或备案，使团队存在合法化，从而获得更多资源以促进团队更快发展。

一、志愿服务组织登记概述

受国家政策推动，我国志愿服务组织迅速发展，涌现出了大量不同领域的志愿服务组织，其中大部分志愿服务组织并没有取得经民政部门认定的合法注册身份，还有相当数量的志愿服务组织存在着内部治理不规范、经费不足、人才短缺、能力有待提升等困难和问题。对志愿服务组织来说，没有法律身份，不利于建立自身公信力、吸引壮大志愿者队伍，也不利于培养责任意识和风险管控能力，更无法获得政府采购、公益创投资格和优惠政策。大量的志愿服务组织未注册或登记，也不利于党政部门准确掌握志愿服务组织的相关情况，也就不利于对其进行有效指导。

（一）志愿服务组织登记管理机关

国务院《志愿服务条例》明确指出："志愿服务组织可以采取社会团体、社会服务机构①、基金会等组织形式。"如图 3－1 所示，志愿服务组织可以采取社会团体、社会服务机构、基金会的注册形式，民政部门为志愿服务组织的登记管理机关。同时，《志愿服务条例》中明确规定，志愿服务组织以外的其他组织可以开展力所能及的志愿服务活动。城乡社区、单位内部基层群众性自治组织或者本单位同意成立的团体，可以在本社区、本单位内部开展志愿服务活动。因此，志愿服务组织的登记注册包括了直接的法律登记的方式，也包括了备案制方式。

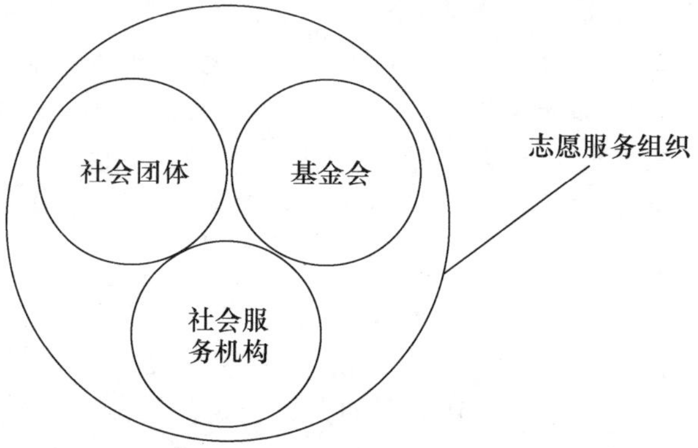

图 3－1　志愿服务组织的注册形式

（二）确定自身组织的性质和类别

目前，我国社会团体和基金会注册难度较大，数量相对较少，依法登记的志愿服务组织多以社会服务机构的类型为主，因此本部分以社会服务机构为例来进行阐述。根据《民办非企业单位登记管理暂行条例》（2016

① 按照《慈善法》和国务院《志愿服务条例》，"民办非企业"已变更为"社会服务组织"，但由于目前实施的仍然是《民办非企业单位登记管理条例》，所以本书中会出现"民办非企业"的称呼，两者含义是一致的。

年修订版）的规定，公益慈善类的社会服务机构可以不经前置审批直接向登记机关进行登记。

为此，志愿服务组织在登记前应先甄别自身所申请的组织类别是否属于可直接登记类别，如否，则需要业务主管单位进行前置审批。前置审批是指在登记机关登记前须获得业务主管单位的审批同意。根据《民办非企业单位登记管理暂行条例》（2016 年修订版）相关规定，以下类别不需要业务主管单位审批可直接登记：在自然科学和工程技术领域内从事学术研究和交流活动的科技类社会服务机构；提供扶贫、济困、扶老、救孤、恤病、助残、救灾、助医、助学等服务的公益慈善类社会服务机构；为满足城乡社区居民生活需求开展活动的城乡社区服务类社会服务机构。同时，民政部门正在实施四类社会组织直接登记工作：行业协会商会类、科技类、公益慈善类和城乡社区服务类社会组织，可以依法直接向民政部门申请登记，不再由业务主管单位审查和管理。

县级以上地方各级人民政府民政部门为社会服务机构的登记管理机关。如果志愿服务组织采取的是基金会或社会团体的注册类型，可参考《基金会登记管理条例》和《社会团体登记管理条例》；如果志愿服务组织采取的是备案的方式，可参考国务院《志愿服务条例》的相关规定。特别需要说明的是，全国的部分区域有本地区的相关规定，也要参照本地区的相应制度。

案　例

北京市孝义社区发展中心是一家以服务社区老人为主的志愿服务组织，其组织形式为社会服务机构，服务领域为“扶老”。为此，北京市孝义社区发展中心在进行登记时可以直接向北京市民政局提出登记申请，无业务主管单位，更无须进行前置审批。

【点评】

志愿服务组织在登记时直接向民政部门提出登记申请可省去前置审批的流程，更加便捷。

二、志愿服务组织登记的作用

志愿服务组织是主要的志愿服务提供主体，是供需双方有效对接的主要平台。同时，志愿服务组织在推进精神文明建设、推动社会治理创新、解决群众实际困难、维护社会和谐稳定等方面发挥着重要作用。但目前我国志愿服务组织普遍面临着存在规模小、人才短缺、资金不足、管理不规范等问题，这不仅阻碍了组织自身的发展而且会影响社会及政府的资源调动力度，不利于志愿服务领域的规范化发展。《关于支持和发展志愿服务组织的意见》以及2017年颁布实施的国务院《志愿服务条例》都明确了推动志愿服务组织化建设的创新方向，并提出到2020年，基本建成与经济社会发展相适应、布局合理、管理规范、服务完善、充满活力的志愿服务组织体系。

志愿服务组织依法登记有利于规范组织管理、有利于人才培养与规模发展、有利于扩展资金来源，形成组织发展的持续动力。

（一）有利于规范组织管理

志愿服务组织依法登记首先要求组织具有清晰的组织架构、管理章程、制度规范，完善的架构与制度可促进组织内部管理更为组织化、制度化和规范化。对内打造良好的组织发展环境，对外提升组织的公信力。

（二）有利于人才培养与规模发展

志愿服务组织依法登记后即可稳定发展，根据组织自身的规划与目标匹配人员。架构完善、制度健全有利于人才的长期培养，人员稳定亦可促使组织规模的逐步发展。组织规模的壮大可支持组织扩展服务领域和方向，从而吸引更多人才与资源的加入，最终形成组织发展的良性循环。

（三）有利于扩展资金来源

资金短缺是影响志愿服务持续性和组织发展的一个重要因素。要破解志愿活动经费难题，需要志愿服务组织、政府、社会共同发力。如图3-2所示，志愿服务组织依法登记后可以提升组织自身造血功能，通过提升组织的战略谋划、项目运作和宣传推广能力，以优秀的服务项目和服务品牌吸引更多社会资源；可承接政府购买服务，从而获得政府资金支持；可参与不同形式的公益创投，以自身的创新项目获得资金支持；表明组织的发展具备了规模化、管理正规化的基础，为此组织可发挥自身优势充分调动内部资源进行组织自造血；如果是拥有会员的志愿服务组织，会费收入也可成为组织的资金来源之一。

通过引导志愿服务组织充分挖掘内部资源，主动争取外部资源，即可形成组织发展的持续动力。通过登记管理标准化、制度化的推进，志愿服务组织发展环境得到优化，初步形成登记管理、资金支持、人才培育等配套体系。

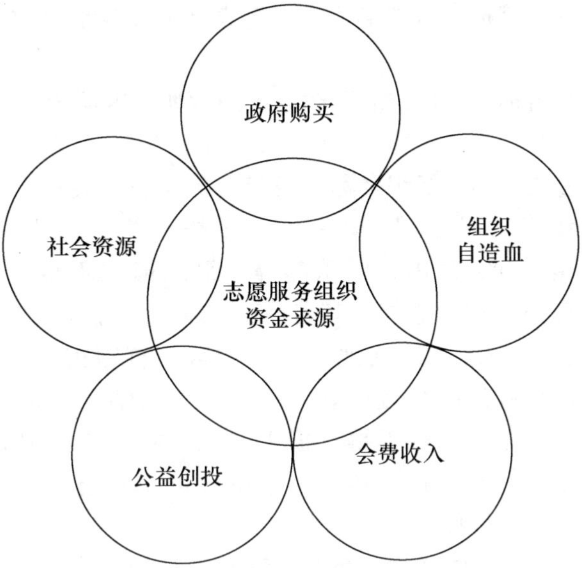

图 3-2　志愿服务组织资金来源

三、志愿服务组织登记的流程[①]

志愿服务组织可以基金会、社会团体或社会服务机构等形式存在，目前我国的志愿服务组织是以社会服务机构为主要形式存在的，为此，本部分关于志愿服务组织登记的流程内容继续以社会服务机构的登记流程为参考进行说明。各地区有关志愿服务组织登记的操作流程根据各地的不同制度或条例会存在一定区别，但总体流程可分为两个阶段。

（一）第一阶段：名称核准与材料准备阶段

1. 申请登记涉及的政府部门及机构

申请登记的政府部门为民政部门，其他涉及的政府部门及机构为公安局、税务部门、银行、人力资源与社会保障部门等。

2. 申请流程

向民政部门申请核名，获得名称核准后需要办理和递交申请材料，然后获得批复及登记证书。组织名称核准申请表可咨询当地民政部门，民政部门如有指定表格则按照指定表格填写即可，如民政部门无指定表格则需

① 共青团广州市委员会. 从 0 到 1：青年社会组织组建及运行攻略. 广州：广州出版社，2015.

根据民政部门的要求提交自拟申请。指定表格可在各地民政部门网站进行下载。

提交“组织名称核准申请表”时需要注意如下事项：

（1）申请名称：申请名称应由四部分组成：行政区划名称＋字号＋业务范围＋组织形式。同时组织名称的设定必须符合相关规定，如：①名称中所标明的组织形式必须明确，一般称学校、学院、园、医院、中心、院、所、馆、站、社、公寓、俱乐部等，组织形式不得冠以“总”字。②在地方民政部门登记的组织，其名称不得冠以“中国”“全国”“中华”等字样，其名称应当冠以所在地省（自治区、直辖市）、市（地、州）、县（县级市、市辖区）的行政区划名称；冠以市辖区名称的，应当同时冠以市的名称。③组织名称不得有损于国家、社会公共利益，不得违背社会道德风尚或带有封建迷信色彩；不得含可能对公众造成欺骗或者误解的文字或内容；不得使用政党名称、党政军机关名称、人民团体名称、社会团体名称、事业单位名称、企业名称及宗教相关的寺、观、教堂（佛教、道教的寺、观，伊斯兰教的清真寺，天主教、基督教的教堂）名称；不得使用已被撤销的组织单位的名称；不得使用其他法律、行政法规禁止的名称。

在最初设定组织名称时，建议选取“一正两备用”，如果正式名称核准不通过可以及时使用备选名称，如此可尽快完成申请时间。

案　例

北京市石景山区乐龄老年社会工作服务中心为在北京市石景山民政局注册的志愿服务组织，根据组织名称要求可以看出该组织的名称符合组织名称核准相关要求。

北京市石景山区——行政区划名称

乐龄——字号

老年社会工作服务——业务范围

中心——组织形式

【点评】

由组织名称可知此机构是由北京市民政部门批准登记的从事公益服务的志愿服务组织。

（2）地址：志愿服务组织的经营场所应设于申请登记地区内，同时需要有场所使用权证明（自有物业应当提供经产权证明，租赁物业应当提供经房管部门备案的租赁期限1年以上的租赁合同及场所使用权证明，单位或个人无偿提供的场所提交无偿使用协议）。

（3）申请单位或个人：指的是举办人，即出资人，可以是一人或多人。举办人在办理申请过程中需要经常签名、盖章或者办理流程，因此需要考虑清楚谁作为举办人。

（4）业务主管单位：如果不属于前置审批，则不需要填写。如组织有业务主管单位，在进行登记前须取得业务主管单位同意。

（5）业务范围：需先拟定本组织的业务范围，拟定后可请民政部门进行审核，组织方根据民政部门反馈进行调整。同时业务范围需要与章程及业务主管单位核定的业务范围一致。

在获得民政部门“组织名称预先登记核准通知书”后，举办者应在3～6个月的有效期内向民政部门递交申请登记的相关材料，否则3～6个月后该预先登记的名称将失效。相关材料的主体应是核准通知书中确定的名称。具体资料要求与提交格式可咨询各地民政部门，可在各地民政部门的网站上进行相关表格下载，具体材料如下：

（1）业务主管部门同意成立文件。适用于需要前置审批类型的组织，如无业务主管部门的则不需要提交。

【示例】　　　　民政部业务主管单位文件示例

关于同意作为××（志愿服务组织名称）

业务主管单位的函

××（志愿服务组织名称）举办者：

经研究，我部（委、办、局、××）同意作为由你们发起成立的××（志愿服务组织名称）的业务主管单位，并承担相应的业务指导和监督管理职责。请按有关规定向民政部申请登记。

此复。

单位名称（加盖国徽章）

年　月　日

（2）办学许可证（仅教育类单位提供）。

（3）申请书。在获得“组织名称预先登记核准通知书”后，应根据实际情况撰写申请书。

【示例】民政部社会服务机构（志愿服务组织）申请书示例

关于申请成立××（志愿服务组织名称）的请示

民政部门：

为………………，我们拟发起成立××（志愿服务组织名称）：

一、业务领域的基本情况

首先，介绍志愿服务组织名称中业务范围部分涉及的概念，解释概念的内涵和外延，也可适当举例说明。

其次，介绍该领域的发展状况。

最后，介绍该领域发展中存在哪些问题。

二、成立该志愿服务组织的必要性和可行性

成立该志愿服务组织的必要性，针对该领域存在的问题，分段说明组织成立后所能发挥的积极作用。

成立该志愿服务组织的可行性。

举办者签字（盖章）

年　月　日

（4）申请人、理事、监事、拟任负责人基本情况及身份证明。除申请人外，应尽快确定组织的第一届理事、监事以及拟订组织负责人名单，同时提交与名单匹配的个人基本情况及身份证明。

理事成员为3～25人，并设有监事会（由不少于3名监事组成），人少的组织可以不设监事会，但需要1～2名监事。

（5）场地使用权限证明。场地使用权限证明可包括：场地使用（租赁、借用）合同或证明。

经营场所应设于申请注册所在地区内，在租赁经营场所时应询问租赁方是否具备这些条件，其中，个人住宅不能作为经营场所。一般情况下，可以是进行工商登记的场所，如商铺、写字楼均能满足要求。场所使用权证明及场地产权证明包括：自有物业应当提供产权证明，租赁物业应当提供经房管部门备案的租赁期限1年以上的租赁合同，出租人有权利出租物业的证明（如出租人也是租赁别人的物业则需要提供其加盖公章的租赁合同复印件），单位或个人无偿提供的提交无偿使用协议。

【示例】　民政部门志愿服务组织提交住所证明示例

住所证明

（个人姓名或单位名称）无偿提供（租赁）（住所地址），作为拟成立的（民办非企业单位名称）的住所。

特此证明。

附：1．房产产权证复印件

2．租赁合同复印件（此项属于住所为租赁的）

（个人姓名或单位名称）

（个人签字或印章）

年　月　日

（6）章程草案。章程建议按照范本制定，除了基础信息外，内容尽量不做大的调整。各地民政部门均有组织章程范本，可在当地民政部门网站下载。下面以民政部社会服务机构登记章程范本（节选）为例进行说明。

【示例】　民政部社会服务机构登记章程范本（节选）

第一章　总则

第一条　本单位的名称是________________。

〔名称应当为通过名称核准确定的组织名称〕

第二条　本单位的性质是________________。

〔必须载明：主要利用非国有资产、自愿举办、从事非营利性社会服务活动的社会组织〕

第三条　本单位的宗旨是________________。

〔必须载明：遵守宪法、法律、法规和国家政策，遵守社会道德风尚，单位设立的目的〕

第四条　本单位的登记管理机关是__________；本单位的业务主管单位是__________。

第五条　本单位的住所地________________。

〔如：××省（自治区、直辖市）××市（区、县）〕

第六条　本章程中的各项条款与法律、法规、规章不符的，以法律、法规、规章的规定为准。

第二章　举办者、开办资金和业务范围

第七条　本单位的举办者是________________。

举办者享有下列权利：

（一）了解本单位经营状况和财务状况；

（二）推荐理（董）事（以下简称理事）和监事；

（三）有权查阅理（董）事会（局）（以下简称理事会）会议记录和本单位财务会计报告。

第八条　本单位开办资金：________元；出资者：________，金额：________。

〔开办资金应符合有关法律法规的规定；如为多个出资人，应分别载明每位出资人的出资金额〕

第九条　本单位的业务范围：

（一）______________________________；

（二）______________________________；

（三）______________________________；

……………………………………

〔必须具体明确，与业务主管单位确认的业务范围一致〕

（7）捐赠财产承诺书、验资证明。

①捐赠财产承诺书：举办人承诺自愿捐赠财产用于开办该组织和从事组织章程规定的公益性或非营利性事业。

【示例】　　　　　　民政部捐资承诺书示例

捐资承诺书

(个人姓名或单位名称) 承诺无偿捐赠 (金额)，作为拟成立的 (志愿服务组织名称) 的开办资金，该资金为本人（或本单位）合法资产。

特此承诺。

捐赠人签字（盖章）

年　月　日

②验资证明：在“组织名称预先登记核准通知书”、章程、场地使用权限证明、理事会会议记录备齐后，与某一家具有资质的会计师事务所合作，获取办理验资证明的所需资料清单及表格，包括询证函等。然后到任意一家银行办理开验资户的手续。验资户开设后，按照出资者和出资比例的不同进行资金进账，可以是转账或现金入账。入账后大概需要 3 天的时间，银行将返回证明资料。资料准备齐全后直接交给会计师事务所出具验资证明，一般 2 天内能够完成。

至此，主要申请资料已经准备完成，按照清单整理好，向民政部门递交，民政部门的经办人员可能会到办公场所视察，审批通过后即登记完成。

（二）第二阶段：登记阶段

申请流程：获得批复及登记证书→刻制法人公章→刊登成立公告（须在获得登记证书一个月内完成）→开设银行基本户→向民政部门递交资料备案，完成注册全过程。

1. 获得批复及登记证书

在第一阶段递交了所有申请资料后，批复的时间有长有短，只能等待。获得批复后，会有核准成立的批复文件、备案核准后的章程、登记证书正副本。

自 2015 年开始，国家推行“五证合一”（营业执照、组织机构代码证、税务登记证、社会保险登记证和统计登记证），减少办理环节和流程，通过“一口受理、并联审批、信息共享、结果互认”，实现由一个部门核发加载统一社会信用代码的登记证书。

2．刻制法人公章

拿到登记证书等文件后，建议先到公安局了解刻章所需的资料、合法刻章机构的联系方式及办理时间。

刻章申请资料一般包括：申请书，登记证书正、副本复印件，核准机构承认的民政局出具的批复函复印件，法定代表人身份证复印件，委托人身份证复印件各一套，以上资料在递交时须提交原件核对。

在提交上述资料时，需要先选定有资质的刻章单位，然后公安部门会出具一份证明，拿着证明再到刻章单位进行刻章。一般需要刻公章和财务章，材质不同价格不同。拿到公章后，要获取公安部门对刻章许可证及启用印模的批复，刻章机构可以代劳，批复后拿回许可证书才算完成。

3．刊登成立公告

刊登成立公告须在获得登记证书一个月内完成。

4．开设银行基本户

在上述证件都齐备后，直接把所有证件的原件和复印件、公章带到银行办理开户，一定要带上登记证书的正本复印件。

开户资料一般需要 3 套，主要如下：五证合一的登记证书正副本、法定代表人身份证、经办人身份证等。基本户开户银行和验资户银行一般是同一家，同时银行业务人员会帮忙梳理整个流程。当资料齐备并预留印鉴后需要等待审批，时间一般在一周左右，审批通过后，银行基本户开户完成，会得到开户许可证。

5．向民政部门递交资料备案

公章、成立公告、登记证书、银行开户均完成后，填写银行账号备案表和印章备案表，并携带上述证件、表格的复印件和原件到民政部门办理备案手续，完成后，整个申请注册程序才算是基本完成。这个步骤必须在获得登记证书一个月内完成。

更为详细的组织登记申请流程如图 3－3 所示：

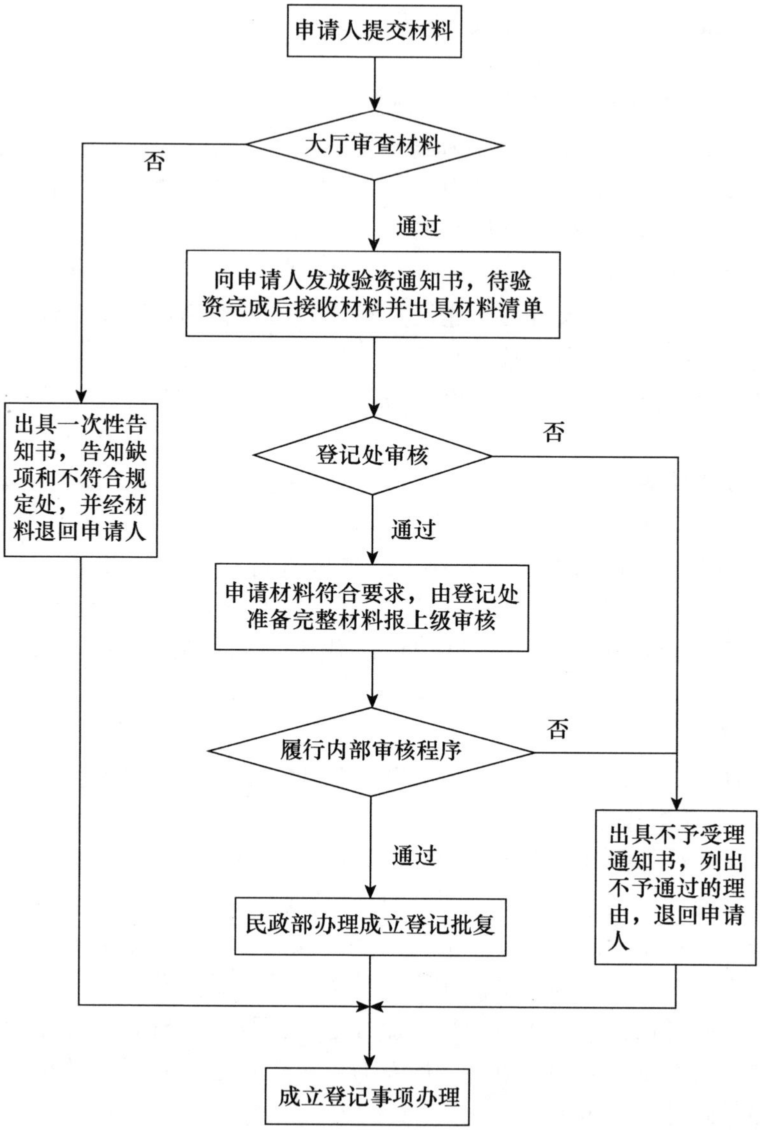

图 3－3　组织登记申请流程

四、志愿服务组织备案

由于志愿服务组织发展程度不均衡，发展较好、规模较大、较为成熟的志愿服务组织可向民政部门申请登记，其他规模较小、尚未达到登记条件的志愿服务组织可向备案管理单位申请备案管理。

（一）志愿服务组织备案管理单位

志愿服务组织所在街道办事处、乡镇人民政府民政部门以及组织所在地区的枢纽型平台组织为志愿服务组织的备案管理机关。

枢纽型平台组织目前所指的是各地的志愿服务联合会、义工联合会、社会组织联合会、社区社会组织联合会、志愿服务组织联合会等平台。

（二）志愿服务组织备案所需条件

如图 3-4 所示，志愿服务组织备案所需要条件包括：

（1）组织名称。申请备案的志愿服务组织需要有固定的组织名称，通过组织名称界定该志愿服务组织的所属地、类型以及服务领域等内容。志愿服务组织的命名需遵从组织命名要求，由“行政区划名称（区）＋街道名称＋社区名称＋字号＋服务领域＋组织形式”组成，如垈头街道盛园社区爱 U 志愿者团队。现实中也存在大量的志愿服务组织名称不规范的现象，造成不同地区同名组织较多，建议名称一定要规范，否则会为组织后期的发展留有遗患。

（2）一定的成员数量。申请备案的志愿服务组织需要拥有一定的成员数量，以满足团队开展志愿服务时所需的志愿者。

（3）固定的团队负责人。申请备案的志愿服务组织需要有固定的负责人与联系人，由负责人和联系人协调组织开展服务以及内部对接工作。

（4）明确的服务内容。申请备案的志愿服务组织需要有明确的志愿服务内容，如扶贫、助困、助残、扶老、环保……

（5）明确的服务区域。申请备案的志愿服务组织需要有明确的服务区域以限定组织的服务范围和备案级别，如服务本社区（村）、服务本街（乡）、服务本区（县）……

（三）志愿服务组织备案所需材料及流程

志愿服务组织申请备案所需材料较为简单，如在枢纽型平台进行备案，志愿服务组织只需在枢纽型平台的网站中详细填写组织信息并完成组织注册即可（见图 3-5）。如在所属地区民政部门备案，则需志愿服务组织填写备案登记表即可，如所在地区民政部门有指定的备案登记表，志愿服务组织直接填写即可，如无指定，则需自拟志愿服务信息文件。登记信息包括组织名称、成员数量、服务区域、服务内容、负责人与联系人信息等内容（见表 3-1）。

团体基本信息
* 志愿团体名称：
* 登记状态： 未登记的志愿服务组织 法人组织
* 联络团体： 选择
* 主管单位类型： 请选择
* 主管单位名称：
* 区域： 请选择
* 详细地址： 地图定位
* 邮编：
成立日期： 2017年 12月 18日
* 志愿者人数：
* 服务类别： 赛会服务 应急救援 城市运行 文化教育 关爱服务 社区服务 绿色环保 医疗卫生 在线志愿服务 京外服务 国际服务 其他 最多选择4项
联系人信息
* 联系人姓名：
* 联系人手机： 公开
* 联系人电话： 公开
联系人QQ：
负责人信息(此项信息不会公开)
* 负责人姓名：
* 负责人身份证：
* 负责人手机：

图 3-4　志愿服务组织备案信息

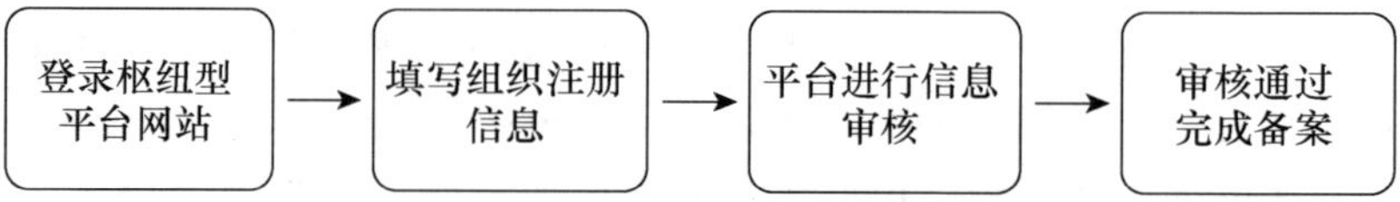

图 3-5　枢纽平台备案流程

表 3-1　志愿服务组织备案登记表

志愿服务组织名称	
组织现有志愿者人数	
组织服务区域	
组织服务内容	
组织负责人姓名	
组织负责人联系方式	
组织联系人姓名	
组织联系人联系方式	

下面以服务社区为主的志愿服务组织备案为例简要说明志愿服务组织的备案流程。服务社区的志愿服务组织首先需要向所在社区的居委会提出组织备案申请并填写志愿服务组织备案登记表，社区居委会对备案登记表及相关信息进行审核，如审核通过，社区居委会将组织备案登记表提交至所在街道的民政部门进行备案，至此组织备案结束（见图 3－6）。如社区居委会的审核未通过，志愿服务组织需根据居委会提出的整改意见对登记表及相关信息进行调整，然后重新提交备案申请，直至审核通过和备案完成。

另外，志愿服务组织备案事项发生变更的，应及时主动地向备案民政部门和枢纽型平台提出事项变更申请，以保证备案管理机关所掌握的信息与组织实际信息相符合。备案的志愿服务组织由备案管理单位负责监督管理，民政部门负责指导开展相关工作。

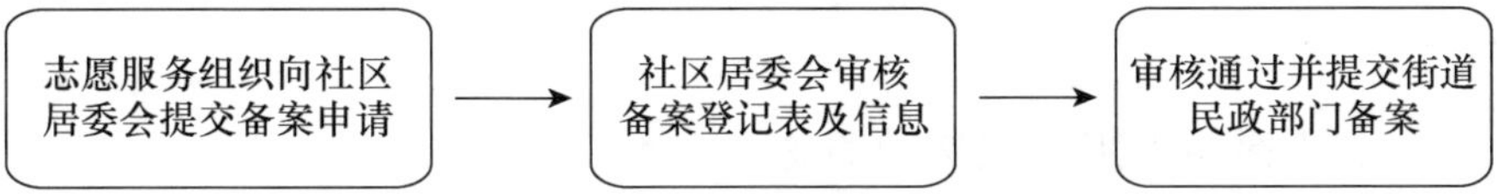

图 3－6　民政部门备案流程

第二节　志愿服务组织的组织架构

案　例

适合的组织架构使工作更为清晰而顺畅

某志愿服务组织以社会服务机构的形式在民政部门进行依法登记成立以后，组织管理层根据服务领域、业务范围、发展目标等内容设计了组织架构。期望合理的组织架构能够使组织顺畅地开展服务并快速发展。限于目前组织成员数量较少，沟通与管理较为便利，所以初步制定由组织负责人直接与下属工作人员进行沟通和管理的架构形式。架构制定之初的确管理较为顺畅，组织负责人可以直接向每个人传达工作，同时可以获得每个人的直接反馈，在此基础上机构发展较为迅速。但随着组织的发展、人员的增多以及内部职能的划分更为精细，组织负责人无法对接每个人，在此情况下管理效率和工作效率会下降，组织发展也会受到影响。为此，组织管理层发现问题后决定调整组织架构以解决现在的问题。鉴于组织内部已经划分出不同的职能团队，各团队也有具体负责人，为此，管理层决定将组织架构调整为：组织负责人管理各职能团队负责人、各团队负责人管理团队内的工作人员。组织架构调整后，工作的实践证明此次调整是有效果的，在组织架构调整后工作开展变得十分顺畅，工作效率显著提升，带动了组织发展。

【点评】

适合的组织架构完全能够有效而明确地指导组织开展工作，清晰定位组织成员的位置、权利、职责以及成员间的关系，从而提升工作效率。

一、志愿服务组织架构的概念

组织架构指的是组织的结构设计。著名管理学大师哈罗德·孔茨认为："组织的结构设计应该明确谁去做什么、谁要对什么结果负责，并且消除由于分工含糊不清造成的执行障碍。"尽管孔茨这段话是针对企业组织结构设计而言的，但它同样适用于志愿服务组织的结构设计。在志愿服务组织结构设计中，各部门之间的权利与职责应该明确，只有这样才能开展高效的志愿者行动。

学者明茨伯格将组织结构定义为：组织结构是将劳动划分成不同工作，并协调这些工作的方式综合。在设计组织结构时，首先要考虑组织内不同部门的各自分工，然后考虑如何协调这些分工。组织理论家都在探寻如何最好地运作组织结构，但是权变理论却坚持认为：不存在设计组织结构的唯一最佳方法。事实上，最好或最合适的组织结构依赖于正在进行的工作类型和组织所处的环境条件。从这一视角可以看出，组织并非一个封闭的系统，它与周围环境有着密切的关系，随着环境的变化，组织结构也在不断使自己适应该种变化。

因此，志愿服务组织的组织架构是指在志愿服务组织管理要求、管控定位、管理模式及业务特征等多因素影响下，在志愿服务组织内部组织资源、搭建流程、开展业务、落实管理的基本要素。

二、志愿服务组织架构的作用

组织架构可以明确组织内部成员之间相互关系的性质，明确每个成员在组织中是什么地位、拥有什么权利、承担什么责任、发挥什么作用。其作用和目的是通过这种共同约定的框架保证资源和信息流通的有序性，并通过这种有序性，稳定和提升该组织所共同使用的资源在实现其共同价值目标上的效率和作用。这里的资源不仅仅包括物质资源，也包括加入这个组织的每个成员的体力和脑力，即人力资源。任何一个组织都是由一个个独立的个人组成的，如果没有一个共同约定的框架对众多的独立个人在这个特定的社会群体中的相互关系和地位、作用做出明确界定，这个组织也就不能称为组织，而只能是一个没有共同目标、人员行为无法协调的零散群体。

志愿服务组织作为特定的社会组织，有完善的并且根据实际情况变化会不断调整更新的目标体系，这是其存在和发展的前提。只有根据实际情况变化不断调整更新的目标体系，才能把更多的人吸引过来并留在一个特定的社会组织之中。但是，志愿服务组织作为特定的社会组织，首先必须有特定的架构，为其资源、信息的流动提供方向和程序约束。这不仅是由形成组织目标体系的决策指定，也必须在一定组织层次上由特定的岗位角色来完成。根据其内容所涉及问题的多少、影响面的大小，把形成组织目标体系的决策的指定活动分散到组织的不同层次、不同方面，让不同的岗位角色去完成。这本身就是一种资源、信息流动的程序约定。

因此，可以把组织架构比喻成组织的骨骼，它是让组织成立并且有效运行的基础和保障。

三、志愿服务组织架构的类型和特点

当前，常见的志愿服务组织架构主要有直线组织架构、职能制组织架构、事业部组织架构、矩阵制组织架构等。

（一）直线组织架构

直线组织架构是最早出现也是最为简单的一种组织架构，是一种集权式的组织架构形式（见图 3 - 7）。这种架构具有设置简单、权责明确、便于领导进行统一管理与指挥的优点，但无横向的协调关系，易出现管理混乱等情况。这种组织以高度集权为特征，适用于规模较小的组织。

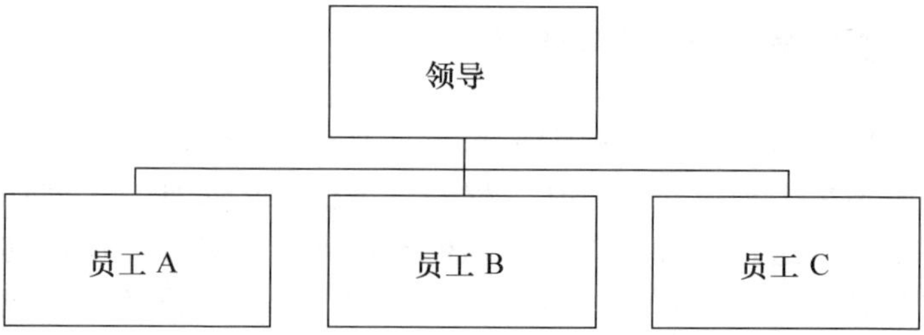

图 3-7　直线组织架构

案　例

俏夕阳志愿服务队是北京市某社区内的居民自发志愿服务组织，由社区内乐于参与志愿服务的老年人组成，成员 20 人。此团队设队长和副队长各 1 人。俏夕阳志愿服务队自组建以来一直采用直线组织架构形式进行队伍管理，由队长和副队长直接管理团队内的志愿者。

【点评】

因团队规模较小，采用此种管理架构，管理效果较为明显，如管理方式得当，也可保持团队的稳定性和工作开展的持续性。

（二）职能制组织架构

职能制组织架构也称“U 型”组织，它以工作方法和技能为部门划分的依据（见图 3-8）。这类组织的主要特点是职能部门任务专业化，避免了人力和物力资源的重复配置，便于部门发挥职能专长，能激发职能人员的积极性，可降低管理成本，提高运作效率。

图 3-8　职能制组织架构（以国内某基金会为例）

案　例

国内某基金会的组织规模较大，同时服务领域较为宽泛和独立，结合基金会年度的筹款量，特将内部架构以服务领域为标准进行划分，如防盲特教、教育、医疗卫生、农村发展、社会福利等。各服务领域自行组建工作团队，形成多领域多团队并存的形式。为此，此基金会的组织架构适合采用“职能制”形式，即由基金会秘书长管理各领域，各领域团队进行自行管理。

【点评】

此种组织架构可以减轻秘书长的管理压力，同时各领域团队职权划分清晰，工作开展较为便利，成果也较为显著。

（三）事业部组织架构

事业部组织架构又称“M型”组织或多部门组织，它是由一个总机构和几个以产品或服务为基础的或地方性的分支机构组成，其中每个分支又包括职能不尽相同的若干部门，而这些部门单位又被进一步划分为依据地理或产品来分配的工作单位。换句话说，它以产生目标和结果为基准来进行部门的划分与组合。其组织管理的核心思想是在集权领导下实行分权管理（见图3-9）。这类组织的主要特点是提高了管理的灵活性与适应性，有利于最高管理层摆脱日常较细微的管理事务，从而有精力从总体把握组织运行的方向，提高组织运行的效率。

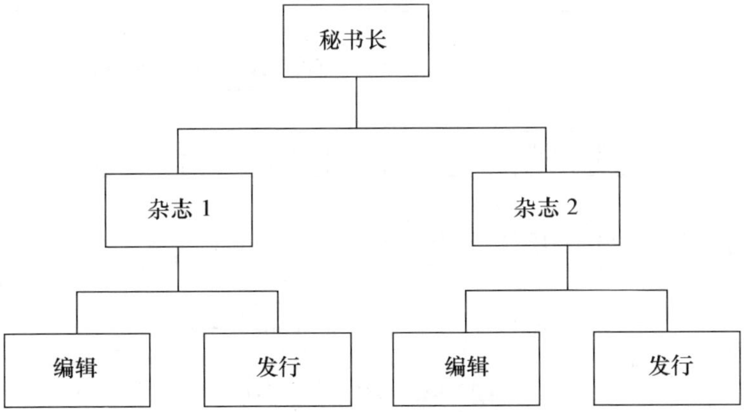

图3-9　事业部组织架构（以国内某公益杂志为例）

案　例

某组织的业务为公益杂志出版，组织现在出版并发行了两个独立的公益杂志。因公益杂志所涉及的方向和内容偏差较大，无法将两份杂志的管理工作进行统一，但为了保证杂志都按时出版和发行，组织内部必须保持高效的管理和工作效率。经过组织内部的实践和磨合，最终设定事业部型组织架构，将两个杂志的人员和工作完全分开，形成两个独立的事业部，在事业部下按照具体工作划分为“编辑”“出版”等工作团队，最终管理模式为秘书长管理事业部，事业部管理工作团队。

【点评】

事业部型组织架构可以保证各事业部具有一定的自主管理权，有利于各部门顺利而高效地开展工作。

（四）矩阵制组织架构

矩阵制组织架构具有多重指挥架构的显著特征，即信息和权力的纵向和横向渠道同时发生作用。也就是说，它是由纵横两套管理系统组成的组织架构：一套是纵向的职能领导系统，即按职能划分的垂直系统；另一套是为完成某一任务而组成的横向项目系统，它是按项目划分的横向结构（见图 3－10）。

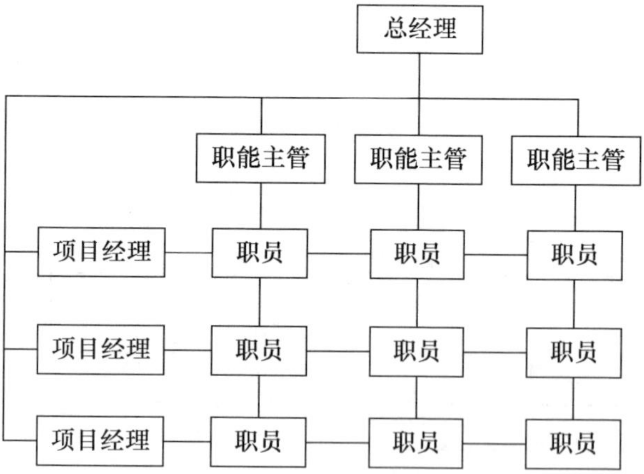

图 3－10　矩阵制组织架构

案　例

某青年志愿者协会以策划和开展志愿服务活动为主要工作内容。为保证志愿者活动的多样性和创新性，专门成立了策划部；为保证志愿者活动开展的专业性专门成立了项目部；为保证志愿者活动的宣传效果和影响范围专门成立了宣传部。由协会的主任管理这三个部门。虽然根据不同的工作内容成立了独立的部门，但三个部门的工作开展却并不完全独立而是紧密联系的，很多工作都是采取成立专门项目组的形式开展。在三个部门的各司其职和通力合作下，协会的内部管理十分顺畅，活动的开展也是有声有色。

【点评】

此志愿者协会采用矩阵制组织架构是十分明智的选择，此结构形式可以保证管理工作的横向与纵向都能顺利进行，既完成了纵向管理又保证了横向融合，虽然较为复杂但效果明显。

第三节　志愿服务组织的年审管理

案　例

验证组织优劣的年审管理

某组织登记成立以后即按照业务范围开展工作，在成立一年之际突然接到了登记管理机关下发的组织年审通知，由于该组织在成立之后，相关管理人员不了解组织年审的相关信息，在工作过程中没有刻意按照年审的标准进行管理，因而接到年审通知时一头雾水不知该如何操作，但最终在相关工作人员的指导下完成年审工作，获得“年审基本合格”的评价并被要求限期整改。

【点评】

提前了解志愿服务组织年审的相关信息很有必要，了解年审工作的操作流程并在工作开展过程中注意留存年审所需资料可以有效地帮助组织通过年审并获得较高评价。

一、志愿服务组织年审的意义

志愿服务组织可以以基金会、社会团体、社会服务机构等形式存在，而根据《社会团体登记管理条例》《民办非企业单位登记管理暂行条例》《民办非企业单位年度检查办法》以及地方制度［如《北京市社会团体年度检查办法（试行）》］的规定，凡经过当地民政部门依法登记的组织均应接受年度审查。另外，备案的志愿服务组织也应接受备案管理机关的年度审查。

志愿服务组织通过接受年度审查可以发现组织运行和工作开展过程中有关组织管理、人员管理、财务管理、项目管理、制度管理等方面的问题，可以有效帮助志愿服务组织发现问题、解决问题，从而使该组织发展得更为规范。

二、志愿服务组织年审的内容

志愿服务组织年审的内容根据各地民政部门的要求有一定的差异性，以下以北京地区的志愿服务组织年审为例介绍志愿服务组织的年审内容。

北京地区针对志愿服务组织的年审内容包括：组织年度检查报告书、组织基本信息、组织内部建设情况、人力资源情况、党建工作情况、获奖与宣传情况、组织接受监督管理情况、组织财务会计报告、组织内设机构变动情况、组织年审年度业务活动总体情况及组织下一年度工作计划情况。通过对以上内容的审查，了解组织遵守法律法规和国家政策的情况，依照有关规定履行登记手续的情况，按照章程开展活动的情况，人员和机构变动的情况以及是否开设独立的银行账户、配备专职的财会人员，是否按照有关规定建立健全本单位的会计核算制度、资产管理制度和内部控制制度等情况，同时也包括了解党组织建设和作用发挥的情况等。

三、志愿服务组织年审的材料准备及流程

（一）年审的材料准备

各地区民政部门对组织年审所需的材料要求有一定差异，但均会有明确的要求，志愿服务组织可根据民政部门的要求准备材料，按照要求准备好相关材料，自网站提交反馈即可。

（1）年审报告书声明材料。在民政部门指定网站下载的年审报告书模板中第一项内容即为声明材料，保证报告书中提供的材料、信息、数据等

内容均应真实有效，组织对相关内容负责。

【示例】北京地区志愿服务组织年审报告书声明材料示例

____民政局：

本报告书根据《民办非企业单位登记管理暂行条例》《民办非企业单位年度检查办法》《民间非营利组织会计制度》等有关规定编制，并经我单位决策机构审定，保证本报告书内容真实、准确、完整。

请予以审查。

（志愿服务组织印章）

年　月　日

（2）组织基本信息表。志愿服务组织需要向年审机关提供较为详细的基本信息表，包括组织名称、地址、行业分类、开办资金、业务范围、登记证号、法人信息、理事会信息、组织负责人信息等内容（见表 3-2），各信息如实填写即可。

表 3-2　志愿服务组织年审基本信息表

<table>
<tr><td>名称</td><td colspan="4"></td><td>行业分类</td><td colspan="2"></td></tr>
<tr><td>住所</td><td colspan="4"></td><td>开办资金</td><td colspan="2">元</td></tr>
<tr><td>业务范围</td><td colspan="7"></td></tr>
<tr><td>登记证号</td><td colspan="2"></td><td>组织机构代码</td><td></td><td>执业许可证号</td><td colspan="2"></td></tr>
<tr><td>登记时间</td><td colspan="2"></td><td>联系电话</td><td></td><td>传　　真</td><td colspan="2"></td></tr>
<tr><td>网站地址</td><td colspan="3"></td><td>电子邮编</td><td colspan="3"></td></tr>
<tr><td>业务主管单位</td><td colspan="3"></td><td>联系电话</td><td colspan="3"></td></tr>
<tr><td rowspan="2">法定代表人（合伙、个体负责人）</td><td colspan="2">姓名</td><td></td><td>性别</td><td></td><td>出生日期</td><td></td></tr>
<tr><td colspan="2">政治面貌</td><td></td><td>学历</td><td></td><td>担任职务</td><td></td></tr>
<tr><td rowspan="7">理（董）事会、单位负责人</td><td rowspan="4">理（董）事长</td><td>姓名</td><td></td><td>性别</td><td></td><td>出生日期</td><td></td></tr>
<tr><td>政治面貌</td><td></td><td>学历</td><td></td><td>是否专职</td><td></td></tr>
<tr><td colspan="2">人事关系所在单位及职务</td><td colspan="4"></td></tr>
<tr><td>电话</td><td></td><td>传真</td><td></td><td>移动电话</td><td></td></tr>
<tr><td rowspan="3">单位负责人</td><td>姓名</td><td></td><td>性别</td><td></td><td>出生日期</td><td></td></tr>
<tr><td>政治面貌</td><td></td><td>学历</td><td></td><td>是否专职</td><td></td></tr>
<tr><td>电话</td><td></td><td>传真</td><td></td><td>移动电话</td><td></td></tr>
</table>

（3）组织内部建设信息表。志愿服务组织在年审报告书中需向年审机关呈现本组织在本年度所发生的登记事项变更情况、年度会议及换届情况、内部制度建设情况以及信息公示情况等内容（见表 3-3）。

表 3-3　　　　志愿服务组织内部建设情况信息表

（一）本年度登记事项变更情况

事项	是否变更	变更登记办理情况	批准时间
变更名称	□是 □否	□已办理 □正办理 □未办理	
变更业务范围	□是 □否	□已办理 □正办理 □未办理	
变更住所	□是 □否	□已办理 □正办理 □未办理	
变更开办资金	□是 □否	□已办理 □正办理 □未办理	
变更法定代表人（合伙人、负责人）	□是 □否	□已办理 □正办理 □未办理	
变更业务主管单位	□是 □否	□已办理 □正办理 □未办理	
修改章程	□是 □否	□已办理 □正办理 □未办理	

（二）本年度会议及换届情况

章程规定	换届或会议情况
理（董）事会任期为（　）年一届	最近一次换届时间为（　　）
理（董）事会会议每年（　）次	最近一次召开理（董）事会会议时间为（　　） 本年度共召开理（董）事会会议（　）次
未按章程规定如期换届、开会的理由	

（三）本年度内部制度建设情况

证书、印章、档案管理	证书保管、使用管理制度	□有 □无	保管在	下拉框
	印章保管、使用管理制度	□有 □无	保管在	下拉框
	档案管理制度	□有 □无	保管在	下拉框
财务管理	人民币开户银行			
	人民币银行账号			
	外币开户银行			
	外币银行账号			
	税务登记	□国税　□地税　□未登记		
	免税资格	□有　□无	年免税额	元
	财务管理制度	□有　□无	固定资产管理制度	□有　□无
	执行会计制度	□《民间非营利组织会计制度》 □其他会计制度		
	专职财会人员数		专职财会人员中具有会计执业资格人数	
	使用票据种类	□税务发票　□行政事业性收费票据　□捐赠收据 □其他（注明）：____________		

（四）本年度信息公示情况

公示内容	是否公示	公示方式
基本信息	○是　○否	□网站　□报刊　□电视　□上墙悬挂 □其他：
章程（或摘要）	○是　○否	□网站　□报刊　□电视　□上墙悬挂 □其他：
收费项目及标准	○是　○否　○无	□网站　□报刊　□电视　□上墙悬挂 □其他：
年度审计报告	○是　○否	□网站　□报刊　□电视　□上墙悬挂 □其他：
接受使用捐赠和资助情况	○是　○否　○未接受	□网站　□报刊　□电视　□上墙悬挂 □其他：
年度工作报告	○是　○否	□网站　□报刊　□电视　□上墙悬挂 □其他：

（4）组织接受监督管理信息表。志愿服务组织需如实汇报本组织在本年度是否进行组织评级、评级结果如何以及是否接受过行政处罚等信息（见表 3－4）。

表 3－4　　志愿服务组织接受监督管理信息表

社会组织评估	最近一次参加等级评估时间			年　月　日
	评估结论	（下拉框）	有效期至	年　月　日
行政处罚	是否受到过行政处罚		□是　□否（如选否，则不需填写以下四项内容）	
	行政处罚时间		年　月　日	
	行政处罚种类			
	行政处罚实施机关			
	违法行为			

（5）组织财务会计报告。组织财务会计报告中包含体现组织财务状况的资产负债表、业务活动表和现金流量表，志愿服务组织年审办理人可请组织内负责财务的同事协助提供财务会计报告数据。除了此三大财务表格以外，志愿服务组织还需向年审机关提供本组织本年度完整的财务审计报告，财务审计报告须由具有财务审计资质的会计师事务所等单位根据志愿服务组织年度财务状况出具并盖有财务审计单位的公章方可

生效。

（6）组织内设机构变动信息表。记录志愿服务组织在本年度内设机构的增减情况，此内容只要求内设机构有增减且已经在登记管理机关备案的组织提供，如组织内设机构无变动情况则无须提供。

（7）组织本年度业务总体情况及下一年度工作开展计划。记录本组织在本年度整体的组织工作开展情况、组织发展情况、服务开展情况以及下一年度如何开展工作等信息。

（8）组织人力资源信息表。志愿服务组织需向年审管理机关汇报本组织在本年度内的从业人员数量及构成情况、从业人员工资薪酬情况、社会保障缴纳情况、志愿者使用情况以及人事档案管理情况等内容。具体信息的详细程度根据各地区年审机关的要求而定，志愿服务组织据实汇报即可。

（9）组织党建工作信息表。根据相关法规要求，凡志愿服务组织中具有 3 名以上党员均需要成立独立党组织，党员数量不足 3 名也需要与同领域内的其他组织成立联合党组织，以便加强党对志愿服务组织的管理与指导。为此，志愿服务组织在进行年度审查时需要汇报本组织的党建工作情况，包括组织内党员数量、构成及组织关系等情况、组织是否建立党组织、组织内开展党建活动的情况等内容。

（10）组织获奖与宣传信息表。志愿服务组织需展示本年度内组织获得的奖励表彰情况、媒体宣传报道情况以及服务品牌建设情况等内容。

以上资料为志愿服务组织参与年审工作所需准备的基本资料，基本涵盖在各地区年审机关提供的年审报告书模板中，志愿服务组织需按照相关要求认真填写与准备并形成完整的年审报告书。年审报告书提交审查后不可更改，为此，需要志愿服务组织对年审报告书中要求的资料、信息、数据等内容认真负责，以免出现信息数据不准确或资料不全面的情况，最终影响年审办理进度和年审结果。

（二）志愿服务组织年审流程

目前，国内大部分地区的组织年审工作已由现场办理改为线上办理，组织年审办理人员只需在接到年审通知后登录当地民政部门指定网站下载相关表格资料，填写表格并根据要求准备资料制作年审报告书，完成后将年审报告书通过网站进行提交即可，审查结束后，志愿服务组织年审办理人员需携带组织《登记证书》副本前往民政部门加盖年审结果印章。至此，年审工作结束（见图 3－11）。

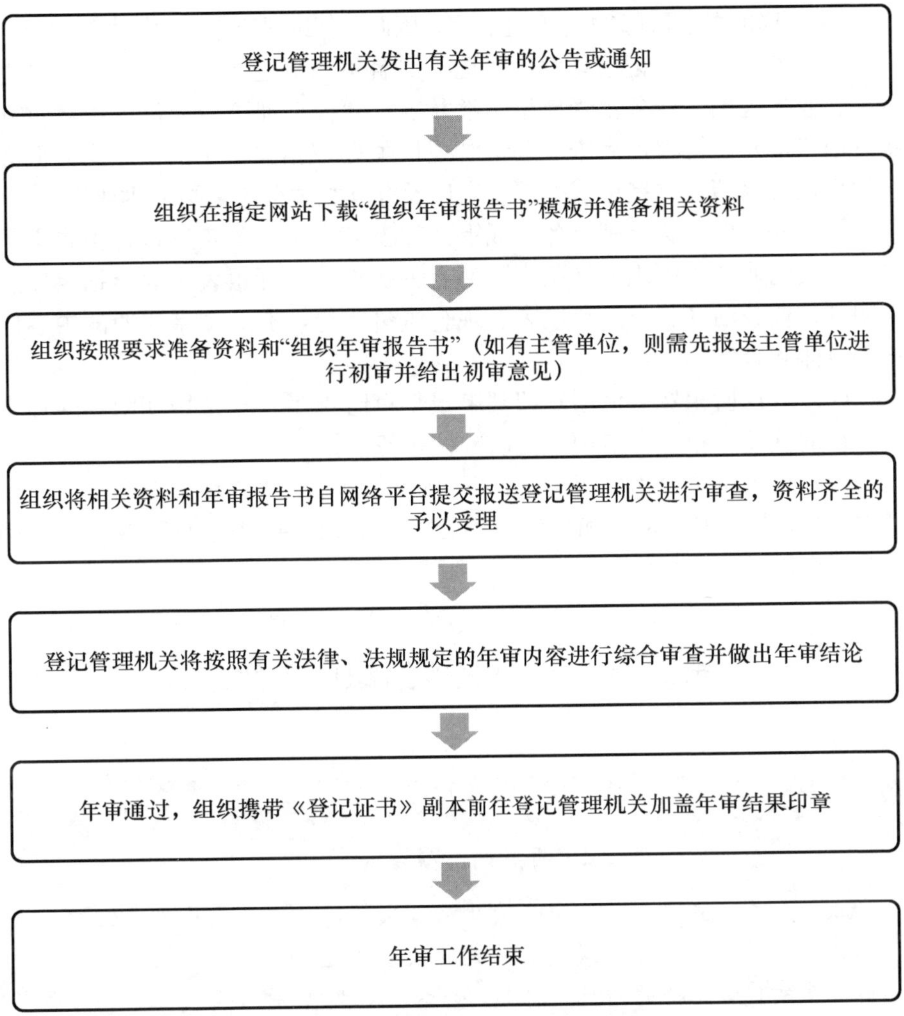

图 3-11　志愿服务组织年审基本流程

四、志愿服务组织年审的注意事项

（1）志愿服务组织年审的时间一般在每一年的上半年，具体时间以各地民政部门通知时间为准。志愿服务组织年审工作越早开展越好，时间越靠后，申请办理的人越多，越会影响年审办理进度，所以建议尽早申请办理。

（2）如果该年度组织有涉外事项，一定要在事项活动前填写报告并到民政部门备案，年审时需就具体情况进行报告。

（3）年审时需要注意的事项比较多，因此需仔细研究年审通知里的规定。

（4）如果基本登记信息发生变更，如名称、法定代表人、住所、开办资金、业务范围、业务主管单位、举办者、章程、理事会成员或虽已重新签订租（借）房协议但尚未在登记管理机关办理相关手续的，应当先向登记管理机关申请变更登记或变更备案以及办理相关公告后再办理年审。

（5）提交的由会计师事务所或审计师事务所出具的年度审计报告必须符合《民间非营利组织会计制度》的有关要求，会计报表至少包括年度收支明细、业务活动、资产负债表、现金流量表等，有关文字说明的内容应详细具体和真实。

（6）若住所租赁（借用）期到申报年审时不足一年使用期限，须提供新签订的（续）租赁（借用）协议验核并备案。

（7）年审结论分为“年审合格”“年审基本合格”“年审不合格”三个档次。“年审基本合格”和“年审不合格”的组织应当进行整改，整改期限为三个月。

第四节　志愿服务组织的党组织

案　例

听党话，跟党走

北京和众泽益公益发展中心为北京民政部门登记的志愿服务组织，50名员工中有5名员工为正式党员，党员数量超过3人，根据《关于加强社会组织党的建设工作的意见（试行）》，该公益发展中心须成立党支部并在内部开展党建工作。为此，北京和众泽益公益发展中心与组织住所所在地的街道党组织取得联系表明组织内部要成立党支部，街道党组织得知后对此工作非常支持。街道党组织向北京和众泽益公益发展中心介绍成立党支部的流程，派驻党建指导员指导组织成立党支部工作的开展，并明确了党支部的工作职责与内容。在街道党组织的支持与北京和众泽益公益发展中心内部党员员工的共同努力下，党支部迅速成立并按计划开展党建工作，为组织工作的开展指明了政治方向。

资料来源：和众泽益志愿服务中心的项目案例。

【点评】

国务院《志愿服务条例》规定，在志愿服务组织中，根据中国共产党章程的规定，设立中国共产党的组织，开展党的活动。志愿服务组织应当为党组织的活动提供必要条件。

一、志愿服务组织党组织的作用

2015 年中共中央办公厅印发《关于加强社会组织党的建设工作的意见(试行)》，《意见》指出，凡是经民政部门正式登记的社会组织（含志愿服务组织），其常设办事机构专职人员中有正式党员 3 人以上的，都应及时建立党的基层组织；正式党员不足 3 人的，可与同一业务主管单位所属的其他组织或其他邻近单位建立联合党支部，或将党员组织关系转入其业务主管单位或挂靠单位的党组织，参加党的活动。对暂不具备建立党组织条件的社会组织，上级党组织可向社会组织选派、输送、推荐符合条件的党员，为社会组织建立党组织创造条件；或指派党的工作联络员，负责社会组织的思想政治工作，做好党员的教育、管理和发展工作及党组织的建立工作。

党组织是党在社会组织中的战斗堡垒，发挥着政治核心作用。要着眼履行党的政治责任，紧紧围绕党章赋予基层党组织的基本任务开展工作，严肃组织生活，严明政治纪律、政治规矩和组织纪律，充分发挥党组织的政治功能和政治作用。要按照建设基层服务型党组织的要求，创新服务方式，提高服务能力，提升服务水平，通过服务贴近群众、团结群众、引导群众、赢得群众①。

总之，社会组织中的党组织担负着引导和带动社会组织健康发展、发挥作用的重要职责，填补了政府转型过程中的空白地带。因此，应在坚持中国共产党对社会组织政治领导的基础上，激发社会组织活力，发挥好社会组织凝聚组织成员的作用，更好地服务于广大群众。

二、志愿服务组织党组织的基本职责与工作内容

（一）志愿服务组织党组织的基本职责②

（1）保证政治方向。宣传和执行党的路线方针政策，宣传和执行党中央、上级党组织和本组织的决议，组织党员群众认真学习中国特色社会主

①② 中共中央办公厅．关于加强社会组织党的建设工作的意见（试行）．中国政府网，2015-09-28.

义理论体系，深入学习习近平总书记新时代中国特色社会主义思想，教育引导党员群众遵守国家法律法规，引导监督社会组织依法执业、诚信从业。

（2）团结凝聚群众。做好思想政治工作，教育引导职工群众增强政治认同，关心和维护职工群众的正当权利和利益，汇聚推进改革发展的正能量。

（3）推动事业发展。激发从业人员的工作热情和主人翁意识，帮助社会组织健全章程和各项管理制度，引导和支持社会组织有序参与社会治理、提供公共服务、承担社会责任。

（4）建设先进文化。坚持用社会主义核心价值观引领文化建设，组织丰富多彩的文化活动，营造积极向上的文化氛围，教育党员群众自觉抵制不良倾向，坚决同各种违法犯罪行为做斗争。

（5）服务人才成长。关心关爱人才，主动帮助引导，不断提高从业人员的思想和业务素质，支持和保障各类人才干事创业。

（6）加强自身建设。创新组织设置，健全工作机制，严格执行组织生活各项制度，做好发展党员和党员教育管理服务工作。维护和执行党的纪律，监督党员切实履行义务，做好党风廉政建设工作。领导本单位工会、共青团、妇联等基层群团组织工作。

（二）志愿服务组织党组织的工作内容

志愿服务组织的具体工作内容体现在以下几个方面：

1. 接转党员组织关系

党组织成立后可以接转党员组织关系，实现关系随人走。党员员工在志愿服务组织入职稳定后可以将党员组织关系转移到志愿服务组织的党组织中，便于党员参与党建活动。

2. 发展新党员

党组织可根据发展党员的工作方针，结合本组织党群的构成情况，规划本组织发展党员工作的计划，上级党组织批复工作计划后即可在组织内部发展新党员。通过党建活动的开展，发现和培养入党积极分子，并将积极分子发展为党组织的一员。

3. 开展党员活动

党组织成立后即可带领组织内的党员开展“民主生活会”“三会一课”等党员活动，组织成员在一起学习党的知识、交流思想和总结经验教训等，提升党员思想觉悟和服务意识。有利于党员员工在组织内部发挥带头示范作用。

4. 传递党的精神和政策动向

志愿服务组织的工作开展需时刻关注政策动态，保持党建的引领作用。而志愿服务组织内的党组织则可做到实时传递党的精神与最新政策动向，为志愿服务组织的发展把控方向。

5. 开展党建带团建、带工建活动

党组织要履行“党建带团建，党建带工会建设”的职责，指导工会组织、团组织贯彻落实党的方针、政策和有关群众工作的指示，支持和带领工会组织、团组织开展活动。

三、志愿服务组织党组织的成立流程

（一）满足条件成立独立党组织

以志愿服务组织内部（3 名以上党员）满足成立独立党组织条件的情况为例来介绍志愿服务组织成立党组织的流程（见图 3－12）。

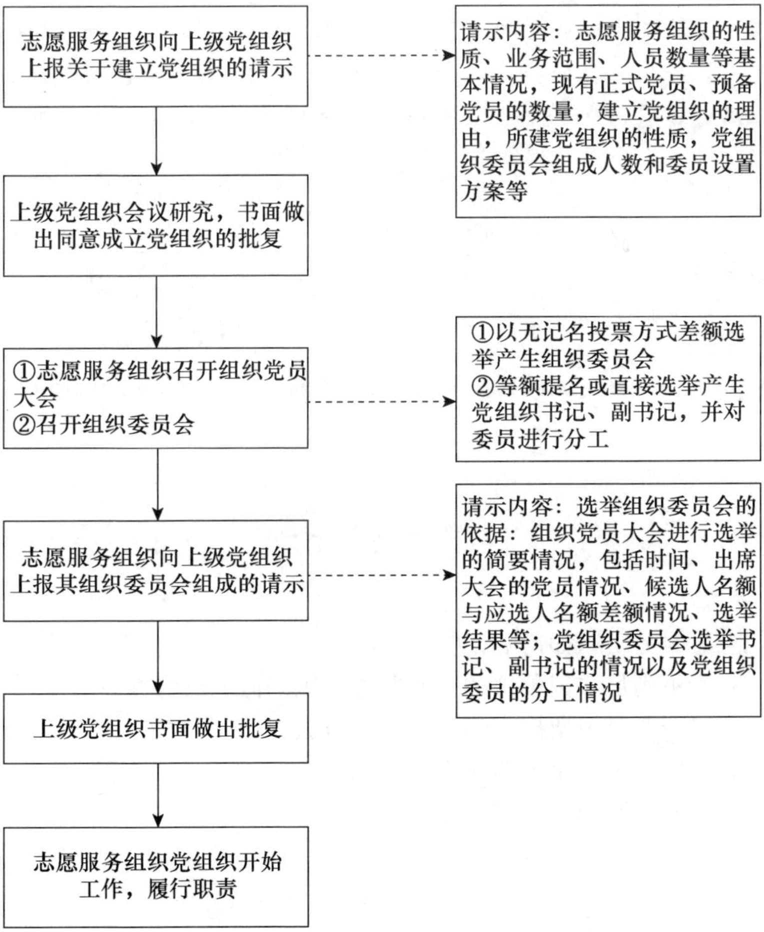

图 3－12　志愿服务组织党组织的成立流程

（二）无条件成立独立党组织

对于那些规模较小且内部党员数量少于 3 人的志愿服务组织，虽然无条件成立独立党组织，但可以与同一主管单位的其他组织或临近的组织共同成立联合党支部，联合党支部与独立党支部的职责与作用相同，且更有利于不同组织间融合与交流。联合党支部的成立流程与独立党支部的成立流程相近。

案　例

联合党支部是中小组织党员的家

爱友志愿服务队整体人员规模较小，只有 2 名正式党员，不满足成立独立党支部需要 3 名以上正式党员的要求，但爱友志愿服务队非常想为 2 名党员员工找到党组织，团队也很想开展党建工作，为此找到团队所备案的社会组织联合会寻求帮助。联合会指出其可与其他面临同样问题的组织成立联合党支部，最终在联合会的推荐下，爱友志愿服务队与某组织成立了联合党支部，共同开展党建工作。

【点评】

联合党支部解决了志愿服务组织无法成立独立党支部却需要开展党建工作的需求。既可以为组织内的党员找到党组织，又可以在组织内部开展党建工作，还可以加强各组织之间的融合与交流。

思考与讨论

1. 志愿服务组织如何登记？
2. 对于不满足登记条件的志愿服务组织如何进行管理？
3. 志愿服务组织架构有哪些类型和特点？
4. 志愿服务组织年审的流程是什么？
5. 志愿服务组织如何成立党组织？

第四章
志愿服务组织的治理

引 例

为何频频出现“志愿失灵”

《南方周末》曾曝光某孤儿救助志愿服务组织的创始人兼法定代表人借志愿服务、慈善捐赠之名，为自己谋取私利，私藏大额捐赠资金，最终被告上法庭。

某大型助学志愿服务组织亦被报道涉嫌违反国家规定，挪用各类捐赠款逾1 000万元用于投资股票、房地产等行业导致巨大亏损事件。媒体2006年还曝光了以专业评比服务为主要业务的某志愿服务组织借评比之名乱收费。

上述问题的出现，对志愿服务组织的公信力造成了极大的影响，其所反映的本质是“志愿失灵”，究竟是什么原因导致了“志愿失灵”？如何才能遏制“志愿失灵”？其关键在于志愿服务组织的治理。

那究竟什么是志愿服务组织的治理，志愿服务组织的治理包含哪些内容，如何才能做好志愿服务组织治理呢？这些问题，我们将在本章内容进行阐释。

第一节　志愿服务组织的治理概述

案　例

没有治理的组织终将腐朽

某大型志愿服务筹款平台通过全国范围内的公共关系网、广告和政府的宣传，支持1 400家社区基础上建立的志愿服务组织。平台通过捐赠人捐献的部分资金来筹集捐款，并将其发放给各个提供志愿服务的组织。平台由秘书长全面主持各项工作，初创时，在他的亲自管理下，该平台取得了斐然的成绩，然而20多年后，这位秘书长却与财务部门负责人因为挪用捐款谋私利而被迫辞职。在任职期间，他们两人都出于不正当的个人目的而动用了平台所获得的公款。该秘书长被指用善款购买了一套私人公寓，并支付其私人司机的工资；财务部门负责人则利用职务之便，从属于平台收入的资金中敛取了几十万元，中饱私囊，还间接参与了秘书长对平台的各种欺骗行为，利用善款达到其私人目的。秘书长对这位财务负责人的"慷慨解囊、鼎力相助"从不推辞，安然享用这些不义之财。

东窗事发，在平台理事会要求该秘书长下台时，他曾理直气壮地表示拒绝，并声称自己没有做错任何事，不接受任何人的命令和支配。然而，最后他不得不从强硬变得缓和，被迫引咎辞职，因为媒体对此事的密切关注和大量报道给该平台的工作和声誉造成了巨大影响。

资料来源：https://wenku.baidu.com/view/fb7492a5f021dd36a32d7375a417866fb84ac03b.html.

【点评】

究竟是什么原因导致了该平台丑闻的发生？丑闻的发生是由于对组织内部管理层的监督缺失而导致的。在组织内部，人治问题严重，管理层几乎不受什么约束，即使要对理事会（董事会）负责，由于监管的不到位，会计制度的缺乏，管理者也很容易找到漏洞，谋取私利。在组织外部，政府相关部门也不能及时得到组织的有关信息，导致监督不及时、不到位。

组织可考虑从以下几个方面入手，建立相应机制来制约高层人员的行为：（1）确保组织实现有效治理，发挥分权监督制衡作用；（2）完善理事会、监事会的监督机制和制度，不定期进行考察；（3）建立健全完善的会计制度，将高层管理者利用会计漏洞谋私的可能性降到最低；（4）建立严厉的惩罚制度，将高层管理者谋私的成本尽量提到最高；（5）使组织的财务管理更透明，只有让组织在阳光下运行，罪恶之手才能得到有效的控制。

一、志愿服务组织治理的概念

（一）什么是治理

“治理”一词来源于拉丁文，原意为控制、引导、操纵。在《现代汉语词典》里，“治理”包含两层意思：一是统治、管理，二是处理、修整[①]。长期以来，“治理”与“统治”交叉使用，主要应用于国家公共事务相关的管理活动和政治活动以及与国家公务相关的宪法或法律的执行活动中，是统治者或者管理者通过公共权力的配置和运用，支配、影响和调控社会的方式。

在治理的各种定义中，全球治理委员会的表述具有较大的代表性和权威性。该委员会于1995年对治理做出如下界定：治理是或公或私的个人和机构经营管理相同事务的诸多方式的总和。它是使相互冲突或不同的利益得以调和并且采取联合行动的持续过程，它既包括有权迫使人们服从的正式制度和规则，也包括各种人们同意或以为符合其利益的非正式制度安排。它有4个特征：治理不是一整套规则，而是一个过程；治理过程的基础不是控制，而是协调；治理既涉及公共部门，也包括私人部门；治理不是一种正式的制度，而是持续的互动。

治理不同于管理，治理涵盖与组织使命的界定、政策的建构、用以分配权力和控制机制的决定、决策过程的建构、执行特殊重要程序的设定等事项有关的决定与行动等。管理是指一定组织中的管理者，通过实施计划、组织、人员配备、指导与领导、控制等职能来协调他人的活动，使别人同自己一起实现既定目标的活动过程[②]。

（二）从公司治理到志愿服务组织治理

1. 公司治理

公司治理来源于现代企业管理中公司的治理结构。它是现代企业管理

① 中国社会科学院语言研究所词典编辑室．现代汉语词典：第6版．北京：商务印刷馆，2012．

② 陈林．非营利组织法人治理及研究．合肥：中国科学技术大学，2002．

最重要的组织架构，是明确划分股东会（包括股东）、董事会（包括董事）、监事会（包括监事）以及经理层之间的权力、责任和利益，以及明确他们之间相互制衡关系的一整套制度安排。通过这样一种制度安排，企业就形成了一整套非常清晰的利益机制和决策机制，这样的利益机制和决策机制能够确保企业的生产经营活动有序、有效地进行。

2. 志愿服务组织治理

志愿服务组织作为独立的非营利社会组织，也需要有相适应的组织体制和管理机制，使之具有决策能力、管理能力，以更好地行使权利，承担责任。

狭义的志愿服务组织治理主要指志愿服务组织的内部治理，即通过组织内部的权力分配与制衡、组织外部的监督与制约等机制，实现志愿服务组织的公益目标，其核心是通过组织的理事会发挥相应的治理作用。广义的志愿服务组织治理除了内部治理外，还包括外部治理，即政府、受益人、社区、行业协会、战略联盟、合作伙伴、第三方独立审计部门、媒体、其他社会组织等对志愿服务组织的外部约束。因此，志愿服务组织本身固有的特性决定了志愿服务组织治理区别于公司治理的“市场和层级制”治理机制，更讲求“社会信任机制”。

（1）志愿服务组织治理的基本特性。

一是所有者缺失。志愿服务组织的产权属于准公共产权，这与其资产来源的特殊性密切相关，其资产主要来源于政府的资助或项目资金、社会捐赠收入、会费或者其他经营性收入，资产形式非常多元。社会捐赠与政府资助资金皆用以实现公共利益，志愿服务组织获得这部分资产的部分产权，享有占有、管理、处分资产的权能，但不是全部产权。志愿服务组织的捐赠者、受赠者和受益人都不是志愿服务组织产权的完全拥有者，三者是分离的，即志愿服务组织不存在一个完整产权的所有者，这体现了志愿服务组织产权的特性之一——“无所有者”。

二是委托-代理关系。志愿服务组织捐赠者、受赠者、受益人三方分离，捐赠者作为委托人转出资产时已经自动放弃了所有权，既不是志愿服务组织的所有者，也不是志愿服务组织的受益人，受益人也仅是志愿服务组织所服务的受益群体；捐赠者作为委托人，由志愿服务组织作为代理实现其捐赠目标，因此志愿服务组织必然存在着委托-代理关系。

三是非对称信息。这种特征使得捐赠者难以对志愿服务组织的产品服务质量和数量进行测度，导致其对于作为代理的志愿服务组织的行为的监督作用难以发挥。

四是共同治理模式。志愿服务组织作为公共服务的提供者，需要和政府、捐赠人、受益者、基层社区以及企业等各方发生联系，从中获取必要的资源。为了实现公共利益最大化，志愿服务组织必须考虑各利益相关方乃至整个社会的利益。众多的利益相关方一定程度上构成志愿服务组织“共同治理”的模式。

（2）志愿服务组织治理的核心。

志愿服务组织治理中，要求其法定治理机关——理事会权衡和调节各种利益冲突，以减少其因“所有者缺失”“委托-代理关系”“非对称信息”“共同治理模式”等特性导致的各方对立和摩擦。

实际上，志愿服务组织治理的整个运行过程，核心主要涉及或包含两个重要方面：一是志愿服务组织理事会、管理层、监事会的职责配置、权力的分割和制衡，最重要的是理事会功能的有效发挥；二是志愿服务组织所处的外部社会环境。

志愿服务组织应当以公共利益最大化为目标，以所有权、控制权、经营权与收益权分离为前提，以委托-代理关系为主线，以利益相关方协调为重心。自主治理与协同治理应当成为其两大指导思想，同时保障理事尤其是独立理事的有效作用、吸纳利益相关方的多方参与、提高信息披露力度和透明度。

二、志愿服务组织治理的作用

当前我国志愿服务组织存在许多亟待解决的问题，尤其在内部使命激励、治理机制、监督机制、民主决策等方面存在着深层问题，需要从根本上加以解决。作为介于政府和市场之间的志愿服务组织若要健康发展，除了要顺应市场的发展和处理好与政府的关系之外，还必须认识到有效治理，即“善治”是推动自身发展的决定性因素和真正动力，而只有组织内部的激励，财务、监督、决策机制的不断完善，才能解决好治理失灵的问题，从而确保组织自身的有效运行。

（一）强化组织公信力，弥补决策与监督机制的缺失

如同企业的“市场失灵”和“契约失灵”、政府部门的“政府失灵”一样，志愿服务组织也有“志愿失灵”，当“志愿失灵”出现时，组织的公信力也就亮起了红灯。这些问题的出现及蔓延在很大程度上与志愿服务组织治理结构和机制不完善有着密切的关系，甚至可以说，正是志愿服务组织治理的失效乃至失败才导致了诸如决策机制的空洞化与失衡性、信息

披露制度和外部监督制度虚化、组织低效率、“双重管理”、地区垄断、行政干预等种种问题的出现。

案　例

治理混乱将自内而外地产生深远影响

某志愿服务协会自2012年成立以来，理事长、常务理事长以及其他成员之间矛盾重重，协会运转出现问题。理事长一方组织召开“三届一次会员大会”，选举产生新的理事长、副理事长、理事，可会议没有通知另一方出席，并未报主管单位和登记机关备案。常务理事长一方组织召开“二届七次理事会暨会员扩大会议”，会前通知另一方参加但被拒绝，会议宣布另一方因未交会费，开除其会员资格。会议结果报登记管理机关，要求备案。在此过程中，双方开始相互举报，揭露组织存在的管理混乱、不公开财务状况、私自对外签订合同、涉嫌经济犯罪等一系列问题，组织的捐赠者、资助方、会员等相继退出。

【点评】

上述志愿服务组织未能实现有效治理，出现了决策机制空洞化，监督机制失效，未能发挥理事会、监事会所具备的决策及监督功能，从而导致“志愿失灵”，使组织公信力受到极大影响。

完善志愿服务组织的治理有助于保障民主决策机制、避免治理结构失衡。许多内部治理不完善的志愿服务组织实际决策权大多掌握在创办者或业务主管部门手中，其理事会形同虚设，导致决策机制作用有限。这种局限一方面影响组织重大事务决策的正确性和合理性，另一方面容易诱使相关人员投机取巧、中饱私囊。理事会必须发挥作用，确保组织高效率地完成自身使命，并且制订组织的评估和管理方案。

完善志愿服务组织的治理有助于弥补监督机制，避免滥用权力。合理的治理结构必须设有监事会，通过监事会保证组织内部监督的有效运行，帮助组织形成“道德驱动的自律”。同时通过监事会防止组织内部出现权力滥用行为，对组织理事会和管理层的权力形成有效的监督与制约。

（二）实现组织最大利益，践行组织使命

不论是志愿服务组织的治理和管理，还是效率的实现，最终都取决于组织人员的构成，而人员的凝聚力和效率又取决于组织的价值凝聚力。

完善志愿服务组织的治理有助于组织成员建立起以组织使命为核心的价值观。志愿服务组织的活动以提供志愿服务为主，对象主要是青少年、儿童、老年人、妇女、残疾人、贫困人口以及其他各类社会弱势群体，完善志愿服务组织的治理有助于在组织中建立起以服务为中心的使命观。对志愿服务组织来说，仅仅以生存或精神上的满足来吸引成员加入组织是远远不够的，重要的是让成员投入组织所追求的价值目标，始终以一种崇高的组织使命感为宗旨和行动指南，在追求个人价值最大化的同时，实现组织的社会效益最大化。

志愿服务组织有为社会公共利益服务的使命，其资金来源和运作成本来源于社会，部分组织享有一定的减免税福利，其公共责任突出。科学的治理制度、以理事会为中心的治理结构能确保志愿服务组织的独立性和自主性，体现志愿服务组织内部自我管理、自我监督的特征，最大限度发挥志愿服务组织的社会效应和社会利益。

（三）有利于组织制度建设，保障组织高效运作

完善的组织治理结构，可以促使志愿服务组织实现良好治理。在制度建设层面，组织治理结构可以有效梳理组织制度架构，指导和完善组织制度；同时，治理结构也是组织制度运转和产生效力的核心保障。在组织运作层面，有效的治理能够保障组织始终按照它的使命行事，打造组织内部凝聚力和外部公信力，内部凝聚力是组织不断发展的动力，外部公信力则为组织长远发展保驾护航，内外结合保障组织高效运作。

（四）既满足内在发展需求，又助力组织的外部发展

志愿服务组织治理作为组织发展的基石，对组织内部资源整合与分配、组织外部关键性资源的获取、组织作用的发挥都有显著的影响。完善的内部治理是志愿服务组织实现良好发展、提升服务能力和社会公信力的前提条件，也是组织实现可持续发展的保障。

一般说来，志愿服务组织的性质对组织的治理水平并没有显著影响，但志愿服务组织治理对组织内部的各个要素都有显著影响。其一，志愿服务组织治理水平对组织内人员管理有显著正向影响。志愿服务组织法人治理结构越合理，且志愿服务治理践行（监事会、理事会的召开符合章程规定情况，重大事项民主决策情况）越好，则志愿服务组织内人员管理水平也就越高。其二，志愿服务组织治理水平对志愿服务组织资金

管理有正向显著影响。志愿服务组织治理的水平直接影响志愿服务组织办公场所、办公设施情况以及资金来源和使用、支出审批情况。其三，志愿服务组织治理水平对组织内部治理水平有显著正向影响。志愿服务组织治理结构的合理性、治理实际操作的合规性都与志愿服务组织的各项内部建设、制度建设水平高度相关。其四，志愿服务组织治理对组织公信力建设水平有显著正向影响。志愿服务组织治理的水平对财务公开情况、年审情况、主动宣传公开情况有显著影响。

第二节　志愿服务组织的治理结构

案　例

科学治理，草根从此不草根

草根助学会是由广州开发区企业员工发起成立的民间公益助学组织，于2013年1月27日成立，旨在资助贫困学校、幼儿园改善教学设施，资助贫困学生完成学业，帮助城乡青少年健康成长，组织在广东、贵州、湖南、四川、广西、山东等地开展公益助学活动。成立之初，所有成员皆为兼职志愿者，直至办会第四年才迎来第一位专职人员。其志愿者主要为热心民间公益助学的企事业单位的中高层人员、民间公益组织中层以上人员、资深公益人士和志愿者、记者编辑、山区教育工作者以及具有社会影响力的人士、社会团体、民办非企业、基金会志愿者，中小企业主、公益达人、在职白领等。

2016年10月国家级学术期刊《山西青年》收录了该组织志愿者所撰写的论文：《整合民间公益资源，扎实拓展助学服务——“草根”助学模式的探索与实践》，该论文重点介绍了该组织科学化的管理、阳光化的运作、稳定的高质量志愿者团队。

该组织治理结构合理，组织机构健全，形成了党组织政治领导、理事会决策、秘书处执行、监事会监督四位一体的组织架构。组织聚集企业高管、公益达人、财务审计、纪检监察、项目策划、品牌推广、律师、教师等职业背景的人士，科学有效地组织实施公益项目。组织的理事会、监事会成员长期从事公益慈善和志愿服务，或在多个公益社团兼任中高层职位，或系统地接受过公益专业技能培训，或为企事业单位和知名企业提供公益服务，熟悉公益慈善和志愿服务领域规范。该组织的理事会实行“吐故纳新”的人员更替模式，在日常志愿服务工作中挖掘和培养潜在理事成员，及时替换无法发挥职能的理事，使理事会不断有新血液融入。

组织 2015 年工作报告中也提到要发扬民主、依规办会、按规章制度决策议事。组织先后召开了四次理事会会议，理事与党支部成员、核心志愿者积极参会，充分发表意见建议，同时授权理事会成员根据个人时间安排，独自开展会务与公益活动，既锻炼了队伍，又形成了融洽的氛围，构建了良好的内部生态。组织要进一步加强和完善内部监督，自觉接受主管部门监管、监事会监督、会员和资助人监督，支持监事会依章程履行职责。

资料来源：http://www.caogenzhuxue.com/page/3.htm.

【点评】

该组织建立了完善科学的治理结构，在实现利益相关方参与治理的同时，坚持以理事会决策治理为核心，没有官僚主义，没有形式化，切实发挥理事会决策作用和监事会内部监督作用，两者各自发挥职能，相互监督、相互制约、相互制衡。可见，完善科学的治理结构，能极大推进志愿服务组织的发展。

一、志愿服务组织治理结构的概念

（一）什么是志愿服务组织治理结构

与志愿服务组织治理一样，志愿服务组织治理结构同样由公司治理结构延伸而来，是志愿服务组织实现其治理过程的一个架构。与公司治理相比，志愿服务组织有两个主要利益相关方，即组织财产的捐赠人与受赠人，志愿服务组织的决策方必须在实现财产捐赠人捐赠目的的基础之上，最大限度地满足受赠人的利益。这就要求志愿服务组织必须具有一套完善的分权与监督治理模式，以避免决策方的机会主义和道德风险。而这一套完善的分权与监督治理模式，即志愿服务组织的治理结构①。

① 杜世宇．我国志愿服务组织治理结构研究．太原：山西财经大学，2011.

广义上的志愿服务组织治理结构是指志愿服务组织的人力资源、员工的薪酬、激励约束机制、财务制度、组织发展战略以及一切与组织管理控制有关的系列制度安排；狭义上的志愿服务组织治理结构是指在志愿服务组织所有权、控制权、经营权分离的条件下，理事会、执行机构、监事会的结构和功能，理事会与高层管理人员的权利和义务以及相应的聘选、激励与监督等方面的制度安排。

志愿服务组织治理强调通过一系列内外部途径实现组织目的，突出动态治理的过程；而志愿服务组织治理结构则强调权力在组织内部的分配与协同机制以及外部相关方对组织的制约机制，突出静态的制衡结构。

（二）志愿服务组织治理结构的重要影响因素

影响志愿服务组织治理结构的因素有很多，但最主要的影响因素有两个：一是治理结构构建的目的。志愿服务组织治理结构构建的最终目的是对内提高组织效率，对外提升组织公信力以实现其最大化公共利益。二是治理结构的构建与现行法律法规的相容性。志愿服务组织治理结构的构建应该在现行法律法规范围内进行，必须明确哪些是法律规定的内容，哪些是可以自行设置的内容。

二、志愿服务组织治理结构的框架

（一）志愿服务组织治理结构的一般组成

就志愿服务组织治理结构而言，国内目前尚未有明确的规定。通常，志愿服务组织的内部治理结构主要包括理事会、执行机构（行政负责人）和监事会。其运行机制是，按照章程规定的职责范围，在理事会的领导下，监事会的监督、执行机构负责管理日常事务。

国外的志愿服务组织发展较早，较国内成熟，在志愿服务组织治理结构的设计和建立等方面都值得我们学习和借鉴。国外志愿服务组织的治理结构核心是理事会和秘书长，志愿服务组织的治理结构问题本质上是如何有效发挥理事会和秘书长的作用的问题。

（二）志愿服务组织治理结构基本框架的构建

综合国内外治理结构理论的论述，结合志愿服务组织治理的特征分析，我国志愿服务组织治理结构基本框架应体现的特征为：

第一，志愿服务组织治理结构是实现组织目标的一种制度安排，其基本框架的构建以实现组织目标为前提，即促使组织完成社会公益使命，承担社会责任。

第二，治理结构的基本框架由组织内部机构的设置和组织机构运行得规范两方面构成。组织内部机构包括权力机构（如会员大会、会员代表大会）、决策机构（如理事会）、执行管理机构以及监察机构。组织机构运行得规范，除了四大机构之间应该形成权责明确、相互制约、运转协调和决策科学的统一机制外，主要还来自外部利益相关方的监督，如政府部门、组织的捐赠人和受益人以及社会公众的监督（通常以独立评估机构来行使监督职能）。

第三，对于没有会员的志愿服务组织来说，作为权力机构的会员大会就不存在，其权力职能由理事会行使。

第四，由于志愿服务组织的利益相关方具有不确定性，因此需要有一个固定的机构来行使监督职能，这一机构通常为独立评估机构。

综上所述，志愿服务组织治理结构就是在实现目标的前提下，在组织内部合理分配权力，是组织内部各机构权责分明形成的相互协调、相互制衡的关系，同时要向组织的利益相关方负责，接受外来监督，以保证志愿服务组织平稳、健康发展，使各方利益得到平衡和保护，最终完成组织使命，实现组织目标。志愿服务组织治理结构基本框架如图 4-1 所示：

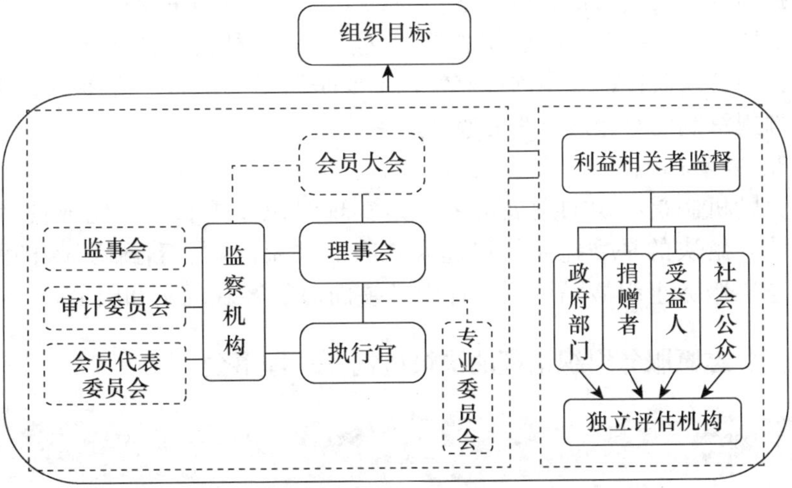

图 4-1　志愿服务组织治理结构基本框架

（三）志愿服务组织的治理机制

志愿服务组织治理机制，指的是志愿服务组织治理过程中，各种治理手段和方法之间相互联系、相互作用、相互影响以达到志愿服务组织治理目标的表现形式和作用方式。志愿服务组织治理结构是治理机制运行的基础，只有构建合理、完整的治理结构，并通过治理机制的作用，志愿服务组织才能完成使命，实现目标。

结合志愿服务组织的特性进行考察，一般其治理机制包含以下几项：理事会制度与决策机制、监督机制、激励机制。各种机制之间相互联系、相互作用、相互影响，构成了志愿服务组织治理的有机整体。

1. 理事会制度与决策机制

理事会制度属于制度层面，旨在确立组织的治理主体与战略问题，是治理机制的核心；决策机制是指决策权在志愿服务组织的利益相关方之间的配置方式。决策机制需要依靠一定的组织结构和制度运行，并以此形成相应的决策权力机构、决策分工形式以及与此相对应的决策内容。通常，理事会拥有组织内一切事务的决策权，致力于解决组织的重点目标和发展方向问题。所有者缺位现象也凸显了理事会制度与决策机制的重要意义。

2. 监督机制

监督机制是志愿服务组织治理机制的重要组成部分，是促进和保证组织其他治理机制有序和健康运行的制约性机制，对组织加强自身的能力建设、提高社会公信力都有极其重要的意义。监督机制主要有两个来源：一是外部监督，包括制度与法律监督、政府监管、社会监督、利益相关方监督、社会公众监督；二是内部监督，主要是监事会监督、理事会监督、组织内部规章制度对违规行为的监督。

3. 激励机制

激励机制是组织的发展动力，是实现组织发展目标、完成使命的重要措施，解决的是委托人与代理人之间的关系问题。薪酬激励作用的弱化是志愿服务组织激励机制设计中必须面对的客观现实和困境。

三、志愿服务组织治理的决策机构——理事会

案　例

理事会——志愿服务组织治理结构的发动机

对某志愿服务组织治理结构的调研显示，该组织自 2011 年成立以来，

在确立了组织的发展使命与目标后，按照功能健全、分工明确的原则进行了合理的组织架构设置，确认建立以理事会为中心的治理结构。理事会是该组织的最高权力结构，由会长、副会长、常务理事、理事、名誉理事和秘书长组成，每届任期四年。常务理事由理事会推举产生，在理事会闭会期间行使理事会职权，对理事会负责。秘书长为组织的法定代表人，负责组织日常经营与运转。在理事会制度的设计框架下，理事会与秘书长管理机制，起到了对各方资源高效协调运用的目的，其扮演着整个组织的“促成者”“政治倡议者”“缓冲者”“价值护卫者”的角色，能够持续地在与外界的合作与互动中发挥核心作用。

【点评】

该组织设置了以理事会为核心的志愿服务组织治理结构，并依靠科学完善的治理结构实现组织的目标与发展。可见，理事会作为志愿服务组织治理的决策机构是非常重要的。

（一）什么是理事会

理事会是指对一个团体负有监管责任的一群人。在公司中，理事会通常称为董事会，对股东或利益相关方——任何对公司感兴趣或会受到公司影响的人——负责。

志愿服务组织中，为确保其更好地向社会提供公共服务，实现组织使命，每一个组织都应由一个有效的理事会领导和管理。通常，在志愿服务组织中，理事会扮演着三个基本角色，同时承担着角色对组织所肩负的功能：一是治理者角色，理事会治理着组织，肩负着组织治理的功能；二是赞助者角色，理事会要对组织财务负责，其既是资金的筹集者，也是资金的贡献者，同时也是资源的链接者；三是顾问角色，理事会中的理事通常都具备专业技能，可以为组织的发展提供指导。

（二）理事会的职责

志愿服务组织的治理中，理事会是最高决策机构。通常具备四大职责：

第一，明确组织使命及目标。理事会的首要责任是明确、清晰地制定组织使命及目标，并为达成使命制定切实可行的组织战略发展规划。

第二，任命秘书长（或首席执行官）。理事会有权甄选和任命合适的秘书长（或首席执行官），同时为组织发展及工作效果提供必要的支持。

第三，财务监督。理事会帮助制定及审批年度预算，对组织财务的合理性、合法性、高效性进行监督。

第四，资源筹集。理事会是组织资源筹集的重要力量和保障，资源既包括如资金、物资、场地等硬性资源，也包括经验、智力、影响力等隐性资源。确保组织得到足够资源是理事会的重要职责。

除以上四大基本职责之外，理事会也兼具评估及监测职责，如理事会自身效能的评估及成员更新，秘书长（或首席执行官）绩效评估及组织日常运行规范的监测等。因此，理事会在志愿服务组织治理机构中扮演着重要的角色，发挥重要的作用。理事会建设既是完善志愿服务组织内部监管的机制，也是通过推动、倡导、筹资和可信度与社会相连的紧密渠道。

（三）理事会的成立与运行

1. 理事成员组成及候选人

志愿服务组织理事会通常来源于会员（代表）大会的选举或者由创始人、捐赠人、会员代表及业务主管单位推选产生。理事成员来源多元，如何确认理事会成员的资格和候选人范围及初选名单，是组织需要重点明确的事务。

志愿服务组织理事成员的甄选首先要合法合规，遵守相关法律、政策并考虑理事的内外部来源；其次需考虑理事的实力和意愿，即理事候选人的资历、资源与机构的发展需求匹配，同时其本人也乐意为机构发展做贡献；最后需保证理事的多元代表性，即理事成员来自不同的行业，具备不同的资源优势、思维模式和专业技能，同时在性别、年龄等方面具备一定的代表性。综合分析机构需求和候选人优势，具体考虑因素如表 4－1 所示：

表 4－1　　志愿服务组织候选理事选拔表

需求	类别	重点方向	候选人 1	候选人 2	候选人 3
资源支持	政府	政策、场地、资金			
	企业	资金、物资、人员			
	媒体	传播资源、社会资源			
	行业专家	行业发声、行业研究			
	社会名人	组织形象、影响力			
	……				

续前表

需求	类别	重点方向	候选人 1	候选人 2	候选人 3
专业支持	治理	机构治理、组织运营			
	管理	团队管理、项目管理			
	筹款	筹款战略、资源联动			
	法律	法律风险、组织规范			
	财务	财务规划、财务监测			
	技术	网络技术、AI 应用			
	……				
个人信息	性别				
	年龄				
	民族				
	地域				
	学历				
	工作年限				
其他					
综合意见					

2. 理事会成立流程

理事会的规模和结构没有固定模式，每个志愿服务组织应当依据发展阶段的不同需求来评估理事会的需求和工作重点，从而建设自己的理事会。

通常，志愿服务组织理事会成立的主要工作步骤及流程如图 4－2 所示：

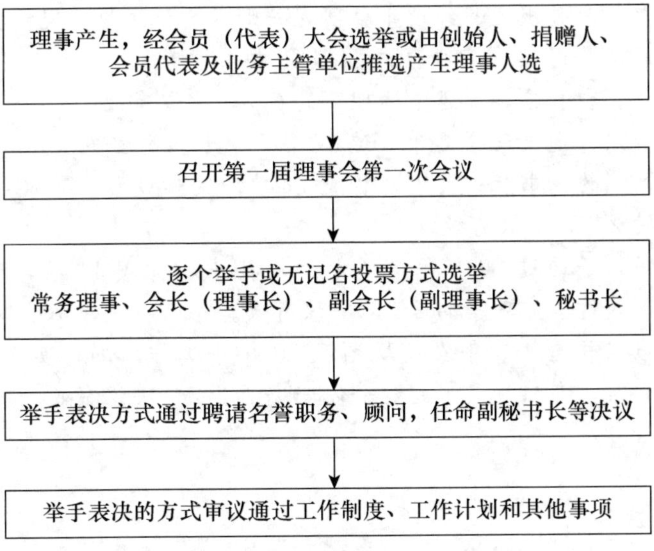

图 4－2　理事会成立流程

3. 理事会的运行

理事会通过召开理事会会议，以民主决策各项决议的方式来行使其职能。理事会承担集体责任，不同理事各司其职，承担相应责任。

民政部三大条例：《基金会管理条例》《民办非企业单位登记管理暂行条例》《社会团体登记管理条例》都对理事会的召开有明确的规定，可参考执行。一般情况下，志愿服务组织理事会须有1/2以上理事出席方能召开，决议须经到会理事1/2以上表决通过方能生效，重大事项需2/3以上理事表决通过。为了更好地发挥理事会对志愿服务组织的治理作用，一般理事会每年要至少召开两次，有其他特殊情形也可召开理事会会议：（1）理事长认为有必要时；（2）1/3以上理事联名提议时。

案　例

某社区志愿服务中心理事会会议纪要（示范）

某社区志愿服务中心第一届第一次理事会于2016年1月23日召开，会议应到理事11名，实到11名，因故缺席0名，参会人数超过全体理事2/3，符合法定人数。

会议主要议题：一是宣读该社区志愿服务中心成立背景、组织章程、选举理事长、秘书长、监事长，二是2015年工作总结，三是中心3年发展规划及2016年工作计划陈述。

根据章程有关规定，经理事会研究并形成会议决议。现纪要如下：

一、审议并通过《某社区志愿服务中心章程》；其中，赞成11票，反对0票，弃权0票，超过全体理事的2/3，决议有效。

二、审议并通过理事名单，选举×××为机构理事长，×××为监事长，×××为秘书长；其中，赞成11票，反对0票，弃权0票，超过全体理事的2/3，决议有效。

三、审议并通过2015年工作总结；其中，赞成11票，反对0票，弃权0票，超过全体理事的2/3，决议有效。

四、审议并通过3年发展规划及2016年工作计划；其中，赞成11票，反对0票，弃权0票，超过全体理事的2/3，决议有效。

某社区志愿服务中心

（盖章）

理事签名：

监事签名：

【点评】

理事会通过召开理事会议履行治理职责，为此，每次理事会议的组织、召开、投票、表决均须规范操作，提前筹备。理事会的核心职能是决策，因此理事会形成的决议须在会后第一时间形成会议纪要，经理事、监事确认签名后归档，并由秘书处落实执行。

（四）理事会如何实现有效治理

理事会功能的有效发挥是确保志愿服务组织有效治理的基本条件之一。理事会的绩效受多个因素影响：理事会具有明确的角色和使命；理事的来源与构成应当有合理的内外部理事比例；理事会成员在技能和经验方面有适当组合，并有足够的时间参与理事会活动；理事会与管理者对于如何实现组织目标能达成共识；成员的相对稳定和适当的更新与轮换；理事会的会议安排，包括次数和程序；理事会和管理者定期评估工作绩效等①。

当理事会无法发挥其角色和功能时，便会出现决策失灵。如理事会规模大、成员多元、资源强大，但其精力、时间有限或参与意愿不足，理事会便无法实现其治理效用；理事会领导力不足，执行层出现决策越权干预理事会决定，决策层和执行层存在沟通问题；理事会未能实现决策制衡，缺乏合理决策、科学决策、民主决策，无法为组织解决重大目标和发展方向等问题。

保证理事会实现有效治理主要有以下几个措施：

1. 明确责任及义务，按章行事

理事会和理事应严格遵守最起码的责任和义务，贯彻组织章程中所规定的宗旨，保证理事会的政策和决议符合组织的宗旨以及法律的有关规定。同时理事应把组织的利益置于自己的利益之上，不得私自分配组织财产。

2. 做到决策科学合理，开放民主

理事会在实现决策机制时，应当遵循层级决策、科学决策和民主决策原则。同时组织应建立与各利益相关方的汇报、沟通机制，体现组织的开

---

① 丁美东．志愿服务组织治理结构的特点及有效治理，2010 年财政管理创新与经济可持续发展国际会议论文集．

放和民主。

3．及时开展工作评估和更新

理事会应当定期评审自身和组织的绩效，并采取必要措施保证二者继续有效运转。具体包括：设立理事会更新机制；定期评估组织工作，并以此鼓励积极的变化和创新。

案　例

适应组织发展而不断更新的理事会

“自然之友”是“中国文化书院·绿色人文分院”的别称，它是一个北京民间环境保护团体。自然之友由会员推举产生理事及正副会长，任期两年，可以连任；理事可互推若干人为常务理事以负责自然之友日常工作；理事会可提名聘请名誉会长、理事和顾问；可依据需要设秘书处，在会长领导下负责行政性工作，也可设立若干专门小组以分管有关活动。

最近两三年，自然之友的治理结构在不断调整和完善。过去，自然之友的理事会最多时有四五十人，那时候组织处于初创期，理事的参与度很高。所以，在当时，“大理事会”的安排有价值和意义。但是，随着自然之友工作团队有了一定的规模，组织也需要做出调整，向专业化和更高效的方向发展。这几年，自然之友的理事会也在不断优化，非常积极地尝试很多建设性的改变。2010 年底，自然之友新的理事会产生，由七人组成，并选举产生了执行理事长，希望可以更有效地支持执行团队的工作，在大方向上把关，推动组织的继续发展①。

资料来源：http://www.fon.org.cn/.

【点评】

“自然之友”的理事会从成员的来源、资格和产生，理事会工作的开展和执行，都有按照上文所述原则和流程进行组建和治理，同时注重理事会的更新和评估，以确保理事充分发挥其功能，实现有效治理。

---

① 张远凤. 非营利组织管理：理论、制度与实务. 北京：北京大学出版社，2016.

四、志愿服务组织治理的监督机构——监事会

案 例

阜阳心连心公益志愿者协会监事会工作制度（草案征求意见稿）

第一章 总则

第一条 为切实发挥阜阳心连心公益志愿者协会（以下简称“协会”）监事会作用，促进协会发展，根据协会工作实际对监事会工作的要求，制定本制度。

第二条 监事会是协会的监督机构，代表全体会员监督协会的财务和服务项目执行情况。

第三条 监事会由五人组成，设监事会主席一人。监事会成员由会员代表大会选举产生，监事任期与理事任期相同，可连选连任，协会理事、监事不得兼任。

第二章 监事会职责

第四条 监事会代表会员代表大会执行以下职责：

1. 监督理事会对会员代表大会决议和章程的执行情况；

2. 监督检查协会的服务项目执行情况，负责协会的财务审核监察工作；

3. 监督理事长或理事会成员的履职情况，有问责权、停职检查权；

4. 向理事长或者理事会提出工作质询和改进工作的意见建议；

5. 向会员代表大会做年度监察报告；

6. 必要时可以行使特殊职权，重组理事会、责令负责人停职等，但决议必须经所有监事会成员全票通过。（此项职权只有在协会出现重大变故或者工作人员严重违反章程等威胁到协会生存的情况出现时方可使用执行）。

第五条 监事会会议由监事会主席召集召开，监事会主席因故不能召集会议时，可以委托其他监事召集召开。

第六条 监事会会议的表决实行一人一票制。监事会会议须有三分之二以上的监事出席方能召开，重大事项的决议须经三分之二以上监事同意方能生效。

第七条　监事会召开监事会议要形成会议记录，出席会议的监事应在会议签到记录上签名，监事个人对某项决议有不同意见时，其意见应记入会议记录并署名。

第三章　附则

第八条　协会对本制度拥有最终解释权。

第九条　本制度自会员代表大会通过之日起执行。

【点评】

阜阳心连心公益志愿者协会监事会工作制度明确了监事会的使命和职责，有助于监事会发挥自身的作用。

（一）志愿服务组织的监督机构：监事会

监事会是志愿服务组织内部治理结构的重要组成部分之一，志愿服务组织设立监事会，合理配置组织决策权、执行权与监督权。组织有效治理的一个重要基础是监督主体实现其监督功能，监事会作为监督机构，负责监督志愿服务组织的业务活动及财务管理，同时监督理事会的决策和相关事务的执行。监事会通过对理事会和高层管理人员的权力和行为进行有效的监督和制约，降低成本、控制风险。

（二）监事会的产生和成立

《基金会管理条例》《民办非企业单位登记管理暂行条例》《社会团体登记管理条例》都对监事会的召开有明确的规定，可参考执行。一般情况下，监事在相关领域的学者、专家、捐赠者和受益者代表及组织内部职工代表中产生或更换。监事会（或监事）任期与理事会任期相同，监事可连选连任，但一般不超过两届。监事会成员的人数依组织发展需求，由组织章程规定。监事有三名以上的，可设监事会，同时设监事长一名。人数较少和规模较少的组织可以设一至两名监事，不设监事会。秘书长、理事、财务人员等不得兼任监事。

（三）监事会的职责

监事会的基本职能是财务监督和保障理事会，确保理事及管理者正确有效地行使职权，而不是滥用职权；对于违反法律法规、组织章程及损害组织利益的行为，监事会有权要求纠正。监事会或监事依照章程的规定履行职责。其主要职责如下：

（1）对组织的决策、决议、计划的制定和执行情况进行监督；

（2）对组织财务预算、支出和决算等财务状况进行监督；

（3）对组织会长、副会长、理事、秘书长以及各分支（代表）机构任职人员和组织聘请的工作人员工作情况进行监督；

（4）对组织成员违反组织章程和管理制度、损害组织声誉的行为进行监督；

（5）评估和监督志愿服务组织的使命和战略规划；

（6）对组织日常运行的合法性及规范性进行监督；

（7）如机构成员或理事会成员存在严重违纪行为，可行使特殊职权。

五、志愿服务组织治理的执行机构——秘书处

案　例

不可或缺的执行机构——秘书处

“灯塔计划青少年发展促进会”成立于2001年3月，是一个立足广州面向农村教育的非营利性民间义工组织。通过组织城市具有良好教育背景的义工到乡村学校进行支教和师资交流，分享城乡两地教育资源，进行教育创新实践，并引导唤起当地学生的学习动力和对生活的追求，帮助他们树立健康、积极的人生观，从而促进当地社会的可持续发展，促进乡村教育事业的改善和发展。

《灯塔计划青少年发展促进会章程》部分内容如下：

……

第四章　组织机构和负责人的产生、罢免

第二十六条　本团体秘书长行使下列职权：

（一）主持办事机构开展日常工作，组织实施年度工作计划；

（二）协调各分支机构、代表机构、实体机构开展工作；

（三）提名副秘书长以及各办事机构、分支机构、代表机构和实体机构主要负责人，交理事会或常务理事会决定；

（四）决定办事机构、代表机构、实体机构专职工作人员的聘用；

（五）审核额度在人民币10万元以下和用于开展正常业务、筹集资金的活动经费；

（六）处理其他日常事务。

资料来源：http://www.lighthouse.org.cn/.

【点评】

该组织章程规定了其秘书处的主要功能和职能。秘书处是理事会的日常工作执行机构，对理事会负责，由秘书长主持执行办事机构各项日常工作。

（一）秘书处

志愿服务组织秘书处是理事会决策的执行机构，在理事会领导下开展日常活动，是志愿服务组织常设办事机构，负责在日常工作中贯彻理事会的意志和意图，主要执行处理组织日常事务性工作。

秘书处由秘书长领导，秘书长是志愿服务组织开展日常工作的总执行人。秘书处根据工作需要可下设行政、项目、人事、财务、筹款等若干职能工作机构，并配备相应工作人员。

（二）秘书长

秘书长负责处理秘书处日常工作。秘书长为专职工作人员，对理事会负责，可实行聘任制或选任制，其具体产生办法应在组织章程中明确规定。选任制秘书长为理事会成员，一般由理事会选举产生和罢免。聘任制秘书长可列席常务理事会、理事会，如果在任期内发生违法、违纪或有损行业利益的行为，经理事会研究后，可提前解聘，并由理事会指定临时代理秘书长或另行聘任，聘任制秘书长聘期可由理事会决定。选任制秘书长任期一般与理事成员任期相同。秘书长主要职责如下：

（1）主持机构日常工作，召集并主持秘书长办公会；

（2）执行理事会决议；

（3）组织实施年度工作计划和活动；

（4）提名副秘书长、各工作机构、分支机构、代表机构主要负责人；

（5）决定专职工作人员的聘用；

（6）组织章程和理事会授予的其他职权。

思考与讨论

1. 什么是志愿服务组织治理？
2. 志愿服务组织为什么要重视治理？

3. 志愿服务组织治理结构的组成部分有哪些？

4. 什么是志愿服务组织治理结构的核心？为什么？

5. 理事会、监事会、秘书处在志愿服务组织治理中分别承担什么角色？如何成立？其各自的具体职责分别是什么？

第五章 志愿服务组织的管理

引例

志愿服务组织需要的是“志愿管理”还是“专业管理”?

某环保志愿服务组织每年底都做机构整体财务规划，而部分骨干却认为每年的社会捐赠及募款均不可控，财务规划意义不大；某大型助学志愿服务组织业务有所发展，其中一名创始人建议引入专职人力资源管理经理以规范机构全职员工管理，但遭到了秘书长的拒绝，秘书长认为，志愿服务组织“志愿精神”先行，管理者的热情比聘请专业人力资源经理更重要；随着社区公益理念及志愿服务精神的推广，越来越多的居民成为某社区志愿服务组织的一员，定期于社区及社区周边开展志愿服务，但该机构发展两年后却发现，与起初大家抢着做志愿者不一样，近来志愿者参与率越来越低，流失率越来越高，社区的工作人员很苦恼，却找不到志愿者流失的原因。

志愿服务组织是否只需要靠“志愿”就能良好运行？组织需要财务管理吗？财务管理对组织的作用何在？为什么组织发展到一定阶段需要引入专业的人力资源管理系统？为什么许多志愿服务组织都为志愿者的高流失率而头疼，其中是否有某些共性原因？这些是许多志愿服务组织在运营过程中共有的难题，我们将在本章对这些问题进行阐释。

第一节　志愿服务组织的志愿者管理

案　例

“以点盖面”的志愿者管理之道

2013年3月，亚运会后，热心志愿者与社会上关注志愿驿站发展的相关人士发起并成立了广州志愿驿站联合会。志愿者义务担任联合会理事会、监事会、执委会等职务，联合会将志愿驿站发展赋权于志愿者，探索赛会成果转化为便民措施的新型管理模式，打破了过往一元管理格局。如今志愿驿站成为志愿者常驻的根据地，志愿者开会、维系关系、活动有了一个很好的载体，从根本上解决了志愿者组织松散的难题。

截至2016年6月，广州志愿驿站联合会共有注册志愿者7.8万名，累计组织了55.7万人次志愿者上岗。由志愿者自发组织队伍对接服务，平均开放率85%，其中98个站点志愿者活跃数在40人以上。除了提供日常的咨询服务外，还开展助残探访、山区助学、迎春祝福等各类主题活动350多次，贡献了超过66.94万小时的志愿服务，服务市民超过975万人次；志愿驿站“微日报”发布400余期，凝聚活跃粉丝3万多人。2012年5月至今，已评选示范站16期，每期评选77个示范站，其中天河区百脑汇站连续4期获得领袖站荣誉，连续3期获得总分第一。以“冬日暖阳”主题活动为例，全市共有42个站点、2 100多名志愿者参与，捐赠衣服46 138件，被子51条，服务流浪人员、环卫工人、外来工子女约23 400人。

资料来源：http://images. wenming. cn/web _ wenming/specials/zyfw/4g100 _ 39622/zjzyfwzz/201611/t20161104_3864911. shtml.

【点评】

志愿驿站覆盖广州全市，志愿者来源类型多元，因此众多志愿者的日常管理是一大难题。结合自身特点，驿站在志愿者管理上逐步探索出一条以“站长”为中心的特色管理之路，通过“站长”带动各站的志愿者培育及管理，配套相应培训制度、激励机制，让志愿者充分发挥主观能动性，效果显著。

一、志愿者管理概述

（一）志愿者管理的含义

志愿者管理是一个包含于人力资源管理的子系统，人力资源管理与志愿者管理是一种包容与从属的关系（见图 5－1）。人力资源管理指的是为实现组织的战略目标，组织利用现代科学技术和管理理论，不断地获得人力资源并进行整合、调控及开发，给予他们报偿并有效地开发和利用的管理活动。志愿者管理也是对人的管理，是为处理人与工作、人与人、人与组织的互动关系而采取的一系列管理活动。

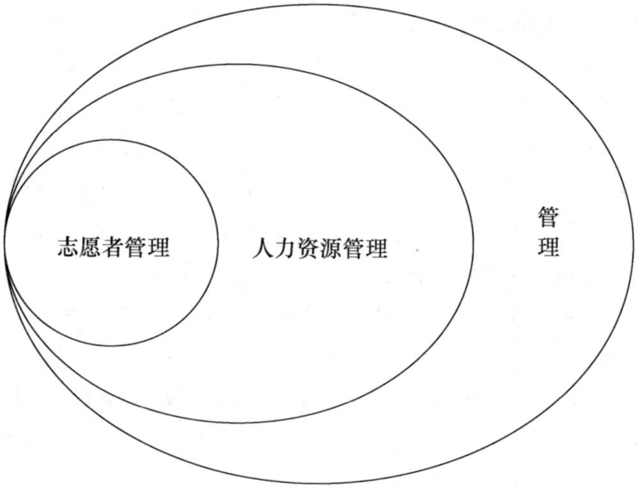

图 5－1　志愿者管理、人力资源管理与管理的关系

志愿者管理与常规经济类组织的人力资源管理又有着不同之处。常规经济类组织的人力资源管理主要的管理对象是组织中的正式员工，而志愿者的行为是一种自觉自愿的行为，可以是正式组织中的正式成员或非正式成员，也可以是非正式组织中的成员，组织的约束力不强。在此，我们可以把志愿者管理定义为：通过计划、组织、实施，对志愿者进行招募、培训、监督、评估、激励，使其志愿行为发挥最大化作用的过程。

（二）志愿者管理的必要性

自从舒尔茨在其《论人力资本投资》中提出“人力资本”概念以来，古典经济学中“资本”的概念得以扩大，人力资源的作用和人力资本的投资收益率也开始受到人们的广泛重视，人力资源的地位日益凸显。在当今世界，无论从何种意义上说，人力资源都已经成为组织中最重要的资源。志愿服务组织也不例外。然而，长期以来，志愿服务组织一直都忽略了对志愿者的管理。《2015 中国社会组织志愿者调查报告》显示，高达 48.4%的社会组织负责人把志愿者作为免费劳动力，没有意识到志愿者的管理和激励是需要付出时间和精力的。社会组织普遍缺乏有效的志愿者管理制度和工具，超过 80%的社会组织不愿意主动与志愿者沟通，相对于北上广，其他地区在志愿者管理制度建设、志愿者权益保障方面更加落后。

很多志愿服务组织的管理者认为，自己从事的是公益事业，组织成员与企业的雇佣员工完全不同，所以，他们经常避讳谈及人力资源管理。大多数志愿服务组织将管理重心放在组织物质资源和资金资源的处理上，而忽略了对人力资源尤其是志愿者的管理。然而，长期以来这种错位以及由此导致的对人力资源管理的忽略给志愿服务组织带来了种种问题，如员工和志愿者流动率高、组织效率低下等。志愿服务组织的管理者们不得不承认，这些问题的有效解决便是需要在组织内部引入人力资源管理。从实践经验来看，对志愿者进行管理，有以下几方面的必要性：

（1）从志愿服务组织的发展看，人力资源管理的短缺是目前大量的社会组织和志愿服务组织存在的问题，有效地动员和管理志愿者是缓解人力资源不足的重要手段，因此需要对志愿者进行管理。

（2）如果志愿者不能被有效管理，在志愿服务过程中就容易出现一些负面现象，每年都会有一些志愿服务的负面信息被曝光，对于志愿服务领域和组织都会造成损伤。特别是《中华人民共和国慈善法》出台后，按照相关条款，如果在志愿服务过程中造成了一定的损失，志愿服务组织或志愿者都要承担相应的责任，因此需要加强对志愿者的管理。

（3）志愿者是社会组织和志愿服务组织的重要资源之一，如果能有效地管理志愿者，志愿者不仅会成为组织的人力资源提供者，也会成为组织的支持者，甚至是捐赠人，这对于组织的外部形象有着积极的价值，因此需要对志愿者进行管理。

（三）志愿者管理的特殊性

志愿者作为较为特殊的人力资源，不能简单套用企业的人力资源管理模式。志愿者管理与人力资源管理的区别主要在于价值观和责任感的不同，志愿者管理更为强调对社会和他人的关怀。志愿者进入非营利组织，更多的是抱有一种责任、信念和使命感，而不是在利润动机驱使下为了获得物质利益和金钱报酬，他们对这些非营利组织抱有比企业更高的期望，因此，非营利组织的失败或丑闻更加令人难以接受。因管理不善导致的不法行为、不善经营会严重削弱公众对志愿服务组织的信任，损害公众对该类机构的信心。同时，志愿服务组织的管理不善不仅导致其难以吸引高素质的志愿者，而且也导致了社会资源的浪费。因此，志愿服务组织在进行志愿者管理时，应充分考虑到志愿者的特殊性。一般来说，经济组织中只存在有酬员工，而志愿服务组织除有酬员工外还有志愿者存在。志愿者对于志愿服务组织来说，显然并不意味着免费劳动力或廉价劳动力，而是组织内的一项重要资源。若组织无法进行良好的志愿者管理，不仅会造成人力资源的浪费，更会造成社会资源的浪费①。

二、志愿者规划及岗位分析

（一）志愿者规划

志愿者管理从进行志愿者规划时就开始了。作为志愿者管理的第一步，规划是招募志愿者的基础和前提条件，是志愿服务组织根据自身的使命和目标或者所要实施项目的性质，对所要招募志愿者的岗位和项目进行工作规划和设计，以确定招募志愿者的数量、类型和能力要求。实践经验表明，恰当的规划能起到最好的动员作用，每个人都可能被说服参与到志愿工作。一个良好的工作计划能够扩大志愿者招募过程中的潜在目标。合理而系统的规划能保证组织的下一步工作顺利进行，从而取得预期效果。

（二）志愿者岗位分析

在规划的基础上进行志愿者岗位分析是志愿者管理的一项核心职能。主要是对每一个志愿者岗位的性质、任务、职责、劳动条件和环境，以及志愿者承担本岗位任务应具备的资格条件所进行的系统分析与研究，并由此制定岗位规范、工作说明书等管理文件的过程。其目的是更好地利用和管理好每一个志愿者岗位，使岗位的功能得以发挥，最终促进志愿服务工作的完成。

三、志愿者的招募与选拔

（一）志愿者招募

志愿服务组织的日常管理和志愿项目能否获得成功，还要看能不能招

---

① 张远风. 德鲁克论非营利组织管理. 外国经济与管理，2002（9）.

募到合适的志愿者。志愿者招募工作主要包括两方面的内容：一是依据志愿者项目规划的内容，对志愿者的数量需求、素质需求、专业需求、工作时间需求、来源需求等做出进一步的细化和明确，明确志愿者的来源途径，适时启动招募计划，有针对性地开展招募宣传工作，对外发布志愿者的需求信息，并做好其他前期的准备工作；二是为志愿者项目的运行选拔符合要求的志愿者，根据项目对志愿者的具体需求，设计相应的招募条件、招募方式和招募程序，最终选拔出符合要求的志愿者，实现招募选拔的目标。

（二）志愿者选拔

志愿者选拔一般与志愿者招募同步进行，在招募开始后，会陆续收到对项目或活动感兴趣的志愿者的申请，而组织需要从申请者中选出合适的志愿者。选拔志愿者是一个确保志愿者和岗位相匹配的过程。志愿者要在时间、知识、技能和经验以及个人素质方面满足岗位的需求，而这个岗位也需要能够满足志愿者的内在需求。选拔志愿者的目标是保证志愿者个人与组织的匹配度，以及志愿者与其即将共同开展志愿服务的志愿者团队的匹配度。

四、志愿者的培训

当合适和足量的志愿者被招募进组织之后或参加服务项目之前，志愿服务组织需要对志愿者进行前期培训。志愿者培训是指志愿服务组织为提高志愿者的综合素质和服务能力，依据志愿者工作职责的具体要求，设计合适的教学内容，分级分类开展的各种教育和训练活动。

参照《中国志愿服务培训大纲》①，可以将志愿者培训划分为通用和专项两大类型，通用培训模块又可以根据志愿者的服务时数和其在志愿服务组织中的角色定位差异划分为初级、中级、高级三个层级。培训课程以志愿服务中志愿者“应知应会”的要求，设置理论基础与实践技能两方面的课程。具体内容及建议课程如下：

1. 初级志愿者培训内容

（1）志愿服务与志愿精神；

（2）志愿服务发展概况；

（3）志愿服务礼仪及沟通技巧；

---

① 共青团中央青年志愿者工作部．中国志愿服务培训大纲．天津：天津社会科学院出版社，2017.

（4）志愿者心理调适；
（5）志愿者的自护与救助。
2. 中级志愿者培训内容
（1）志愿者团队管理；
（2）志愿服务政策法规；
（3）团队工作技巧；
（4）志愿服务项目管理；
（5）志愿服务宣传策划。
3. 高级志愿者培训内容
（1）领袖素质与领导艺术；
（2）志愿服务资源整合；
（3）志愿服务组织的创新发展；
（4）专业领域志愿服务；
（5）传统品牌志愿服务项目；
（6）志愿服务制度化建设；
（7）媒体沟通与品牌管理；
（8）志愿服务项目化管理；
（9）志愿服务风险管理；
（10）志愿服务组织发展比较与交流。

五、志愿者的督导与评估

（一）志愿者督导

志愿者的督导是志愿者管理中的重要组成环节。在志愿者从事志愿服务期间，志愿服务组织应当通过定期的督导以帮助志愿者发现工作中存在的问题和不足，并能找出工作失误的原因，制订工作的改进计划，采用新的工作办法，保证志愿者从事志愿服务的效率与质量。

作为志愿者管理的重要组成部分，志愿者的督导必须遵循志愿者管理的基本原则。在志愿服务活动或项目的不同阶段，志愿者对活动的参与具有不同的特点，而且可能出现不同的风险和困难。因此，在志愿者活动或项目的不同阶段，志愿者督导的工作内容、侧重点也应有所不同。对志愿者的督导管理应该分阶段进行。

1. 启动期的督导

在项目启动之时，志愿者在陌生的社会环境中工作，同时必须在陌生环境中协调与相关机构、人员的关系。但是，由于志愿者可能会对处理人际关系等缺乏经验，极有可能在陌生环境中工作时遇到矛盾，陷入困境，面临认同危机、单兵作战的考验。此外，由于对陌生环境缺乏全面、深入的了解，志愿者常常对某些不可预测的风险估计不足。鉴于这些特点，在项目的启动期，督导人员应该传授给志愿者某些经验，帮助志愿者熟悉各种关系，给予志愿者情感上的支持，使志愿者打消孤立无援、临阵逃脱的想法，尽快融入社会环境。

2. 实施期的督导

在项目实施期间，并不是所有的志愿者都能够将兴趣和热情贯穿于服务过程的始终。这时候，督导人员应根据志愿者的基本需求，协助志愿者建立适当的服务价值和工作态度；切实做好工作安排和分配，随时帮助提高志愿者的服务技术；加强与志愿者的日常沟通，为志愿者提供更多的支持和鼓励，激励他们继续努力工作；或者给予志愿者一定的休整时间，使其在身心方面得到适度调节。

3. 结束期的督导

在志愿者活动的后期，督导人员的工作重点应转移到对志愿者的激励方面，通过与志愿者保持良好的沟通和互动，坚定他们的服务信念。第一，把握志愿者督导和志愿者双方的角色职责和期待，建立彼此信任的督导关系；第二，及时表扬志愿者优良的工作表现，对不良的工作表现要给予适当批评及纠正；第三，对整个活动进行评估，督导人员有义务检验志愿者是否完成既定目标、服务期间的表现如何、组织是否按照原来的要求为志愿者提供支持等；第四，设计某些活动，例如邀请志愿者及其家属、服务对象、某些专家、志愿服务管理人员等举行研讨会、表彰晚会，对整个活动进行总结表彰。

志愿者督导的方法多种多样，常见的有个人面谈、小组督导、集体讨论、现场督导四种方法，在志愿服务实践过程中，各个组织可以根据实际情况，选择适合自己的志愿者督导方法。

（二）志愿者评估

在项目开展过程及项目完成之后，需要对志愿者的服务效果做出客观的评估。严格地说，评估是督导过程的一部分，是督导的继续，它对志愿者积极性的保持非常关键，其重要性也是不容忽视的。对志愿者的评估是指收集、分析、评价和传递有关志愿者在其岗位上的工作行为表现和工作结果方面的信息情况的过程。简单地说，就是对志愿者在项目过程中对社会组织或志愿服务组织的贡献做出评价的过程。

对志愿者的评估可分为非正式评估与正式评估两种：

非正式评估是指经常性地不间断地对志愿者的行为提供反馈，包括赞扬志愿者的行为并鼓励其保持；对志愿者行为的偏差提出建议；询问“进展如何”；抽出时间认真询问；访问志愿服务对象，并把意见反馈给志愿者；与志愿者一起研讨解决问题的思路等。非正式评估基本上是一个激励过程，需要花费时间，但给志愿者的影响很大。

正式评估是在项目结束后，对志愿者的工作进行正式鉴定，对志愿者的优缺点进行记录和评价。如召开工作总结大会，对志愿者的工作表现进行奖励或惩罚。

案 例

乐助会志愿者任期工作评估程序

乐助会成立于2004年5月1日，是一个专业的社会助学志愿组织，以自愿参加助学活动为原则，常年有8 000多名会员、280多位志愿者参与志愿助学活动。乐助会志愿者具有严格的管理及评估机制，“预备志愿者”有试用期评估，在职志愿者每半年进行一次评估。

一、评估的对象：在职志愿者。

二、评估志愿工作的时段：每一个志愿工作任期（半年）。

三、评估的准则：根据每位志愿者所在岗位的工作要求及完成任务情况而定。

四、评估的标准：“优秀”“称职”“不称职”三种标准；“称职”与“不称职”的评选按实际工作完成情况审评，“优秀”的评选定额（以本期符合参评资格的总人数）上限为30%，下限为5%。

五、评估的公布：评审结果经理事会确认后，将由行政部在公告栏公布各部门“优秀”志愿者名单，各部门在本部门版面公布“称职”与“不称职”志愿者名单。

六、评估的奖罚：每一期被评为“优秀”的志愿者，在《志愿者荣誉榜》“任期”栏上以一颗红色星标示；被评为“称职”的志愿者，以一颗蓝色星标示；被评为“不称职”的志愿者，荣誉榜上不做记录。在本年度两个任期均被评为“优秀”者，自动成为本届“乐助会杰出志愿者”候选人。

七、评估的作用：奖励先进，体现贡献，并作为下一任期各岗位志愿者招募的参考。

八、评估的方式：各岗位的志愿者由其工作直属管理人员评估，具体方法为：

1. 工作组内各岗位的志愿者，由本工作组的组长与分管工作的副组长审评；组长级志愿者，由本部门的部长与分管工作的副部长审评。

2. 职能部门的部长级志愿者，由理事会的常务理事与分管部门的理事审评；理事会的会长级志愿者，由理事会全体成员审评。

3. 志愿者同期在两个以上工作岗位上工作，审评由其所在每一个工作岗位单独审评，互不影响。

资料来源：http://www.ahelp.cn/.

【点评】

乐助会的志愿者管理参照了人力资源专业的管理方法，同时结合了志愿服务组织管理的人性化及灵活性。一方面，评估贯穿所有志愿者的服务期，并依据评估结果有明确的奖励及退出机制。另一方面，乐助会对评估结果不那么优秀的志愿者鼓励其转为“会员制”成员，以参与及捐赠为主。

六、志愿者的保障与激励

（一）志愿者保障

“志愿者保障”一般指志愿者权益保障。志愿者保障是指政府、社会及志愿服务组织赋予志愿者应当享有的各项权益并通过相关的法规、措施得以保障和实现这些权益的机制及制度安排。与“志愿者保障”含义接近的“志愿服务保障”涵盖范围更广，是指保证志愿服务持续性的个人因素和社会因素的有机整合。

创造有利于志愿服务的组织环境，需要组织在政策、资金和人力资源等方面做出相应的安排和保障。制定志愿者政策是建立有效的志愿者管理系统的基础。组织需要进一步确定志愿者将在哪些方面开展工作，哪些又是需要员工来做的，组织能否为志愿者开展服务提供必要的资金和人力支持等①。

根据国务院《志愿服务条例》《中国注册志愿者管理办法》以及全国

① 民政部社会工作司．志愿者管理手册．北京：中国社会出版社，2014：22.

各地的志愿服务相关政策法规，我国的志愿者合法权益主要包括如下三种①：

1．基本权利

（1）参与志愿服务的权利；

（2）获得尊重的权利；

（3）知情权；

（4）获得人身、财产保障的权利；

（5）合理服务时间的权利；

（6）获得培训的权利；

（7）请求解决纠纷、争议的权利；

（8）监督建议权；

（9）退出志愿服务组织和志愿服务活动的权利。

2．基本利益

在参与志愿服务的过程中，志愿者具有获得维持其生存和正常生活、促进个人发展等一系列资源和条件的利益诉求，如获得适当的补贴，包括基本的生活费用、志愿者住所或招募地与服务地之间的往返交通费用、食宿费用等。志愿者在升学、积分入户、工作晋升中获得加分或优先考虑等政策性优惠。

3．其他权益

除了上述权益外，志愿者还拥有其他权利和利益。如拒绝的权利，如果志愿服务组织或服务对象借助无偿服务这一资源，任意安排或使用志愿者，提出超出其服务范围的要求，或该项志愿者活动属于影响志愿者自身工作、生活的活动时，志愿者有权拒绝。

（二）志愿者激励

志愿者激励是指志愿服务组织设计出适当的激励形式和工作环境，通过一定的行为规范和惩罚性措施，借助信息沟通来激发、引导、保持和规划志愿者的行为以有效地实现志愿服务组织及其志愿者社会价值的系统活动。简单来说，志愿者激励就是通过调整外因来调动内因，从而使志愿者的行为向预期的方向发展的过程。这一定义包含以下几个方面内容：

（1）激励的出发点是满足志愿者的各种需要；

---

① 汪进．我国志愿者权益保障研究．重庆：西南政法大学，2009：16-17.

(2) 激励必须贯穿于志愿服务的全过程;

(3) 激励的过程是各种激励手段综合运用的过程;

(4) 激励的最终目的是达到志愿服务组织目标和志愿者个人目标的统一。

志愿者作为一种特殊的人力资源,激励的特点与一般经济组织中的显著不同,集中体现在以下三点:

(1) 更加注重精神激励;

(2) 更加注重激励方式的灵活性和层次性;

(3) 更加强调组织价值体系和使命感对志愿者的激励作用。

在志愿者激励过程中,要注意以下五个方面的内容:

(1) 激励作用的辐射性,即激励要起到留住人、吸引人、扩充队伍的作用;

(2) 激励措施要尽可能地具有实践性和可操作性;

(3) 制定的激励措施要有普适性,即所有志愿者都可以享受到激励措施带来的利益;

(4) 志愿者有是否接受激励的决定权,对于各种激励,志愿者有权选择是否接受;

(5) 激励的及时性,如果在志愿者从事志愿服务很久以后才给予激励,则激励所起的作用会大打折扣。

案 例

北京红枫妇女心理咨询服务中心的志愿者管理经验

北京红枫妇女心理咨询服务中心是一家专门从事妇女服务的非营利组织,是国内较早开设妇女心理咨询热线的组织之一,在妇女问题研究、咨询员的业务水平以及志愿者的管理等方面走在国内前列。

在红枫的组织体系中,志愿者具有重要的意义。2000 年,红枫拥有一支 100 人的志愿者队伍,志愿者与专职人员的比例为 100∶5。红枫妇女热线的志愿者管理分为三个阶段:选拔、培训、再提高。

选拔阶段:志愿者向红枫的工作人员提出申请,对符合条件的申请者,中心安排心理咨询专业人士对其进行面试和心理测验,以考察申请者是否具有健康的人格。志愿者必须具备的基本条件是:具有大专以上学历，25岁以上，有婚姻经历，有较丰富的人生阅历，人格健全，有志愿服务精神。在选拔条件中强调人生阅历丰富和人格健全。

培训阶段：为了保证服务质量，对符合条件的申请者必须进行专业培训并安排实习，经过充分培训和一段时间的见习之后才能上岗。培训内容包括心理咨询的基本理论和原则，热线咨询的技巧、经验，婚姻、法律、精神病、妇幼保健、性等专题的学习，还有常见话题的分角色扮演。

再提高阶段：红枫志愿者群体中成立了"督导委员会"，由经验丰富的志愿者组成，督导们除了参与咨询活动之外，在咨询员的选拔、培训和再提高的过程中扮演着非常重要的角色，如：（1）轮流安排并组织每月的业务研讨会；（2）组织咨询员的培训和为全国各省热线咨询员举办培训班；（3）组织并主持情感支持小组的活动，情感支持小组可以使志愿者之间互相交流感情、互相支持、互相帮助，使志愿者感受到集体的温暖。

红枫的志愿者把自己的志愿服务精神总结为"四心"：关心、爱心、热心、诚心。志愿者的集体理念是：助人者自助，与来电话咨询者一起成长。在这种理念的影响下，组织内部的工作关系非常融洽。

资料来源：http://www.bjyouth.gov.cn/special/bov/fyg/43777.shtml.

【点评】

红枫妇女热线以为妇女提供心理咨询服务为主，因此对志愿者在个人素质及专业技能的要求比普通的社区志愿者要高。案例中红枫热线对志愿者专业性的持续培养是组织服务不断优化提升的保障，也是志愿者持续投入的重要动力。

第二节　志愿服务组织的人力资源管理

案　例

人才助力社会组织发展

《中国公益组织人才供需发展报告2016》是德国世界粮惠组织支持的项目，由中国发展简报从2016年1月至12月期间，对公益机构招聘信息和个人投递公益岗位的简历信息进行收集，整理出数据，并选取供需匹配度较高的维度，以岗位、工作地点、学历、领域、工作经历、薪酬为视角，对当前我国人才市场公益人才供给现状与现有公益组织的人才需求进行梳理与比较。报告结果显示：

1. 公益领域已经成为当前人才市场中不可忽视的新的就业选择。

2. 在三大类社会组织中，社会服务机构将会是当前及今后一段时期内吸纳公益人才的主阵地。

3. 北京、广东、上海等经济发达地区公益人才需求较强，但不同区域公益人才供需状况不一，在地域分布上没有表现出明显的供需比特点。

4. 女性从业者已经成为公益领域的主要力量。

5. 公益机构发展规模不大的现状决定了公益机构人才招聘规模普遍较小。

6. 公益机构岗位供给均大于需求，公益领域就业竞争比较小。

7. 不同领域公益人才供需差异较大。

8. 硕士、博士等高学历人才在公益领域就业市场表现出供过于求的状况，同时，公益岗位的专业性也有待继续提升。

【点评】

行业的发展离不开人才的成长，志愿服务组织的发展更需要团队不断的突破和创新，方可保持持久生命力。组织的求贤若渴与从业人员的高流失率及有限的晋升空间，都在折射志愿服务组织的人事管理光靠“志愿热情”是无法可持续的。

一、志愿服务组织人力资源管理的内容

人力资源管理，是指在经济学与人本思想指导下，通过招聘、甄选、培训、报酬等管理动作对组织内外的相关人力资源进行有效运用，满足组织当前及未来发展的需要，保证组织目标实现与成员发展最大化的一系列活动的总称。志愿服务组织的人力资源管理是指：为了实现志愿服务组织的宗旨，利用现代人力资源管理理论，不断获得人力资源，并对所获得的人力资源进行整合、调控及开发，给予各种形式的报酬，从而有效加以开发利用并使之可持续发展的过程。从根本上来说，人力资源管理是实现组

织宗旨的一种手段①。

人力资源管理是志愿服务组织内部管理的基本职能之一。志愿服务组织的人力资源包括有酬员工和志愿者，人力资源管理理应涵盖这两类人员。但由于志愿者管理是一个系统且复杂的过程，故本节讨论的人力资源管理仅限于有酬员工，志愿者管理将在第三节中单独讨论。与企业的人力资源管理相同，志愿服务组织的人力资源管理涉及六大模块：（1）人力资源规划；（2）招聘与配置；（3）培训与开发；（4）绩效管理；（5）薪酬福利管理；（6）劳动关系管理。

二、志愿服务组织人力资源管理的作用

相比企业的人力资源管理，志愿服务组织的人力资源管理要更加困难。因为志愿服务组织的员工不仅是为了生计而工作，更是为了一种理想而来，这是志愿服务组织人力资源管理最大的优点，也造成了组织的任务格外沉重：既要激励大家的工作热情，又要赋予工作以特殊的意义②。在过去，志愿服务组织很少提及人力资源管理，但是组织在发展过程中出现的专业人才总量偏少、流失严重、储备不足、结构不合理、素质有待提高等问题，迫使组织管理者不得不向企业学习，开始重视管理人的技术。

志愿服务组织中的人力资源管理同样是招人、用人和留人，其作用应体现在以下几个方面：

（1）获取。根据组织目标确定所需员工条件，通过规划、招聘、考试、测评、选拔、获取组织所需人员。

（2）整合。对组织宗旨、信息沟通、人际关系和谐、矛盾冲突的化解等进行有效整合，使组织内部的个体、群体的目标、行为、态度趋向组织的要求和理念，形成高度的合作与协调，发挥集体优势，提高组织的生产力和效益。

（3）保持。通过薪酬、考核、晋升等一系列管理活动，保持员工的积极性、主动性、创造性，维护劳动者的合法权益，保证员工安全、健康、舒适的工作环境，以增进员工满意度，使之安心满意地工作。

（4）评价。对员工工作成果、劳动态度、技能水平以及其他方面做出全面考核、鉴定和评价，为做出相应的奖惩、升降、去留等决策提供依据。

---

① 王名．志愿服务组织管理概论．北京：中国人民大学出版社，2008：121.

② 同①119.

(5) 发展。通过员工培训、工作丰富化、职业生涯规划与开发，促进员工知识、技巧和其他方面素质提高，使其劳动能力得到增强，最大限度地实现其个人价值，提高其对组织的贡献率，达到员工个人和组织共同发展的目的。

三、志愿服务组织人力资源管理的基本原则

志愿服务组织人力资源管理的基本原则在“公平原则、同素异构原则、功绩原则”等方面和政府及企业的人力资源管理原则是相似的，但有五条原则在志愿服务组织中尤其重要：

(1) 德才兼备，以德为先。同其他组织一样，在选人用人时，志愿服务组织也要求“德才统一”。但由于志愿服务组织是为社会服务的组织，且具有较强的志愿性，因此其成员的道德品质一般高于社会整体人力资源的平均水平。成员之间要有很强的团队合作精神，成员个人要有很高的道德自律性。所以，志愿服务组织必须比企业等营利组织更加注重职员的“德”。

(2) 软性管理，文化制胜。虽然理性、定量化、结构和规章制度等“硬件要素”在志愿服务组织人力资源管理中必不可少，但与政府和企业相比，志愿服务组织中责、权、利的划分不是十分明确，并且缺乏直接的利益驱动机制。这就使得“硬管理”在志愿服务组织中的效力不及政府和企业。再者，随着志愿服务组织的发展，工作任务常常变得越来越不具体，工作的界限越来越模糊，工作的要求变得更加灵活和笼统，这就使志愿服务组织越来越难对工作进行标准化测试。因此，志愿服务组织人力资源管理必须强调组织的价值观、意识、思想、信念、情感、态度等“软件要素”，推行“文化制胜”的软管理模式。用组织的文化去规范、引导和激励成员，从而使成员主动、积极和富有创造性地开展工作。

(3) 人事匹配，能级相符。人事匹配，是指工作要与人的专业、能力、性格、气质、兴趣、价值观等相吻合，使人既有能力又有兴趣从事这份工作。能级相符，是指责任的大小要与能力的大小相一致，既不使人力不从心，又不让人大材小用。由于志愿服务组织是非营利性的，而且许多志愿服务组织甚至没有稳定的资金来源，志愿服务组织职员的薪水、待遇往往缺乏比较优势。同时，志愿服务组织成员也不具备政府职员令人羡慕的权力与地位。所以，志愿服务组织更要设法增加工作本身所带来的成就感、满足感和自我实现感，以吸引、留住和激励优秀人才。这就要求志愿服务组织格外注重人事匹配、能级相符的原则，以提供能满足成员自我实现需要的工作岗位。

（4）灵活开放，动态适应。灵活开放指志愿服务组织在接纳、释出人力资源时要弱化限制，使人力资源的流动拥有较高的自由度。动态适应指出现用非所长、人事不宜等不良现象时，人员可以合理地流动，让人的素质与事的要求在动态中保持平衡。首先，由于志愿服务组织有相当大一部分志愿人员，并且其正式职员也往往是出于共同价值观和公益性目标才加入志愿服务组织的，这种志愿性必然伴随着临时性。其次，志愿服务组织中的专业人员（如医生、科研人员、律师、教师、艺术家等）较多，这部分人素质较高，就业能力强，组织对他们的约束力有限。这就要求志愿服务组织在人力资源管理上比政府、企业更加开放和灵活。在保持必要稳定的基础上，灵活开放、动态适应的做法能带来两个好处：第一，可以使更多的社会成员参与其中，从而有利于提高志愿服务组织的社会影响力；第二，可以不断为志愿服务组织注入新的思想作风、技能和资源，让组织永葆青春活力。

（5）素质铸造，个人发展。人力资源需要开发和培育，这样才能充分发挥人的潜能。人们对志愿服务组织服务质量与种类的要求在不断提高，技术上的变革也要求成员具备新的技能。这一切都迫使志愿服务组织要积极实施培训和个人发展计划来提高成员的素质与能力以应对来自环境的各种挑战。加上志愿服务组织中大量的专业人员都属于知识型员工，这部分人非常看重志愿服务组织是否能提供知识增长、自我发展的机会，如果不能，就很难指望他们对组织忠诚。因此志愿服务组织必须为成员提供良好的成长环境，使其素质和能力不断提高，以满足个人和组织的发展需要。

四、志愿服务组织的人力资源规划

志愿服务组织的人力资源管理始于人力资源规划，它是录用员工的基础。人力资源规划是指根据组织的宗旨和近期的战略目标，科学地预测组织在未来环境变化中的人力资源供给与需求状况，制定必要的获取、利用、保持和开发人力资源的策略，确保组织对人力资源数量和质量上的需求，使组织和个人的长远利益得到保证①。因此，人力资源规划要为组织系统地分析出人力资源的需求量、选配合适的人员，进而制订和实施人员培训计划。

志愿服务组织的人力资源规划应包含以下内容：

（1）总计划：陈述人力资源计划的总原则、总方针、总目标。

---

① 王名．志愿服务组织管理概论．北京：中国人民大学出版社，2008：123.

（2）职务编制计划：陈述组织结构、职务设置、职务描述和职务资格要求等内容。

（3）人员配置计划：人员配置计划陈述组织中每个职务的人员数量、人员的职务变动、职务人员空缺数量等。

（4）人员需求计划：通过总计划、职务编制计划、人员配置计划可以得出人员需求计划。需求计划中应陈述需要的职务名称、人员数量、希望到岗时间等。

（5）人员供给计划：人员供给计划是人员需求计划的对策性计划。主要陈述人员供给的方式、人员内部流动政策、人员外部流动政策、人员获取途径和获取实施计划等。

（6）教育培训计划：包括教育培训需求、培训内容、培训形式、培训考核等内容。

（7）人力资源管理政策调整计划：计划中明确计划期内的人力资源政策的调整原因、调整步骤和调整范围等。

（8）投资预算：上述各项计划的费用预算。

案　例

某机构 2016 年人员招聘计划表

□项目部　□筹资部　□外联部　□其他：________

随着机构规模的不断扩大，人才需求日益增加，本着发扬机构文化、提高机构员工素质的目的，结合机构 2016 年度整体发展战略及计划，特制订 2016 年招聘计划。

单位：人

部门	定编	在编	待招	需招编人员情况	需到岗时间
项目部	12	8	4	项目总监/资深项目经理：2 项目主管/专员：2	5 月：1；7 月：2 11 月：1
筹资部	14	7	7	资深筹款经理：1 筹款主管：3 筹款专员：2 实习生：1	3 月底：1 4 月初：2；6 月底：1 8 月：2 10 月：1
外联部	3	2	1	外联专员：1	10 月底：1
合计：	29	17	12		

申请人：　　　　　　审核人：　　　　　　审批人：

【点评】

年度招聘计划要基于组织整体人力资源规划及人力现状拟订，从年度招聘计划基本可预估组织全年的人力架构、人数、培训方向及全年人力管理的预算。任何伟大的事业都需要人去完成，因此，站在组织战略发展层面做招聘计划是组织发展的重要环节。

五、志愿服务组织的人力资源招聘与配置

人力资源招聘与配置，指的是组织为了实现发展，根据人力资源规划和工作分析的要求，寻找、吸引那些有能力又有兴趣到本组织任职的人员，并从中选出适宜人员予以录用的过程①。

招聘应秉持公平、公正、公开的原则。招聘是为了找到合适的人，而不是最好的人。内部因素和外部因素都会影响招聘的结果，内部因素包括待聘岗位的性质、组织的宗旨和文化等，外部因素包括法律法规、同业的情况、人才供应情况等。通常，招聘会包含以下五个步骤：

（1）发布招聘需求：通过各种渠道（网络、招聘会、熟人推荐等）发布招聘需求及应聘条件等；

（2）筛选简历、邀请应聘：对简历做初步审查，挑选合适人选，并通知对方前来应聘；

（3）笔试：根据实际需求，选择不同的方式、内容进行考试；

（4）面试：通过交流、对话、倾听让用人单位与应聘者更加深入了解，彼此确定是否合适。面试通常会分为“初试”和“复试”；

（5）通知：对录取者和未被录取者进行正式通知，对于录取者应告知其报到时间和要求，对于未被录取者应告知结果。

招聘通常会陷入这样一个误区：招聘是录用新人，应该从组织外部招聘。事实上，招聘渠道包括组织内部和组织外部，而且从组织内部进行选拔往往能找到更加合适的人选。

在确定录用面试者成为该组织的员工之后，应给面试者发送正式的录取通知，录用程序一般包括：

（1）签订合同。根据《劳动法》规定，用人单位和员工一旦形成劳动关系，须签订书面劳动合同，劳动合同应包括以下条款：①劳动合同期

① 张维君，王君. 人员招聘与配置. 2版. 北京：电子工业出版社，2010.

限；②工作内容；③劳动保护和劳动条件；④劳动报酬；⑤劳动纪律；⑥劳动合同终止的条件；⑦违反劳动合同的责任。

（2）上岗培训。对新加入组织的员工应进行岗前培训，培训的内容、形式、时间等可根据组织需求而定。这种培训直接关系到员工上岗后对工作的适应性及其表现，全面的培训是对员工的一种鼓励。

（3）试用期。员工开始工作的最初一段时间为试用期，通过实际工作确认彼此是否合适。根据我国《劳动法》的规定，试用期不得超过半年。

（4）正式任用。试用期结束后，通过一定形式通知员工正式任用。

六、志愿服务组织的人力资源培训与开发

人力资源的培训与开发是指组织通过学习、训导的手段，提高员工的工作能力、知识水平和潜能发挥，最大限度地使员工的个人素质与工作要求相匹配，进而促进员工现在和将来的工作绩效提高。培训与开发的主要目的可以概括为以下几点：

（1）提高工作绩效水平，提高员工的工作能力；

（2）增强组织或个人的应变和适应能力；

（3）提高和增强员工对组织的认同度和归属感。

培训是一个系统的流程，包括培训需求分析、设定培训目标与计划、实施培训，最后组织还要对培训效果进行评估。

（1）培训需求分析。培训需求分析是整个培训与开发工作流程的出发点，其准确与否直接决定了整个培训工作有效性的大小。简单地说，培训需求分析，就是了解与掌握组织为什么培训、谁需要培训、培训什么、培训的目标等一系列的分析过程。

（2）设定培训目标与计划。培训的目标应着眼于技能、传授知识和强化宗旨。在培训需求评估的基础上，拟订培训计划。培训计划中要确定所采取的培训手段和方法，如讲授、演示、研讨、角色扮演、案例分析等。在计划阶段，还需着重考虑“培训项目的经费预算”，在条件允许的情况下，对培训项目进行成本-收益分析，通过会计方法决定培训项目的经济收益，需从成本、收益两个方面加以考虑。

（3）实施培训。培训计划的实施通常有两种类型：脱产培训和在职培训。脱产培训有利于把新的知识和理念带入组织，效果也比较好，但是需要员工放下工作，代价比较大，成本比较高，一般适用于较为长期的组织外学习，如定点集训、委托代培等；在职培训通常就在组织内部进行，虽

然效果不及脱产培训，但代价和成本都比较低，主要形式如有经验的员工或上司的训练、助理制、工作轮换等①。

（4）培训效果评估。培训效果是指组织和受训者从培训当中获得的收益，培训效果评估是指收集培训成果以衡量培训是否有效的过程。评估者通过培训效果评估指标及评估体系，对培训是否达到预期目标、培训是否具有成效进行检查与评价。在对培训项目进行评估时，首先应该考虑的是选取什么样的效标来评价培训效果。通常来说有以下三个层次：

（1）反应评估。测量的是受训者对培训的印象或态度。如培训是否有价值？员工是否从培训中学习了很多内容？学员是否感受到培训带来的帮助？这些数据通常通过问卷调查、面谈观察、综合面谈来获得。

（2）学习评估。主要测量学员通过培训学习了多少内容，常用的方法有测试法、角色扮演法、模拟练习法等。

（3）行为评估。关注的是受训人员行为改变的程度，这就涉及培训迁移的问题。培训后，受训人员在工作中的行为有多大提高？绩效考核的结果是否较受训前有所提高？主要方法有问卷调查法、行为观察法、访谈法、绩效评估法。

案　例

某组织培训体系（样本）

培训类别	培训内容	内容说明
新员工入职培训	企业文化培训	组织使命、愿景、价值观，组织介绍等
	组织制度培训	人事、行政、财务、项目管理等制度
	部门业务培训	部门业务介绍、岗位职责、过往案例等
在职提升培训	职业化培训	职业素养、时间管理、目标管理、情绪管理等
	专业技能培训	志愿服务通用知识、各领域志愿服务技巧、行业趋势解读等
领导力培训	管理能力培训	领导角色认知、沟通力、管理工具等

培训评估表（样本）

课程内容：______________　培训师姓名：______________

① 王名．志愿服务组织管理概论．北京：中国人民大学出版社，2008：133.

培训日期：______________　培训地点：________________

请就下面每一项进行评价，并请在相对应的分数上打“√”：

	差	一般	好
◆ 课程内容	差	一般	好
课程适合我的工作和个人发展需要	1□	2□	3□
课程内容深度适中、易于理解	1□	2□	3□
课程内容切合实际、便于应用	1□	2□	3□
课程时间安排	1□	2□	3□
◆ 培训师	差	一般	好
培训师的仪表标准、个人形象	1□	2□	3□
培训师有充分的准备	1□	2□	3□
培训师表达清楚、态度友善	1□	2□	3□
培训师对培训内容有独特精辟见解	1□	2□	3□
培训师课堂气氛和吸引力	1□	2□	3□
培训方式生动多样、鼓励参与	1□	2□	3□

◆ 参加此次培训的收获有（可多选）：______

A. 获得了适用的新知识

B. 理顺了过去工作中的一些模糊概念

C. 获得了一些可以在工作上应用的有效的技巧或技术

D. 促进客观地观察自己以及自己的工作，帮助对过去的工作进行总结与思考

E. 其他（请填写）：____________

◆ 对本人工作上的帮助程度：A. 较小　B. 普通　C. 有效　D. 非常有效

◆ 整体上，您对这次课程的满意程度是：A. 不满　B. 普通　C. 满意　D. 非常满意

您给予这次培训的总评分是（以10分计）：_________

◆ 其他建议或培训需求：_______________

【点评】

培训体系一般对应机构人才发展体系来设置，除了岗位技能还需考虑员工层级来划分。因培训一般根据组织发展会有内容和频率上的动态调整，因此每次培训后都应及时做好培训效果评估及意见反馈。

七、志愿服务组织的人力资源绩效管理

绩效管理是人力资源管理的中枢和关键，是指收集、分析、评价和传

递有关员工在其岗位上的工作行为表现和工作结果方面的信息情况的过程，即对员工在一个既定时期内对组织的贡献做出评价的过程。通过建立绩效管理体系可将职位体系、能力体系、薪酬体系、培训体系融为一体，相互促进，从而激发员工活力，提高个人和团队绩效，促进组织发展。同时，还可以确定一个组织及其成员是否在最有效率的状态下开展工作，同时检查组织的目标是否得到了贯彻执行，以便及时发现人职不相匹配的情况，及时进行调整①。

人力资源的绩效管理应包含以下几项工作：

（1）制订考核计划：包括1）明确考核的目的和对象；2）选择考核内容和方法；3）确定考核时间。

（2）进行技术准备：绩效考核是一项技术性很强的工作。其技术准备主要包括确定考核标准、选择或设计考核方法以及培训考核人员。

（3）选拔考核人员：考核人员在绩效管理工作中至关重要，合适的考核人员可在遵循考核原则与考核标准的基础上，利用专业的考核方法，公正地进行绩效考核，这对人力资源管理起到显著的推动作用。

（4）收集资料信息：收集资料信息要建立一套与考核指标体系有关的制度，并采取各种有效的方法。

（5）做出分析评价：包括1）确定单项标准的等级和分值；2）对同一项目各考核来源的结果进行综合分析。

在企业的人力资源管理中，已经发展了丰富的绩效评估方法，这些方法可供志愿服务组织的绩效评估工作参考使用，这些方法包括：1）评级量表法，这是采用最普遍的方法，由考核者根据量表，对员工每一个考核项目的表现做出评价和积分，常用五点量表；2）个体排序法；3）配对比较法，把每一个员工和其他员工配到“＋”的个数；4）基准人物比较法，选出基准员工作为标准，其他人员与之进行比较；5）关键事件记录评价法；6）强制分布法；7）行为锚定等级评级法等等②。无论使用哪种方法，在对组织内的所有人员进行绩效评估后，都需要再进行绩效评估面谈，通过面谈对员工的评估达成双方一致的看法，指出其优点所在，点明其有待改进的缺点，协商下一个考核周期的工作要点及绩效标准。

① 王名．志愿服务组织管理概论．北京：中国人民大学出版社，2008：127.

② 同①128.

案　例

××志愿服务组织绩效考核表（样本）

姓名			岗位	部门			
考核维度	考核指标	权重	指标描述及评分标准	自评情况描述	自评得分	数据来源	考核得分
KPI 任务绩效	筹款指标	20%	■考核指标完成结果定义或产出件 ■完成时间 ■评分标准	■实际完成结果或产出件 ■实际完成时间 ■自评得分依据			
	项目质量标准	60%	■考核指标完成结果定义或产出件 ■完成时间 ■评分标准	■实际完成结果或产出件 ■实际完成时间 ■自评得分依据			
管理绩效	管理能力团队协作	20%	16～20 分：整体工作安排合理，善于调动员工的积极性 11～15 分：大部分工作安排合理，员工日常工作比较有积极性 6～10 分：工作安排不够合理，不太能够调动员工的积极性 1～5 分：工作安排非常不合理，基本不能调动员工的积极性				
其他	特殊贡献						
考核末期绩效沟通记录：							
最终绩效得分							
员工发展建议							
被考核人签名				上级签名			

【点评】

绩效管理是企业人力资源管理的重要部分，但志愿服务组织在绩效管理方面的意识普遍较弱，或是直接不做绩效管理，或是每年由上级直接给予员工工作表现评价。案例中的绩效管理表格，首先需明确考核维度，不同岗位考核的维度及权重均有所不同，由此指引员工明确工作重点。其次用指标描述及评分标准进一步细分任务，确定完成时间，这是目标管理的重要手段。最后，绩效考核强调自我管理及评价，即任务评分标准由员工先行填写，上级确认，评分亦然。

八、志愿服务组织的薪资福利管理

薪资福利和企业的薪酬概念大致相同，是指组织对员工为组织所做出的贡献，包括对他们实现的绩效、付出的时间、学识、技能、经验与创造所付给的相应的回报或答谢，通常包括工资（基本工资、底薪）、奖金（与业绩相关）、津贴（补贴）和福利。工资是劳动的价格，奖金是对员工超额劳动的报酬，津贴是对员工在特殊劳动条件、工作环境中的额外劳动消耗和生活费用的额外支出的补偿，通常把与工作相联系的补偿称为津贴，把与生活相联系的补偿称为补贴。

对于志愿服务组织的员工来说，他们到组织进行工作，不仅仅是为了生计，还是为了某种理想，为了得到精神上的满足和享受。因此，对志愿服务组织员工精神上采取一定的激励措施也是非常必要和重要的。此处需要辨析两个概念：公益行业人员和志愿者。公益行业人员是一种职业，因此需要得到对应的薪酬福利才会到志愿服务组织工作；志愿者一般都有自己的本职工作，以精神激励为主。很多志愿服务组织没有清晰地认识到这两个概念的不同，给机构的管理和人才的引进造成了较大的影响。

制定薪酬制度是一个有序的过程：（1）需要考察其他志愿服务组织的工资及报酬水平，选取相似组织的若干资料，从中整理出每个职位的最高、最低及平均工资水平，结合福利待遇，即可作为外部平等性的依据；（2）研究制定组织的付酬原则和策略，根据各个岗位的职务设计和工作分析，做出职务评价；（3）制定详细的薪酬结构，包括工资分级与定薪，工资制度的执行、控制与调整等。

薪酬制度的设计要求公平性、平等性、竞争性、激励性和经济性等，薪酬制度管理受组织的宗旨、文化的影响。

案　例

志愿服务组织应加强员工薪资福利管理

2017年6月，怡安翰威特咨询公司发布《慈善公益行业薪酬福利趋势报告》，报告显示从薪酬构成上来说，2016年发放定额奖金的机构由2014年的26.7%增长至31.3%，设置浮动奖金的机构也由2014年的26.7%增长至31.3%。从改善福利市场竞争力及改善员工满意度角度考量，过半数的慈善机构增加了人均福利预算，慈善公益机构为员工提供定期寿险和意外死亡及伤残险的比例与一类城市企业接近。同时，慈善机构更注重员工健康状况，体检普及度及人均体检标准高于一类城市企业，但慈善公益机构为员工提供健康管理计划的较少（低于5%）。与一类城市企业相比，慈善机构在实施差旅政策时更关注成本控制。

【点评】

除案例报告所涉及的参照企业员工设置的商业保险、健康管理计划等之外，目前有越来越多的志愿服务组织设置“间隔培训月”“机构志愿者日”，推荐参选省市“优秀志愿者”等软性荣誉福利。

九、志愿服务组织的员工关系管理

从广义上讲，员工关系管理是在人力资源体系中，各级管理人员和人力资源职能管理人员通过拟订和实施各项人力资源政策和管理行为，以及其他的管理沟通手段调节企业和员工、员工与员工之间的相互关系，从而实现组织的目标并确保为员工、社会增值的管理活动。从狭义上讲，员工关系管理就是组织和员工的沟通管理，这种沟通更多采用柔性的、激励性的、非强制性的手段，从而提高员工满意度，支持组织其他管理目标的实现。其主要职责是协调员工与组织、员工与员工之间的关系，引导建立积极向上的工作环境。

志愿服务组织的员工关系管理，通常涉及以下内容：

1. *劳动关系管理*

（1）员工入职管理：员工入职管理即为新员工入职时的管理，由专人负责新员工的一系列入职手续办理，此部分内容包括入职前、入职中、入职后三个部分，组织对此可以制定员工入职管理办法来规范入职管理工作。

（2）员工离职管理：员工的离职应该按照组织制定的员工离职管理规定或者办法执行，这样有程序有依据，才不会产生法律纠纷。

（3）员工信息管理：员工信息管理包括员工的个人基本信息、岗位情况、薪资情况、绩效考核情况、技能情况、培训情况、奖惩情况等重要信息的管理。管理者应该及时更新这些信息，便于组织对员工信息的掌握和动态管理。

（4）人事档案管理：人事档案管理包括人员入职基本资料、在职期间资料、离职资料三大部分及其他资料的管理，具体内容可在组织制定的管理办法中予以明确。

（5）劳动合同管理：劳动合同管理就是用人单位在使用劳动者时，必须严格按照相关的劳动法律法规的管理规定执行，规范用工，消除劳动争议和劳动纠纷。

（6）劳动争议处理：劳资争议是指劳动者和用人单位之间因薪酬、工作时间、福利、解雇及其他待遇等而产生的纠纷，产生纠纷后应按照一定的程序进行处理，可选择协商、调解、仲裁、诉讼等方式进行处理。

2. 员工纪律管理

（1）员工奖惩管理：员工奖惩管理就是在组织的日常管理中，对违反组织管理规定的行为进行惩罚，对员工为组织做出贡献或者为组织取得荣誉等行为给予奖励，组织必须制定相应的奖惩管理办法，才可以将员工的奖惩管理工作做好。

（2）员工冲突管理：员工冲突管理是指对员工在平时的交往过程中产生的意见分歧、争论、对抗导致的彼此间关系紧张进行管理。

3. 员工沟通管理

（1）员工申诉管理：申诉是指组织成员以口头或书面等正式方式来表达对组织或有关事项的不满。表现为个人申诉和集体申诉两种。

（2）员工人际关系管理：引导建立良好的工作关系，保证组织内部上下级之间、同级之间的关系融洽，相互理解，互相包容，从而为员工创建良好的工作环境和人际关系环境。

（3）员工满意度调查：员工满意度调查有助于培养员工对组织的认同感、归属感，不断增强组织的向心力和凝聚力。满意度调查的内容包括薪酬满意度调查、工作满意度调查、晋升满意度调查、管理满意度调查、工作环境满意度调查等专项调查或者多项综合调查。

(4) 心理咨询服务：心理咨询服务就是应用心理学的方法，帮助员工解决心理冲突，减少精神压力，从而保证员工心理健康发展的过程。

(5) 员工援助计划：又称员工帮助项目或员工援助项目，是由组织为员工设置的一套系统的、长期的福利与支持项目。其目的在于协助员工解决其生活及工作上的问题，如工作适应、感情问题、法律诉讼等，帮助员工排除障碍，提高适应能力。

4. 员工活动管理

组织定期开展各类文体活动以丰富员工的文娱生活，增进员工之间的沟通交流，调动员工工作积极性，缓解工作压力，实现劳逸结合，增强团队的凝聚力。活动的内容包括运动会、晚会、联谊会、户外拓展活动、旅游、年终聚餐等。

5. 组织文化建设

组织文化建设是非常重要的，建设积极有效、健康向上的组织文化，对凝聚人心、提升公司的竞争力和员工的忠诚度是至关重要的。

第三节　志愿服务组织的财务管理

案　例

财务管理对于志愿服务组织尤为重要

广东公益恤孤助学促进会（简称“恤孤会”）是依法成立的民间慈善团体，核心业务是无偿资助孤贫学生上学。其自我定位是现代慈善理念的传播者，现代慈善行为的服务者，现代慈善事业的探索者。

目前，恤孤会的全部资金来自海内外民间捐赠。工作人员除 8 名是受薪的专职人员外，有 1 577 名在册志愿者（统计至 2012 年 12 月 31 日）。

恤孤会制定了详细的资助流程：

1. 先由受助地区主管部门填写推荐申请表，再组织志愿者并邀请认捐人对申请人进行家访核查，确认符合资助条件后予以资助，家访核查率保持在95%以上，保证将捐款用于真正需要帮助的孤贫学生。

2. 和当地主管部门签订资助协议，每学期开学时，核对在校学生名单后再汇款，学生收到后要来信，学校提供该生上学期学期成绩、品德表现的反馈表，学生签收清单和收据选登上网，来信和反馈表转交对口资助人。

3. 资助后组织志愿者并邀请捐款人开展各种形式的跟踪关怀活动，如看望慰问，组织到广州参观科学中心和大学城，举办冬夏令营，进行青春期卫生、法制教育和励志、感恩教育，定期通信等。

同时，恤孤会在财务管理上明确承诺：

1. 所有捐款和物资全部用于符合促进会章程、宗旨的慈善性公益事业。

2. 促进会的财务收支完全公开，欢迎和接受捐赠人、社会各界人士、新闻媒体和政府主管部门查询、检查、监督。

3. 促进会不从事任何营利性经营活动，确保所有捐款的安全。

4. 促进会领导不领取工资、津贴等任何报酬。

5. 成立时给捐赠人公开信：欢迎"在任何时候，可以在事先不通知我们的情况下，前来查询、审核和指导，我们将提供全部资料和工作方便"。

6. 坚持"透明办会"。只有公开，才会公正，才能公平，每月公布财务报表、捐赠清单、资助款使用明细表和汇付明细表，具体到每名捐赠人和受助人。

7. 主动申请社会第三方审计并公布结果。慈善团体是受捐赠人信任而委托行使捐赠财产的管理和使用，必须对捐赠人和受助人负责，财务情况应有全面、清楚、客观、透明的报告。

资料来源：www.oesgd.org.cn.

【点评】

恤孤会作为广东早期的代表性助学机构之一，不仅是现代慈善理念的传播者，更是组织管理创新的践行者。尤其在财务管理上专业、严谨、公开、及时的特点使得恤孤会10多年来一直具有极强的社会公信力。

一、志愿服务组织财务管理的作用和价值

通过资金的管理和运用，对志愿服务组织的经济活动进行综合管理。具体包括：管理各项收入，降低成本费用，合理安排和使用各项资金；加强经济核算，提高资金使用效益；建立健全财务管理制度和规程，加强财

务监督、检查；维护财产完好，充分发挥财产物资效益；开展财务分析，参与经济决策，规范财务信息披露，促进志愿服务组织的建设和事业发展。

二、志愿服务组织财务管理的工作内容

志愿服务组织同时涉及财务往来、财务收支工作，而标准和规范的财务管理工作可支撑组织的健康稳步发展。志愿服务组织的财务管理工作应严格遵守相关法律法规、建立正规的管理体系并配置专业的专职财务管理人员。志愿服务组织的财务管理工作包括：

（1）拟订财务制度，接受财政、税务、审计机关的监督检查。

（2）建立内部财务管理体制，明确职责划分，严格遵守《中华人民共和国会计法》《社会团体登记管理条例》《基金会管理条例》《民办非企业单位登记管理暂行条例》《民间非营利组织会计制度》等国家法律法规。设立专门的财务管理机构或配备专职合格的财务人员，并明确财务岗位责任。

（3）履行财务管理职责，做好财务预算编制、执行、控制、分析考核和决算工作；建立健全内部流程制度，做好财务管理基础工作。

三、志愿服务组织财务管理的原则

志愿服务组织财务管理要遵循以下三大原则：

（1）诚信原则。反映所在组织财务行为的财务记录和财务报表要真实、客观、完整、公允。

（2）透明原则。包括对内透明、对外透明、制度透明、过程透明、结果透明。财务公开是实现志愿服务组织财务透明的重要手段。志愿服务组织的财务公开，即组织向社会（资助者、政府、社会公众等）公开披露其重要财务信息。志愿服务组织的财务公开内容包括制度公开、政策公开、过程公开、结果公开等。

（3）制约原则。以制约理念建设志愿服务组织的财务系统，一方面要构建内部管理和内部控制的系统，使志愿服务组织内部管理有序化；另一方面要构建志愿服务组织的组织治理和财务治理系统，使志愿服务组织的领导得到有效的监督和制衡。以制度、机制、治理结构保证志愿服务组织朝着对公众负责的方向发展，提升志愿服务组织的社会公信力，也使真正公益的、非营利的志愿服务组织能够脱颖而出。

四、志愿服务组织的预决算管理

（一）志愿服务组织的预算管理及方法

预算是志愿服务组织财务管理的计划环节，通过预算给出的是一个组织发展的蓝图。然而，不少志愿服务组织没有对财务预算给予足够的重视，认为“只要搞好财务收支平衡就可以了”，这种观念对志愿服务组织的财务稳定十分不利。

预算是志愿服务组织根据组织的战略目标，对未来一段时间机构经营、资金的预测，是确保机构战略目标、计划能有效达成的管理工具。预算有四个基本功能：（1）为组织将有限的资源进行合理分配打下基础，便于内部沟通；（2）指明未来的筹资需求和时限；（3）为管理者的决策提供依据；（4）是评估项目绩效的基础。

制定财务预算的方法多种多样，志愿服务组织可以根据自身的情况选择一种或多种交叉方法制定预算，主要的预算管理方法包括：

（1）递增预算法。在上一年度实际支出的基础上，考虑员工加薪、通货膨胀等因素的影响，结合新计划所需的资金，计算出下年度的预算。

（2）项目预算法。将现有资源按比例分配于不同的项目，并将预算过程与评估过程紧密结合在一起，借以考核项目运作是否有效，并检查组织是否实现了其宗旨和目标。

（3）零基预算法。每期的预算必须先归零，从零开始考虑预算的增减。

（4）弹性预算法。把未来的收支预算值看成一个分布，准备若干个预算方案。

预算必须考虑项目的直接成本和间接成本，若有多个项目，间接成本可按照比例分摊下去。同时，也要考虑外部的经济环境的变化需求。

（二）志愿服务组织的决算管理

年度财务决算是年度会计期间公益项目的收入及成本、资产质量、财务效益等基本情况的综合反映，是全面了解和掌握志愿服务组织运营状况的重要手段。志愿服务组织的决算管理主要应注意以下事项：

（1）严格按照国家有关财务会计制度规定，在进行财产清查、债权债务确认和资产质量核实的基础上，以年度发生的全部经济交易事项的会计账簿为基本依据，认真组织机构财务决算工作和报表编制，做到账表一致、账账一致、账证一致、账实一致。

（2）严格按照《民间非营利组织会计制度》的规定编制财务报告，并接受独立会计师事务所的审计。

（3）机构年度财务报告对外披露须经理事会批准。志愿服务组织应建立定期财务信息披露制度，提供真实、及时、公允的财务会计信息。财务会计信息是捐赠人、管理者和理事会等机构利益相关方了解机构资源状况、负债水平、资金使用情况及现金流量等信息的重要来源。财务信息披露是建立社会公信力的重要环节，其主要形式是财务会计报告。

财务会计报告由会计报表、会计报表附注和财务情况说明书构成。按照《民间非营利组织会计制度》的规定，机构会计报表包括业务活动表（见表5-1）、资产负债表（见表5-2）和现金流量表（见表5-3），同时包括会计报表附注，说明机构采用的主要会计政策、会计报表中反映的重要项目的具体说明和未在会计报表中反映的重要信息的说明等。

表5-1　　业务活动表

机构名称：　　　　年　月　日　　　　（单位：元）

摘要	本期金额			本年累计金额		
	非限定性	限定性	合计	非限定性	限定性	合计
一、收入						
捐赠收入						
会费收入						
劳务收入						
服务收入						
政府补贴收入						
商品销售收入						
投资收益						
其他收入						
收入合计						
二、费用						
（一）业务活动成本						
项目工资						
项目社保和公积金						
营业税金及附加值						
项目成本						
（二）管理费用						
（三）筹资费用						
（四）其他费用						
费用合计						
三、限定性净资产转非限定性净资产						
四、净利润变动额						

表 5－2　　　　　　　　　　　　资产负债表

机构名称：　　　　　　　　　　年　月　日　　　　　　　　　　（单位：元）

资产	期末余额	年初余额	负债和所有者权益（或股东权益）	期末余额	年初余额
一、流动资产			三、流动负债		
货币资金			短期借款		
交易性金融资产			交易性金融负债		
应收票据			应付票据		
应收账款			应付账款		
预付款项			预收款项		
应收利息			应付职工薪酬		
应收股利			应交税费		
其他应收款			应付利息		
存货			应付股利		
一年内到期的非流动资产			其他应付款		
其他流动资产			一年内到期的非流动负债		
流动资产合计			其他流动负债		
二、非流动资产			流动负债合计		
可供出售金融资产			四、非流动负债		
长期应收款			长期借款		
长期股权投资			应付债券		
投资性房地产			长期应付款		
固定资产			专项应付款		
累计折旧			预计负债		
净值			递延所得税负债		
在建工程			其他非流动负债		
工程物资			非流动负债合计		
固定资产清理			负债合计		
无形资产			五、所有者权益（或股东权益）		
开发支出			净资产		
商誉			资本公积		
长摊待摊费用			库存股		
递延所得税资产			盈余公积		
其他非流动资产			未分配利润		
非流动资产合计			所有者权益（或股东权益）合计		
资产总计			负债和所有者权益（或股东权益）总计		

表 5-3　　**现金流量表**

机构名称：　　　　　　　　　　　　　　　　　　年　月　日

项目	行次	金额（元）
一、业务活动产生的现金流量		
接受捐赠收到的现金		
收取会费收到的现金		
提供服务收到的现金		
销售商品收到的现金		
政府补助收到的现金		
收到的其他与业务活动有关的现金		
现金流入小计		
提供捐赠或者资助支付的现金		
支付给员工以及为员工支付的现金		
购买商品、接受服务支付的现金		
支付的其他与业务活动有关的现金		
现金流出小计		
业务活动产生的现金流量净额		
二、投资活动产生的现金流量		
收回投资所收到的现金		
取得投资收益所收到的现金		
处置固定资产和无形资产所收回的现金		
收到的其他与投资活动有关的现金		
现金流入小计		
购建固定资产和无形资产所支付的现金		
对外投资所支付的现金		
支付的其他与投资活动有关的现金		
现金流出小计		
投资活动产生的现金流量净额		
三、筹资活动产生的现金流量		
借款所收到的现金		
收到的其他与筹资活动有关的现金		
现金流入小计		
偿还借款所支付的现金		

续前表

项目	行次	金额
偿付利息所支付的现金		
支付的其他与筹资活动有关的现金		
现金流出小计		
筹资活动产生的现金流量净额		
四、汇率变动对现金的影响额		
五、现金及现金等价物净增加额		

五、志愿服务组织的支出管理

（一）志愿服务组织支出管理的原则

志愿服务组织的支出应坚持专款专用，确保资金的有效利用，保证支出的真实性、防止舞弊。同时志愿服务组织应根据《民间非营利组织会计制度》制定相应的成本费用核算办法，建立和健全项目成本（费用）核算制度。具体的支出管理流程如图 5－2 所示：

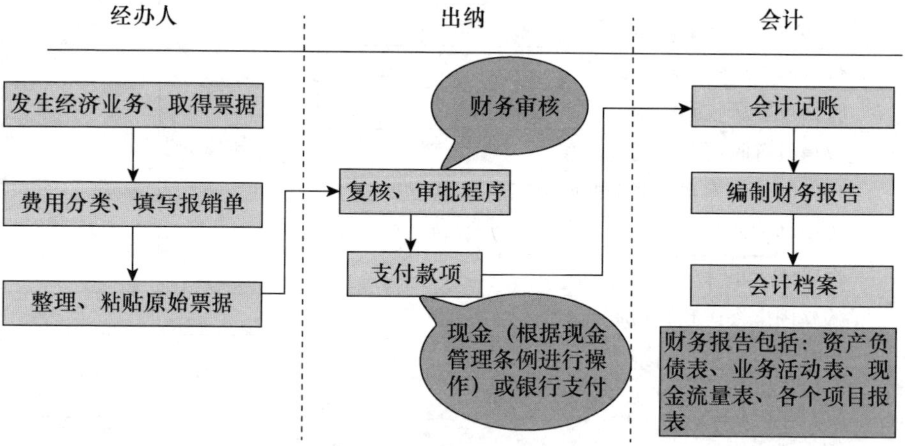

图 5－2　支出管理流程

（二）志愿服务组织支出内容分类

志愿服务组织的支出内容包括以下四类：

（1）业务成本：包括项目成本、服务成本、销售成本、流转税等；

（2）管理费用：包括行政支出、所得税、传播宣传费、理事会等；

（3）筹资费用：包括筹资活动费、筹款人员工资等；

（4）其他支出：包括罚没款、固定资产损失等。

（三）志愿服务组织支出管理的具体事项

志愿服务组织的支出管理应注意以下具体事项：

（1）有关成本（费用）核算的原始记录、凭证、账、费用汇总和分配表等资料，内容必须完整、真实，记载和编制必须及时，必须如实反映项目在管理和服务过程中的各种耗费。

（2）执行切实、合理的报销标准。

①应当结合志愿服务组织实际情况经充分讨论制定；

②应当以书面制度方式制定；

③应当在理事会或秘书长办公会上通过；

④应当在组织内部公开。

（3）制定并遵循一定的审批流程，审批流程如图5-3、图5-4所示。

①按授权范围去审批相关的费用；

②超预算和预算外的重大金额支出须事先经集体审批；

③财务人员在各项目支出上有最终审核的权力和义务；

④审批程序需结合志愿服务组织实际情况具体制定。

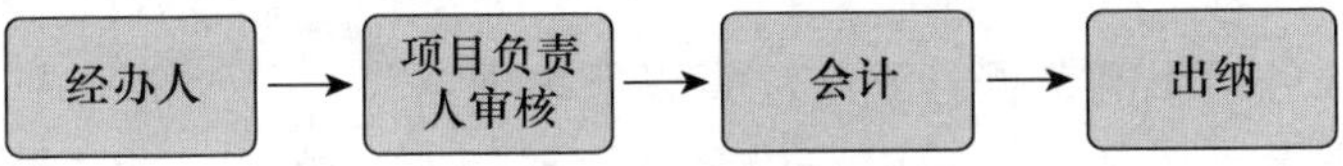

图5-3　相对完善的财务审批流程

图5-4　基本财务审批流程

（4）所有支出必须有真实可靠的凭证作为报销依据。

①原始凭据应当正式合法，工作人员采购物资或出差办事，应当取得税务机关监制的发票或财政部门监制的收据等正式合法的单据作为报销的原始凭据。工作人员取得定额发票的，必须加盖收款单位公章或财务专用章，报销时需详细注明事由。

②原始凭据应当客观真实，工作人员获取的正式合法的发票和收据，必须是真实的收款单位以真实的事由开具。

③原始凭证应当完整清晰，如在酒店举办会议或培训，除要提供发票外，还必须具有酒店结算明细单；报销餐费需在发票后注明事由和用餐人；报销交通费需要在车票后注明事由、时间和起始地、目的地；报销办公用品或材料等需附超市小票或物品明细单（反映所购物品名称、数量、

单价、金额）；采购物资报销时，如物资需验收或入库管理的，应提供验收单或入库单。一式几联的凭证，只能以其中报账联作为报销凭证。

④报销凭据应当准确可靠，相互一致，工作人员报销费用支出应当填制本单位规定格式的费用报销单，费用报销单与原始凭据之间、相关原始凭据（如发票与电脑小票、酒店结算单、验收单等）之间、原始凭据自身内容应当相互一致，金额应当计算准确，相互对应。

⑤报销凭据的填制应当规范，工作人员报销费用支出填制本单位规定格式的费用报销单时，应规范填写业务项目、日期、费用明细、摘要、金额等事项，如实反映经济业务的实际情况，且报销人、审核人、批准人等签名完备。

⑥原始凭据遗失，原则上不予报销。

⑦其他注意事项，用现金支付给个人的顾问费、劳务费等应由本人签字领取，并经审批人批准；报销凭据上应附上领款人的身份证号码、联系方式，并提供相应的纳税证明和完税凭证。

六、志愿服务组织的票据管理

志愿服务组织的票据管理应注意以下事项：

（1）现金支票只限于领用备用金及发放工资、奖金、劳务酬金、助困资金等使用，其他事项一律不得领用现金支票；

（2）组织内部如需领用转账支票，需事前填写支票领用相关单据，写明用途及单位，经批准后可向财务部门领用，一般限于 3 天内将支票存根联向财务部门注销；

（3）如发现支票退票需作废，必须将第一联加盖印鉴的作废支票归还给财务部门，然后进行调换；

（4）财务部门购置公益性单位接受捐赠统一收据、发票，必须做好连号登记。收据存根按会计档案规定保管，不得随意销毁。

七、志愿服务组织的货币资金管理

货币资金管理是财务管理的核心内容，目标是确保资金安全完整、量入为出，以实现机构的可持续发展。

（一）货币资金管理措施

志愿服务组织的货币资金管理要把好“一关”、管住“六点”。

（1）“一关”，指货币资金支出关。为保证“一关”的实行，要做到“四审四看”：

①一审支付申请，是否有理有据；

②二审支付审批，审批程序、权限是否正确，审批手续是否完备；

③三审支付复核，复核工作是否到位；

④四审支付办理，支付是否按审批意见和规定程序、途径办理。

（2）“六点”，包含如下：

①货币资金流入点：收入及时入账，不私设“小金库”，不设账外账，严禁收入不入账、严禁坐支（收支两条线）。

②管住银行开户点：基本存款户、一般存款户、临时存款户、专用存款户。

③管住现金盘存点：会计定期盘点出纳的现金是否账实相符。

④管住与银行、客户对账点：与银行对账，每月至少编制一次银行存款余额调节表。

⑤管住票据与印章保管点：票据的购买、保管、领用、背书转让、注销等环节的管理。

⑥管住督促、检查点：岗位设置、授权、印章的管理。

（二）现金管理制度

志愿服务组织需制定现金管理制度，明确规定组织财务方面的现金使用。现金管理制度的主要内容包括以下方面：

（1）确定现金开支规范，严格限制现金使用范围，不属于现金支出的范围应通过银行转账；

（2）设置出纳库存现金的最高限额，超出部分及时送存银行；

（3）避免坐支；

（4）借款办理审批手续，并及时入账；

（5）出纳及时登记日记账；

（6）会计人员定期或不定期抽查资金现状；

（7）编制现金盘点表。

八、志愿服务组织的资产管理

财产和物资是资金的实物状态，包括固定资产、低值易耗品（捐赠物品根据其价值和用途分别建立相应的实物台账）等。财产和物资管理，要建立验收、发放、保管和检查制度，指定专人保管并建立账目和档案，做到账账相符，账物相符。志愿服务组织的资产可分为固定资产和流动资产两大类。

1. 固定资产

固定资产是指使用期限超过一年，建议单价在 2 000 元以上的房屋、设备、工具、器具等自用资产。固定资产的日常管理是指建立固定资产的保管、使用、内部转移、盘盈、盘亏、报废、清理盘点等内部管理制度。志愿服务组织应根据自用资产的性质和使用情况，合理确定资产的使用寿命和残值，按规定计提折旧，折旧方法一经确定，不得随意变更，并应严格执行固定资产管理办法。

2. 流动资产

流动资产包括现金、银行存款、应收及预付款项等。要严格执行现金管理办法、内部控制制度，确保办理货币资金业务的不相容岗位互相分离、制约和监督。对资金的使用情况，要进行定期和不定期检查，并进行应付及预收款项的对账和清理。

九、志愿服务组织的财务分析与财务监督

财务分析与财务监督是认识和掌握财务活动规律、提高财务管理水平和资金使用效益、维护财经纪律、促进事业健康发展的重要手段。财务分析的主要内容包括预算执行情况，资金运用情况，成本（费用）情况，财产物资的使用、管理情况等。财务管理部门应结合项目管理和服务的特点，建立科学、合理的财务分析指标。通过财务分析，反映业务活动和经济活动的效果，并将分析结果及时反映给秘书处和理事会，为其进行决策提供科学、可靠的依据。

财务管理部门要通过收支审核、财务分析等，对财务收支、资金运用、财产物资管理等情况进行监督检查。对违反国家财政、财务制度和财经纪律的行为，要及时予以制止、纠正，性质比较严重的，要向领导及有关部门报告，并按有关规定严肃处理。

一般的志愿服务组织仅仅做基础会计记账的工作，甚至有的志愿服务组织是以第三方委托代理的方式记账，这些会给组织财务管理带来较大的风险。财务部门应是组织的战略部门，而不仅只是一个支持部门，要充分利用精确的财务核算为决策提供依据。

十、志愿服务组织的会计档案管理

会计档案是记录和反映机构经济业务事项的重要历史资料和证据。会计档案包括会计凭证、会计账簿、财务报告以及其他会计资料。志愿服务组织会计档案按照《会计档案管理办法》执行，实行专人管理制度。会计

档案由财务部门负责整理归档，不得外借，遇特殊情况，须经财务主管领导批准并办理登记手续，方可查阅或复制。销毁会计档案须按规定程序审批。对到期未了结的债权债务的原始凭证及其他未了事项的原始凭证不得销毁，单独抽出另行立卷，保管到未了事项完结为止。

思考与讨论

1. 志愿服务组织为什么要进行财务管理?

2. 志愿服务组织的财务管理与公司的财务管理有什么不同，为什么会存在这些不同?

3. 什么是志愿服务组织人力资源管理? 它有哪些基本原则?

4. 志愿服务组织如何更科学地做人力资源规划及人事绩效考核?

5. 志愿者管理有什么特点? 志愿者激励需注意哪些方面?

第六章
志愿服务组织的社会资源

引 例

爱步寒冷，有爱不再寒冷

“爱步寒冷”冰雪徒步筹款项目是由和众泽益志愿服务中心、中国志愿服务基金会、河北省体育发展基金会、中国儿童失踪预警平台联合主办，由河北省体育局、张家口市体育局、河北旅投·翠云山国际旅游度假区、张家口慈善义工联合会、长城岭滑雪场、北京外企人力资源服务有限公司、诺和诺德（中国）制药有限公司等单位支持的冬季公益徒步活动，参与者在冰雪中徒步，感受寒冷、挑战寒冷、对抗寒冷，并呼吁大家为贫困儿童和失联儿童进行捐款。利用筹得的善款为贫困儿童捐赠“暖冬包”，为失联儿童建立“儿童守护站”，让这些孩子们感受温暖，获得关爱！

资料来源：和众泽益志愿服务中心的项目案例。

“我出力、你出钱”是当前非常流行的一种公益募捐方式。爱步寒冷公益徒步项目就是爱心人士以自己冰雪徒步来劝募，影响并发动身边的亲朋好友捐款。在此过程中，每个人既能挑战自我、结识爱心朋友，也能为困难群体带去帮助，可谓一举多得。可见，志愿服务组织的社会资源有自身的独特性。本章将详细阐述志愿服务组织的社会资源有哪些，志愿服务组织通过什么方式带动更多、更好的社会资源投入志愿服务领域。志愿服务组织传播作为社会资源拓展的重要前置环节，本章将就其传播的目的、作用、方式、渠道等进行介绍。

第一节　志愿服务组织的社会资源拓展

案　例

白杨公益“桥接”资源服务新疆

白杨公益成立于2012年12月，早期成员以石河子大学教师、学生为主，重点关注周边地区中小学贫困儿童的教育问题。4年来，他们为石河子、五家渠市部门团场的孤儿、贫困儿童申请发放壹基金温暖包500多件，价值20余万元。同时，石河子白杨公益号召社会爱心人士为石河子147团、152团等地的学校及第五小学募捐图书2 000多册，建立了4所爱心书屋，为贫困儿童定向捐助图书400多册。此外，白杨公益还通过自筹，为石河子周边的10所团场学校的贫困儿童发放爱心书包、文具700多套，价值4万多元。最近两年，他们还为当地贫困儿童寻找资助人，为偏远学校申请到了免费午餐并建起一批爱心衣橱。

业余时间，白杨公益组织的大学生志愿者为留守儿童提供作业辅导、特长培养等关爱活动，组织留守儿童参观动物园、博物馆。如今，白杨公益志愿者的足迹遍布石河子垦区10多个团场，服务师生数千人。除了在本地开展活动外，白杨公益不断将服务范围拓展到全疆，他们为喀什、和田、伊犁等地困难群众募集衣物3 000多件；为南疆图木舒克市贫困学校募集玩具200多件，衣物400多件。在他们的带动下，石河子地区越来越多的爱心人士加入志愿服务行列，团队成员从大学教师和大学生扩展到中小学教师、公务员、企业家以及普通工人。

资料来源：http://news.cnr.cn/native/city/20160310/t20160310_521579204.shtml.

【点评】

白杨公益是运用社会资源发展组织的典型案例。该组织从号召爱心人士捐助图书、建设书屋到寻找资助人、申请免费午餐，再到自筹书包、文具，并且动员地区公务员、企业家等多类社会力量加入组织，充分呈现了社会资源的注入为组织的长期发展起到的关键性作用。

一、志愿服务组织的社会资本

一般来说，资源可分为个人资源和社会资源。个人资源是指个人拥有的财富、器具、自然禀赋、体魄、知识、地位等可以为个人支配的资源；社会资源指那些嵌入个人社会关系网络中的资源，如权力、财富、声望等，这种资源存在于人与人之间的关系之中，必须在与他人发生交往时才能获得。组织是社会的器官，任何组织要想在社会中发挥自身的功能，必须与其他组织或社会成员发生关系，这种关系可以简称为组织的社会资本。

社会资本是指组织或个人与广泛的社会网络中的其他组织或个人关系的综合，体现了组织或个人动员社会资源的能力。社会资本是社会结构的重要组成部分，更是一种社会资源，它与物质资本、金融资本、人力资本具有很大的相似性，都能够促进经济社会发展。具体来说，社会资本与其他资本的相同点包括：(1) 都是通过资本积累而形成的；(2) 都具有规模效应；(3) 都需要不断地更新；(4) 都具有生产性。

社会资本决定了组织可以获取外部社会资源的多少与优劣。志愿服务组织要想完成组织目标和使命、可持续地运营下去，必须依赖于社会资本筹集社会资源、招募志愿者。志愿服务组织可通过以下途径培育及获取社会资本：

1. 塑造志愿服务组织公信力

志愿服务组织自身的公益属性决定了公信力是其获取社会资源、可持续发展的基础，拥有良好公信力的志愿服务组织更可信，可以获得与政府、企业、基金会、社区等更多的合作机会。要提高公信力，必须在遵守国家法律法规的基础上，完善志愿服务组织治理，加强与不同利益相关方的交流与合作。

2. 提升志愿服务组织透明度

一方面，信息公开是社会组织必须履行的法定义务，社会组织应真实、准确、完整、及时、公平地报送及公开信息。信息公开的内容包括定期报告和临时报告，年度报告为定期报告，其他报告为临时报告。登记管理机关认为有必要公开的信息，也应当予以公开。另一方面，公开信息、提升透明度是志愿服务组织建立公信力的重要途径，只有提升志愿服务组织透明度，合作伙伴才可以放心、持续地向志愿服务组织投入社会资源。

3. 强化志愿服务组织运营和管理能力

志愿服务组织运营和管理能力是其有效使用社会资源、解决社会问题的保障。运营和管理能力强的志愿服务组织可以吸引其他组织资源与之建立关系并产生社会资本，强化组织能力，形成良性循环。

二、志愿服务组织的利益相关方

志愿服务组织的利益相关方是指能够影响组织运营或受组织运营影响的团体或个人。一方面，利益相关方可以影响志愿服务项目的开展甚至影响志愿服务组织的生存，如政府主管部门、志愿服务组织的发起方、资助方等；另一方面，利益相关方是志愿服务组织所需社会资源的提供者，可以为志愿服务组织提供资金、物品、活动场地、技术支持、志愿者等。

根据对志愿服务组织的影响程度，志愿服务组织的利益相关方可分为三类：(1) 重要利益相关方，指那些能够在很大程度上影响志愿服务活动成功或失败的重要组织或人物，如主管领导、媒体记者等；(2) 直接利益相关方，指那些直接参与志愿服务活动的组织或人员，如服务对象、志愿者等；(3) 间接利益相关方，指那些未直接接触志愿服务而受到间接影响的人，如志愿服务对象的家属、社区居民等。

根据与志愿服务组织的关系，志愿服务组织的利益相关方可分为两类：(1) 契约型利益相关方，如主管单位、员工、志愿者、供应商等；(2) 公众型利益相关方，如社区、服务对象、媒体等。

三、志愿服务组织社会资源的构成

一般而言，社会资源可分为有形资源和无形资源，如劳动力资源、技术资源、经济资源、信息资源等都属于社会资源。志愿服务组织的社会资源需要结合组织属性和服务方向，明确组织所需要的社会资源构成，并积极联结各方获得相应的社会资源。志愿服务组织社会资源的构成大体可分为以下三个方面：

(一) 人力资源

人力资源是组织最核心的资源。对于任何组织来讲，发现人、找到人、培养人是每个组织领导人最应该做的事情之一。志愿服务是完全依赖人来开展的服务，其服务能力和水平关键取决于其人力资源的规模和质量。缺少人才支撑，组织的管理能力与服务能力就难以保障。志愿服务组织的人力资源主要包括职员和志愿者两类。

1. 职员

志愿服务组织的职员是志愿服务项目或活动具体的策划者、执行者和监控者，对志愿服务组织在社会中发挥什么作用起着决定性作用。

2. 志愿者

志愿者是志愿服务组织不可或缺的部分，可以有效降低项目执行的人力资源成本，实现志愿服务组织集合社会资源、服务效能最大化的角色定位。

（二）物质资源

物质资源对志愿服务组织的发展起到基础性的作用，并在一定程度上可以影响组织的发展方向和发展路径。

1. 资金

志愿服务组织的资金来源包括政府购买、企业捐助、自身造血、基金会资助、个人捐款等。组织需要考虑的是除了这些资金来源和资金量外，如何依据现实和自身使命定位物质来源的比例。如以基金会捐助为主，政府购买为辅；或政府购买为主，自身造血为辅等，不管组织发展处于哪个时期，均需要考虑资金的多元化。

2. 设备及物资

志愿服务组织所需的设备和物资可以由社会捐赠获取，也可以比价采购。在没有资金时，志愿服务组织的设备及物资主要通过社会募集等形式向社会力量和社会资源寻求帮助。

3. 办公场地

由于办公场地有注册组织的功能，故场地的合法性和持续性是非常重要的。在志愿服务组织的办公场地里，要发挥服务性和特色性，在接待不同来宾或资助方时要发挥隐性的形象作用。

（三）知识和技术资源

基于志愿服务组织在社会发展中的定位，专家及顾问是扩大组织视野、推动组织发展、完成公共倡导使命的必要角色，可以为志愿服务组织的发展提供知识。专家一般指在一定领域内有相当年资的专业人士，如资深律师、社工督导、心理学家、教授、项目经理等，通常，这些专业人士在组织中的参与程度较高，对组织的发展运营等起关键性作用。顾问一般指在一定领域内能为该领域的从业人员提供维权、扩散思维、改善服务及管理、筹集资源等功能的人士，如发展顾问、法律顾问等。此外，技术型企事业单位可以为志愿服务组织提供技术支持。在互联网时代，技术及信息平台的支持对志愿服务组织的发展尤为重要。

四、志愿服务组织的资源筹集

资源筹集是指志愿服务组织通过与资助者沟通获得志愿服务项目资金

或其他资源的行为。资源筹集的基础是公信力，即诚信形象、清晰明确的公益使命、良好的社会声誉和组织实力。一般而言，志愿服务组织资源筹集的方法有以下几种：(1) 通过向资助者申请获得资助；(2) 公益项目招标或政府购买；(3) 参加社会创新比赛获奖；(4) 企业赞助或社区投资；(5) 举办慈善活动（慈善晚宴、歌舞义演、主题论坛、慈善义卖、创意活动、体育比赛等）；(6) 互联网筹资（网上义卖、微博、微信、博客、论坛、公益项目传播等）；(7) 媒体报道筹资；(8) 服务性收入；(9) 国际援助机构捐赠；(10) 个人捐助。目前，我国志愿服务组织获取社会资源的方式主要有以下几类：

(一) 公众捐赠

我国目前社会的公益氛围浓厚，个人参与公益服务或公益捐赠的热情高涨。公众的捐赠是志愿服务组织物资来源的重要组成部分，组织可通过会员制、核心人员 AA 制、个人捐赠等方式获得资金。

(1) 会员制。有些志愿服务组织采取会员制的方式，通过向会员收取会费来获得一部分活动资金。会费是社会团体主要的经济来源，但不一定是唯一来源。根据志愿服务组织的性质、使命及成员的权利与义务不同，会费的来源、收取方式、管理方式、用途有着不同的区别①。

(2) 核心人员 AA 制。对于有些处于初创阶段的志愿服务组织而言，活动资金一般都是通过骨干志愿者共同分担的方式来获得。

(3) 个人捐赠。当然还有一些志愿服务组织通过义卖、义演等方式募集资金，宽泛意义上来讲，这些可以被认定为个人捐赠。

(二) 企业捐赠

企业捐赠行为因企业所有制、不同行业、不同规模的企业的差异而有所不同。企业捐赠的方式主要有：资金类捐赠、物资类资助、服务类捐赠、权益类捐赠。其中物资类捐赠是一种重要的捐赠形式，所捐赠的物资主要集中在医疗设备、药品、教学仪器、生产资料等；服务类捐赠主要是指借调人员、担任技术顾问等形式；权益类捐赠向慈善筹款机构或直接受益者提供不动产所有权捐赠、股权、信托资产或其他权益性资产。目前，资金类捐赠是我国民间慈善捐赠形式的主体。

随着企业社会责任和战略慈善等概念的提出，企业慈善行为变得更加强调社会与企业双赢，发展出捐“智力”、捐“平台”、捐“技术”和公益

---

① 陆士桢，张晓红，郭新保．北京志愿服务模式研究．北京：北京出版社，2009：161.

创投等多元化的创新捐赠形式，这无疑为志愿服务组织在社会资源拓展方面提供了多元化的方式。

（1）捐“智力”：以SAP公益休假为例。SAP公益休假是公司与社会联动的技能型公益项目，通过利用和发挥自身专业优势，助力社会企业或公益组织，用商业手段更好地解决管理与运营中遇到的挑战。参与公益休假的员工志愿者们被分派到跨部门的工作组，共同完成一项（2～6周）委派任务，运用他们的技能、专长及工作经验，实现三个维度的收益：解决目标组织的战略性问题，培养参与者的领导才能及素养，提升SAP员工敬业度。

（2）捐“平台”：以新浪微公益为例，2012年2月新浪微公益平台正式上线并投入运营。其滚雪球式的快速成长，充分展示了以微博为代表的社会化媒体与微公益互相扶持的新兴公益模式。截至2012年12月28日，已有近10万网友通过微公益平台直接进行捐赠，劝募善款超过1 600万元；累计发起2 000余个项目，帮助了6 000多名求助者；通过组织化规范运营，与40多个公益组织建立了合作关系。

（3）捐“技术”：以“李锦记希望厨师”为例，“李锦记希望厨师项目”是李锦记推出的一项帮助寒门青年学厨圆梦的长期公益计划。该项目并非一次性捐助，而是需要企业不断参与其中、授人以渔。李锦记依靠自身在餐饮产业的资源优势，以捐“机会”、捐“技术”的方式，为贫困青年提供了一条改变自身命运的道路。

（4）公益创投：公益创投的运作模式是通过为初创期和中小型的公益组织提供“种子基金”，提供管理和技术上的支持，帮助其发展成为可复制的、高效率的社会组织。目前国内公益创投仍在探索阶段，南都基金会等作为该领域的先驱者，正在创造一条适合中国的公益创投道路。

案　例

旧衣回收计划

2016年10月，京东首次面向社会发起覆盖京津两地的“旧衣回收计划”，6天时间内共有近9 000人次参与捐赠，回收旧衣物14万件，为外来务工子女学校的孩子和父母们送去温暖之余，其他衣物在分类处理后以低价义卖、旧物改造、捐赠转赠、废品销售等方式处理，引发了积极的社会反响。2017 年 3 月 15 日至 3 月 19 日期间，京东服饰联手京东公益及京东物流，开启了覆盖北京、上海、广州、深圳四地的“京东旧衣回收计划”。市民家中如有闲置衣物，可以在京东页面一键呼叫上门取件，将旧衣物捐赠给公益组织，消费者的公益环保之举将全程享受透明可追溯的服务保障。

【点评】

该项目属于典型的企业支持公益组织的案例。组织的目标就是通过社会公益募捐，回收筹集闲置富余物资并开办公益商店义卖、捐赠、转赠、改造等方式支持外来务工者群体各项文化教育事业及其他相关公益活动。该企业社会责任覆盖的领域与组织的发展目标正好是一致的。所以，志愿服务组织的公益诉求一定要结合企业社会责任目标才有可能进一步获得相应的企业资源。

（三）社会募集

《中华人民共和国慈善法》规定，社会募集可以分为非定向和定向两种形式。

（1）非定向：面向社会公众公开募集财产用于公益事业。《慈善法》规定，慈善组织自登记或者认定之日起可以向特定对象进行定向募捐。慈善组织开展公开募捐，应当取得公开募捐资格。依法登记或者认定满两年的慈善组织，可以向原登记的民政部门申请公开募捐资格。符合条件的，民政部门应当自受理申请之日起二十日内颁发公开募捐资格证书。

（2）定向：为了帮助特定对象，可面向本单位或者本社区特定人群开展募捐活动。如“111”爱心帮扶工程，就是由朝阳区建外街道北郎东社区爱心人士组织建立的爱心救助联席会，通过一个月、一百元、一个残疾人（一个单位或者个人每个月捐助 100 元救助一名残疾人），一个单位、一户家庭、一个活动（一个单位根据自身的实际情况负责一户家庭，每月开展一个包括理发、医疗、家政服务在内的志愿服务活动），一个志愿者、一个空巢老人、一次探望（一位志愿者负责身边的一位空巢老人，每月开展一次走访探望）等活动，为特定的人群开展募捐及相关志愿服务活动。

（四）基金会资助

基金会是志愿服务组织重要的资金来源之一，但很多志愿服务组织不善于利用基金会筹集资金。在我国现行的公益事业管理体制下，广大志愿者组织要生存下去，进而推动志愿服务项目的开展，就应该学会如何通过基金会筹集资金。志愿服务组织获取基金会资助有以下两种渠道：第一，向有资助志愿服务项目意愿的基金会申请项目资金；第二，与相关基金会联合设立专项基金，通过更广泛、更便捷的渠道面向社会公众募集资金。

案　例

刷屏的“一元购画”

2017 年 8 月 29 日，微信朋友圈被一幅幅“小朋友画作”刷屏。“一元购画”活动是腾讯公益平台发起的网络公益募捐活动，画作是由 WABC 无障碍艺途公益机构内患有自闭症、智力障碍、脑瘫等病症的特殊人群创作，微信用户可以用一元钱的价格购买画作，保存成壁纸使用。

“一元购画”捐款活动共筹集资金超过 1 500 万元，活动参与人数超过 580 万人。这次活动是具有公募资质的深圳市爱佑未来慈善基金会负责的。

【点评】

该项目有效地整合了基金会和微信平台的资源，通过与深圳市爱佑未来慈善基金会合作，进一步拓宽了资金募集渠道。

（五）政府购买公共服务

政府购买公共服务，是指将原来由政府直接举办的、为社会发展和人民生活提供服务的事项，交给社会专业化组织来完成，政府支付所需费用。政府机构的资金来源比较稳定，而志愿服务组织的资金来源则有很大的不稳定性。一些志愿服务组织在接受社会各界及政府的捐赠和扶持作为资金来源的同时，抓住政府推动公共服务体制改革、向企业或非营利组织购买公共服务的契机，通过政府购买社会公共服务的方式，募集一定的费用作为志愿服务组织开展志愿服务项目的资金，在一定程度上摆脱了对基金会和捐款的依赖，为项目的运行和组织规模的扩大提供了稳定的经济来源。因此，政府购买公共服务是志愿服务组织募集资金的重要渠道之一。然而，如何才能吸引政府购买公共服务呢①？

① 陆士桢，张晓红，郭新保．北京志愿服务模式研究．北京：北京出版社，2009：142.

第一，志愿服务组织的目标必须与政府部门的目标相吻合。一些致力于公民教育和社区发展的志愿服务组织，通过组织、开展倡导和传播公民参与理念和志愿精神的活动提高了公民参与意识，积极为公民参与搭建平台，促进各方面沟通与交流、协商与合作，增强民间组织的合力与倡导力，从而拓宽公民及民间组织的参与途径，充分发挥他们的公共参与作用，达到携手共建和谐社会的目标。这些志愿服务组织的服务目标与政府建设服务型政府、购买公益性服务的目标相契合，从而进入政府购买的视野，得到政府部门在资金等方面的支持。

第二，志愿者组织要在某一社会服务领域形成专业品牌，才能够吸引政府的关注。随着政府职能逐步完善，各级政府在生态环境、文化促进、社会和谐、社会自治等众多社会服务领域都存在较大的需求。在很多时候，政府部门想在这些领域内开展某一活动却苦于没有精力或者能力，如果志愿服务组织能够在相关领域内形成较大的影响力，就很容易吸引政府部门的注意力，获得资金支持。

第三，志愿服务组织可以采取各种措施，争取政府购买公共服务。虽然有时志愿服务组织提供的服务是优质的，但是政府部门通常不会主动寻求志愿服务组织以购买公共服务，这就需要志愿服务组织主动出击，采取多种措施，与政府部门建立良好的合作。

实际上，在公共服务领域，志愿服务组织和政府之间是相互吸引、相互依赖的关系。政府需要志愿服务组织提供的公益性服务，志愿服务组织需要政府提供的资金维持项目。致力于社区发展和公民教育的志愿服务组织要想得到政府和社会的认可和支持，就必须以本土实际情况为立足点，准确把握时代脉搏，结合当前社会需要，开展与公民教育和社会服务紧密联系的公益项目，不断尝试新的工作和培训方式，积极投身社区建设，走一条专业化、系统化、可持续发展的道路。

案　例

资源共享，治理参与

共享单车的出现为缓解城市交流拥堵、倡导绿色出行起到巨大的积极作用，与此同时也出现了乱停乱放、破坏与私自占有等社会乱象。建外街道地处CBD核心区，商务楼宇众多，属共享单车热点投放、停放区域，同样存在共享单车乱停乱放等不文明乱象。为此，和众泽益志愿服务中心联合建外街道共同开展了以“共建文明风尚　共享品质建外”为主题的志愿服务项目，现场通过企业代表、志愿家庭代表联发“四自觉”倡议，共享单车运营商联表承诺，街道与运营商联签治理责任书的行动，结合线上与文明用语合照发微信集赞，线下模拟城市乱象开展文明体验、互动游戏、签名承诺等多种形式，激起更多人的文明意识和责任意识，培养广大群众文明停放的良好习惯，规范用户文明使用共享单车，助力城市文明建设。

资料来源：和众泽益志愿服务中心的项目案例。

【点评】

结合时事热点、聚焦社会需求、设计创新项目是吸引政府购买公共服务的有效途径。该项目针对共享单车乱停乱放等不文明现象，搭建了公众参与共享单车治理的平台，缓解了地区乱停乱放问题，充分契合政府购买公共服务的需求。

（六）产品或服务性收入

提供服务或产品获得资金是目前很多志愿服务组织的资金来源之一。由于基金会的资金申请越来越难，竞争也越来越大，如何满足组织不断发展的规模化需求是目前大多数志愿服务组织面临的难题，提供符合需求的产品和服务是一个不错的选择。比如，很多应急救援队通过为大型活动提供活动保障获得一定的经济收入来满足组织的可持续发展需求。

第二节　志愿服务组织的公信力

案　例

同一个人，不同的生日

2017 年 12 月 23 日，深圳市爱佑未来慈善基金会组织的网络募捐活动——“同一天生日”在微信朋友圈广泛传播。使用者可在“分贝筹”中查找与自己同一天生日的贫困孩子，为 TA 捐出一元钱。这种特别的互动形式迅速吸引了一批用户捐款，然而，网友很快找出了一些可疑之处，例如，同一个孩子的照片，对应了两个不同的生日，化名分别为“阿豪”和“小豪”。此外，还有一名化名为“小丹”的孩子的生日，登记为并不存在的2009年2月29日。

第二天，“分贝筹”关闭了捐款通道。2017年12月25日晚间6时许，深圳市民政局通过官方微博账号宣布：“深圳市民政局调查组约谈了深圳市爱佑未来慈善基金会秘书长，责令其立即停止‘同一天生日’网络募捐活动，并要求向我局提交募捐活动情况报告与相关企业的合作协议及所有公开发布的文件资料。相关调查将继续进行。”2017年12月26日，深圳市民政局决定对深圳市爱佑未来慈善基金会展开立案调查。2017年12月27日下午，爱佑未来慈善基金会在微博发布关于“同一天生日”活动的说明与致歉。

【点评】

“同一天生日”网络募捐活动是一种结合互联网技术的新型募捐活动，由于各种原因，社会公众对该活动产生了信任危机，伤害了该活动自身及其组织方爱佑未来慈善基金会的社会公信力。

一、志愿服务组织公信力概述

（一）什么是公信力

公信力的概念源于英文单词“accountability”。社会责任国际标准ISO26000将“accountability”解释为“组织宜接受适当的监督，并承担对监督做出回应的义务。”也有学者将“accountability”翻译为“问责”“担责”。公信力是指组织或个人有为某事件向利益相关方进行报告、解释和辩护的责任，并有责任接受质询。可见，公信力就是组织或个人在社会公众中的可信赖程度。毋庸置疑，公信力关乎社会服务机构的社会形象，是社会服务机构的生命线。

（二）志愿服务组织公信力

志愿服务组织的公信力是指志愿服务组织获得利益相关方和社会公众信任的能力，具体表现为其在多大程度上能够获得资助方、受益者、政府、志愿者、第三方机构以及社会公众的认可和信任。

信任是社会交往的基础。志愿服务事业的持续健康发展离不开利益相关方和社会公众的支持和关怀。志愿服务组织最大的特性是使用公共资源或其他资源解决社会问题。社会将资源交给志愿服务组织，以及志愿者将自己的时间和精力交给志愿服务组织，是基于对志愿服务组织的信任。可以说，公信力是志愿服务组织生命的源泉。随着社会公众对社会组织透明度及公信力要求的增加，志愿服务组织必须清晰地理解公信力的内涵，了解社会公众及利益相关方如何看待组织的公信力，进而针对性开展公信力建设活动。

1. 志愿服务组织对谁展示公信力

志愿服务组织要建设公信力，首先要清楚志愿服务组织应该对谁负责，或者说向谁展示公信力。志愿服务组织公信力的核心对象包括招募的志愿者、资助方、服务对象；志愿服务组织的使命是解决某一社会问题，因此，社会公众也是志愿服务组织不可忽视的公信力对象。由于这四种责任对象对志愿服务组织的约束作用不同，志愿服务组织在不同时期、不同项目上展示公信力的侧重点往往受到影响。

2. 志愿服务组织公信力的关键要素

志愿服务组织的公信力离不开两个方面：第一，志愿服务组织自身运作规范、高效，可以有效解决社会问题；第二，人们知道志愿服务组织是如何运作的。简而言之，志愿服务组织的公信力至少包括以下要素：守法合规、治理规范、诚信和透明、绩效可评估、外部监督机制。

案　例

社会组织应以公信力为根本

国内外社会都非常重视社会组织的公信力建设。美国独立部门公信力自检清单（checklist for accountability）提出社会组织的公信力包括以下 9 个方面：

1. 建立诚信与透明的文化；
2. 陈述价值观及道德准则；
3. 实施利益冲突政策；
4. 确保董事会理解并能够履行其财务责任；
5. 实施独立财务评估，特别是审计；
6. 确保组织 IRS990 表的准确性和公开性；
7. 透明；
8. 建立和支持报告不当行为或不法行为的制度；

9. 遵守现有法律。

中国非营利组织公信力标准（2003）也提出了公信力建设的十个要素或领域，包括组织的合法性、组织的使命、组织的资源利用和利益冲突、组织的内部治理、组织的协作和伙伴关系、筹资、项目评估、财务透明、信息公开、道德诚信。

资料来源：北京恩玖信息咨询中心 & 麦克利兰基金会. 非营利组织公信力标准国际概览，2004.

【点评】

志愿服务组织公信力建设是一个系统工程，既包括志愿服务组织自身治理水平及专业能力的建设，也包括志愿服务组织与利益相关方、社会公众外部关系的建设。

二、志愿服务组织公信力的价值和意义

公信力建设是现代公益慈善事业发展的基础工程，也是志愿服务事业发展的基础工程，对志愿服务组织自身及志愿服务事业均具有十分重要的价值和意义。

（一）加强公信力建设是志愿服务组织自身的职责要求

党的十八大以来，在以习近平同志为核心的党中央的高度重视下，志愿服务纳入全面深化改革的大局，上升为国家战略，给志愿服务组织创造了极大的发展空间。志愿服务组织在弥补市场与政府失灵方面发挥了重要作用，在增进民生福祉、促进社会文明、提升人民道德等方面发挥了不可替代的功能。在公众眼中，志愿服务组织担负着实现社会公平、扶贫济困、维护公共安全、启迪心智、升华灵魂等使命，代表着爱心、善良与诚信，社会公众对志愿服务组织的道德要求较高。因此，志愿服务组织更需要加强公信力建设，这是由志愿服务组织自身的特点和职能决定的。

（二）加强公信力建设关系到志愿服务组织自身的发展

目前，我国志愿服务组织虽然得到了快速发展，但仍面临着许多发展难题，如经费不足、人才缺乏等，因而部分志愿服务组织出现内部管理混乱、对外服务质量低下等问题。加强公信力建设，能够为志愿服务组织赢得声誉，树立良好的形象，从而帮助志愿服务组织获得更多捐助、支持和信任，吸引更多高素质人才加入。可见，公信力是志愿服务组织

吸引志愿者、获取社会资助与政府支持的必要前提，只有具备较高公信力的志愿服务组织才能获得各方信赖，获取足够实现其使命的社会资源。

（三）加强公信力建设是志愿服务事业健康发展的要求

目前，我国公益慈善事业仍处于发展阶段，公益慈善领域的“失信”行为甚至违法行为时有发生，影响了我国公益慈善事业以及志愿服务事业的健康发展。加强志愿服务组织的公信力建设是一个系统工程，既需要志愿服务组织自身治理的完善，也需要社会各界的监督和支持。通过公信力建设，可以提升整个志愿服务行业的公信力水平，促进志愿服务事业可持续发展。

三、志愿服务组织“失信”分析

人们对社会组织公信力问题的关注来源于社会组织的失信行为。以“郭美美事件”为代表的一系列负面事件致使社会公众对整个公益领域的信任度降到低点，进而影响到社会组织的生存与发展。近年来，随着公众权利意识的提高和监督手段的丰富，人们对公益慈善组织的信息透明度要求也全面提高。此外，部分社会组织因专业化水平不足而陷入公众信任危机，给公众不透明、低效率、可能存在腐败的印象，这些都容易令志愿服务组织产生“失信”现象。目前，我国志愿服务组织公信力偏弱或“失信”的原因主要有如下四个方面：

（一）志愿服务组织使命缺失或创办“目的不纯”

公信力与组织使命有非常密切的关系，使命决定了一个志愿服务组织社会存在的价值。如果一个志愿服务组织没有使命或使命不清、定位不清楚，为做项目而做项目，就很难吸引志愿者参与，也无法有效解决社会问题，势必会影响组织的公信力。更有甚者，如果志愿服务组织创办人“初心”出现问题，不但会影响本机构的社会公信力，也会极大损害志愿服务行业的形象和公信力。

（二）内部治理结构和内部管理制度不完善

志愿服务组织治理的核心是理事会、管理层（秘书长）、监事会的职责配置与权力的分割和制衡，最重要的是理事会功能的有效发挥。理事会是志愿服务组织的一个非常重要的治理结构，是志愿服务组织的最高决策机构。受志愿服务组织发展阶段限制，部分志愿服务组织内部缺乏制约，理事会发挥不了应有的作用，影响志愿服务组织的可持续发展。

另外，有些志愿服务组织迫于发展压力采取项目导向，忽视自身建设，内部管理松散，财务管理不规范，存在违规使用票据和经费等问题；多数志愿服务组织还未将社会公众监督及第三方评估纳入制度化轨道，缺少有效的外部监督。

（三）信息披露不够，透明度不足

信息公开、透明是志愿服务组织公信力建设的重要内容，只有公开透明，才能够让社会公众更好地了解、参与和监督志愿服务组织的活动。目前，我国的志愿服务组织在信息披露方面做得并不够，信息披露不充分、不规范。另外，多数志愿服务组织还没有把公众参与纳入制度化管理，公众缺乏了解和参与组织的有效途径，必然有碍于志愿服务组织的公信力建设。

（四）志愿服务价值难以量化

“没有量化就没有管理。”志愿服务组织是为解决社会问题而存在的，即要让服务对象受益和得到改变，这是志愿服务组织存在的价值，也是志愿服务组织和项目的公信力所在。但很多志愿服务组织陷入了把活动当成项目、把产出当成成果的误区，做活动时追求规模而忽视对项目价值的量化评估，即该项目是否真正地解决了社会问题。志愿服务价值难以量化，是志愿服务组织公信力建设方面存在的一个比较突出的问题。

四、志愿服务组织公信力建设

公信力建设是一项系统工程。志愿服务组织要取得公信力，可从内部和外部两方面着手，既要“练内功”也要“提形象”。

（一）完善志愿服务组织治理

志愿服务组织要有公信力，就必须建立规范的现代组织治理机制，形成理事会、监事会和管理层（秘书长）各司其职、相互制约的决策和执行机制。理事会是志愿服务组织的最高决策机构，其职责之一就是确定志愿服务组织的使命、愿景和价值观，确保志愿服务组织守法合规、道德诚信，维系和提升志愿服务组织的公信力。监事会负责对志愿服务组织的各项事务进行经常性检查和监督，对志愿服务组织的工作、财务以及是否有违规违纪行为进行监督。关于志愿服务组织治理的详细内容可参见本书第四章“志愿服务组织的治理”。

（二）建立外部监督制度

志愿服务组织要建立完善的外部监督制度，通过制度来确保志愿服务组织公信力的长期有效。首先，政府要加强对志愿服务组织的监督。政府要出台相应措施，规范志愿服务组织的信息披露以及违规行为的处罚；其次，要建立常规性的利益相关方参与机制。志愿服务组织要将重要利益相关方纳入组织治理体系，在重大决策、重大项目实施前征求利益相关方的意见，建立常态化的利益相关方沟通机制。

（三）加强志愿服务组织能力建设

志愿服务组织的公信力很重要的一个表现是项目的公信力，而志愿服务项目的执行效果依赖于志愿服务组织的能力。志愿服务组织存在的价值是弥补市场和政府失灵，以更加有效的方式解决社会问题，这就要求志愿服务组织及其工作人员具有较强的专业性。这要求志愿服务组织一方面要加强和招募专业化人才（包括志愿服务组织工作人员和志愿者）；另一方面要注重解决社会问题工具的研发，提升项目执行的专业化水平。

（四）加强信息公开和透明度管理

公开透明是公众对志愿服务组织的基本要求。组织基本信息透明度、治理透明度、财务透明度等都会显著影响志愿服务组织的资源筹措，与志愿服务组织的筹款收入、志愿者招募、政府支持等存在显著的正相关。志愿服务组织的信息公开意味着组织向利益相关方及公众提供可信、全面的财务信息、服务信息、项目信息和管理信息等，利益相关方及公众借此评价志愿服务组织的绩效情况、使命达成情况，增加对志愿服务组织的信赖和支持。

志愿服务组织应以清晰、准确和完整的方式，合理并充分地披露其信息，并确保其披露的信息是容易获取和可理解的。信息的披露要完整、及时、易得和规范，披露的内容包括志愿服务组织的基本信息、治理信息、项目信息和财务信息等。但是，透明并不要求志愿服务组织公开披露其机密信息、个人隐私。

案　例

国际社会责任标准 ISO26000

国际社会责任标准 ISO26000 指出，组织（营利组织和非营利组织）在以下方面应保持透明：

1. 组织活动的目的、性质和场所；
2. 对组织活动中任何可控利益的确认；

3. 决策的制定、实施和评价方式，包括确定组织不同职能部门的角色、责任、担责和权限；

4. 组织评价其社会责任绩效的标准和准则；

5. 组织在与其相关的重大责任议题方面的绩效；

6. 组织资金的来源、规模和使用；

7. 组织决策和活动对利益相关方、社会、经济和环境的已知和可能的影响；

8. 组织的利益相关方，以及组织在利益相关方识别、选择及参与方面的准则和程序。

【点评】

无论营利组织还是非营利组织都要重视透明度管理。志愿服务组织具有自身的独特性，要求更加注重信息透明。

（五）主动参与或开展第三方评估

2011 年，民政部出台了《社会组织评估管理办法》，各地民政部门开展了社会组织规范化建设评估工作。社会团体、基金会实行综合评估，评估内容包括基础条件、内部治理、工作绩效和社会评价。社会服务机构（民办非企业单位）实行规范化建设评估，评估内容包括基础条件、内部治理、业务活动和诚信建设、社会评价。社会组织规范化建设评估的很多内容都有对公信力的要求。对照评估标准、加强规范化建设，有助于提高和加强志愿服务组织的公信力。

除民政部外，部分志愿服务组织主动邀请独立的社会第三方机构对其整体情况或志愿服务项目进行评估。第三方机构负责收集、整理志愿服务组织的信息，确定评估标准和指标体系，编制评估报告，这有助于改进和完善志愿服务组织的治理水平和管理水平。

（六）利用互联网技术提升公信力

互联网技术具有传播的便利性和及时性，也有助于利益相关方参与志愿服务项目。志愿服务组织可充分利用现代互联网技术，让志愿服务信息及时可见、志愿服务项目便于参与，进而提升志愿服务组织的公信力。志愿服务组织也可结合区块链等先进技术，创新性解决志愿服务组织的公信力和透明度难题。

案 例

互联网技术提升公益公信力

2016 年，“聆天使公益计划——听障儿童重获新声”项目在支付宝爱心捐赠平台上线。起初，它看起来与其他公益项目并无区别。然而，募捐完成后，细心的捐赠人在查看善款去向时发现，反馈页面新增了“爱心传递记录”。这意味着善款在何时流向哪个账户，都将一目了然。用户第一次能够完整目睹自己的捐款进入受助人指定账户的过程，即每一份爱心捐款都会通过中华社会救助基金会支付宝账户转至聆天使公益计划定点康复机构账户，最终由定点康复机构账户转至听障儿童监护人账户，以此保证善款筹集、使用过程的公开透明。这是蚂蚁金服将区块链技术应用于公益场景的首次尝试。

资料来源：http://fashion.ifeng.com/a/20160803/40172535_0.shtml.

【点评】

区块链拥有不可篡改、可溯源等特性，它公开透明的特征和公益有天然的耦合性。不可篡改、可溯源的区块链让每个人的每一次公益行为都被如实记录，可有效提升公益项目的公信力。

第三节　志愿服务组织的传播管理

案 例

品牌与传播丰富组织的资源渠道

焦作大学红丝带志愿者协会原名为“红丝带爱心联盟”，成立于 2004 年冬，是河南省最早以“关注艾滋病”为主题的大学生公益性社团，其在校内传播预防艾滋病相关知识，倡导健康的生活方式，关注弱势群体，发动大学生的力量救助受艾滋病影响的儿童。通过社团这一桥梁，连接学生和社会，为热爱公益事业的大学生提供发挥自己才能和实现理想的舞台。

同时，开展同伴教育，提高大学生的自我保护能力，普及生殖健康知识，达到让大学生远离艾滋病的目的。社团目前共有在校志愿者300余名，骨干志愿者50余名。经过8年的发展和在社会上的广泛传播，焦作大学红丝带志愿者协会已经成为河南省不可忽视的一支大学生志愿者队伍。

红丝带志愿者协会在做好校内工作的同时，还积极联系其他高校以及政府、非政府组织，积极同外部沟通，学习先进的管理经验和社团文化。如与北京疾控中心和中国红丝带网积极沟通，成功获取对方赠予的500本大学生健康教育杂志和100张艾滋病传播公益海报。社团先后与河南大学、浙江大学、曲阜师范大学、河南理工大学、焦作师范高等专科学校、北京交通大学等高校的社团进行联谊和交流，相互学习管理模式和项目管理知识。福特基金会、北京爱知行信息咨询中心、联合国艾滋病规划署、玛丽斯特普国际组织、东珍纳兰艾滋孤儿心理研究所、北京红树林组织、焦作市卫生局等单位都给予了该社团不同程度的资助。

社团优秀志愿者坚春杰于2006年被联合国儿童基金会评为“爱心大使”；著名演员濮存昕听说他们的事迹之后挥笔给红丝带题词“向焦作大学红丝带爱心联盟致敬!”；央视2003年“感动中国”人物高耀洁把自费印制的资料免费赠送给协会；2007年，中央电视台著名主持人白岩松给予协会高度的评价，说他们给中国的防艾事业贡献了很大的力量，并鼓励他们坚持下去；焦作市副市长霍金花给他们题词，希望焦作大学红丝带志愿者协会在全市的艾滋病防治工作中发挥排头兵的作用。

【点评】

红丝带志愿者协会是一支在志愿服务组织品牌塑造、传播推广、资源整合上非常成熟的队伍。他们运用多种方式，主动联络外部资源，获取社会不同程度的资助支持。在发展组织的同时，他们还积极推出组织的优秀骨干成员，逐步形成组织的品牌效应，并借助其组织的品牌影响力，带动明星演员、主持人、社会公众人物以及政府领导给予大力支持。

一、志愿服务组织传播的概念

传播是运用各种有意义的符号传递一定的观念以影响人们思想、引导人们行动的一种社会行为。志愿服务组织传播就是志愿服务组织通过信息的传播，使利益相关方接受并且支持本组织的行动。志愿服务组织的传播特性主要有4个方面：一是体现公益。这是由组织宗旨和其自身性质所决定的。二是正面传播。这是由社会各界对志愿服务组织的认知所决定的。三是投入产出比高。这是由志愿服务组织经费来源决定的。四是理念传播。这是由它的工作属性所决定的。做好志愿服务组织传播的顶层设计，有助于组织的长远发展，并能为组织带来更多社会资源。

志愿服务组织传播的流程主要分为以下5个环节：

（一）确定传播的目标

传播目标即志愿服务组织期望给社会和人们带来的某种变化。传播目标的设置，总是与志愿服务组织所依附的领域密切结合。其目标设置往往围绕组织的使命、愿景、价值观等，且须顾及受众接受的可能性，在理论上、感情上能引起人们的认同感、归属感。

（二）确定受众的范围

任何传播都须确定相应范围的受众，受众的范围根据传播的目的和内容确定。通常可以从4个方面了解受众，追求传播效益：一是了解受众的切身利益，传播的内容应与之相符；二是了解受众接受传播的态度，对赞成、中立、反对甚至带敌意的不同受众，采用不同的传播方式；三是了解受众所处的环境，一些对传播持中立或反对态度的受众，在一定社会环境的压力下容易改变态度；四是了解受众接受传播的能力和水平，如阅读能力、理解水平。

（三）确定传播的形式和内容

传播内容的选择通常贯彻现实性和关联性原则，需要给受众以科学、现实的思想和理论以及具体、生动的事实材料，否则难以达到传播目的。同时，所选择的思想、理论和事实材料，须和受众的利益、经验及接受能力相关。传播形式的选择取决于传播内容和传播对象，同时要求鲜明性和多样性。鲜明性表现在准确、生动地表达思想观点；多样性则可通过各种新鲜形式重复思想观点，以加深受众的印象与记忆。

（四）选择传播的媒介

大众传播媒介是现代最有效的传播工具。快速传播媒介（网站、移动互联网平台）容易影响受众对日常事件的看法，传统传播媒介（行业刊物、行业书籍）容易影响受众的文化和价值观念。快速传播媒介影响受众更为广泛，选择传播媒介要注重符合特定受众的要求。在大众传播媒介迅速发展的时代，受众通过选择性注意、选择性理解和选择性记忆来应对严重的“信息超载”现象，因此，要达到传播目的，必须了解和分析受众在选择传播媒介时最注重和最易受哪种媒介的影响。

（五）评估传播的效果

传播活动并非一次性的单向传播过程。因此，调查、测量传播效果，不断调整传播的内容、手段和传播的步骤是进行有效传播的重要程序。要通过调查，广泛地了解受众生活、信仰、价值观念、选择传播媒介的习惯等，深入现场去观察、记录受众对传播的反应。

二、志愿服务组织传播的目的

志愿服务组织开展传播的目的是传播志愿服务精神、培育志愿服务行为，其往往体现在奉献、利他以及公益方面，同时还能助力于为组织获取广泛的社会资源。

（一）传播志愿服务精神

近几年，我国的志愿服务事业虽蓬勃发展，但仍处于发展阶段，社会关注度不够，公众对于志愿服务的认知度不高，甚至存在认知偏差。通过对志愿服务组织理念以及志愿服务项目的传播，可以唤起公众对志愿精神的认可及重视，提高志愿服务的公众知晓率和参与率。

（二）提升志愿服务组织的透明度

在互联网日益发展的时代，承担公益使命的志愿服务组织得到越来越多的关注，志愿服务组织可以通过系统传播，提升组织的开放度和透明度，使公众充分地了解和认识组织的运行状况，从而获得公众的认同，获得更多的信任和资源。这也利于公众对志愿服务组织的监督，确保志愿服务组织更好地完成工作，促进志愿服务事业的发展。

（三）塑造志愿服务组织的品牌形象

志愿服务是传递爱心、传播文明的重要途径，加强了人与人之间的交往和关怀，有助于唤起人们的志愿服务意识，传播志愿精神。志愿服务组织需要依托传播媒介来进行传播、扩大志愿者工作的影响力，进一步塑造组织的品牌形象，获得更多社会力量的支持，汇集更多的志愿者加入组织，让社会大众知道并认可志愿服务事业，同时以适合自己的方式参与志愿服务事业，为社会的和谐发展贡献自己的力量。

（四）帮助志愿服务组织获得更多的社会资源和社会支持

志愿服务组织传播的最终目的就是打动传播的受众，如政府、企业、个人、基金会等。它是让志愿服务组织与资源方建立联系、联络、联动机制的重要渠道之一。受众可以通过志愿服务组织所传播的愿景、使命、目标、发起的项目等内容充分了解该志愿服务组织，当传播的内容与受众的需求相符，志愿服务组织将有可能获得更多受众给予的支援和支持。

三、志愿服务组织传播的渠道

形象传播是组织形象塑造的首要工作。传播就是传播者通过一定的传播渠道与传播对象相互作用的过程，即志愿服务组织、志愿者和社会大众相互作用的过程。传播渠道是传播内容的载体，可以划分为大众传播渠道、网络传播渠道和自媒体平台渠道，可针对不同的志愿服务和目标受众选择不同的传播渠道。

（一）大众传播渠道

包括报纸、杂志、广播、电视、公交站牌、地铁站、地铁车厢、楼宇广告位等。大众传播渠道投放传播信息受众广泛、覆盖面极大、公众接触率高、权威性高，并可根据受众喜好选择频道、时间段、类型等。但这种渠道具有费用高昂、盲目性大、受众反馈不易取得等缺点。

（二）网络传播渠道

包括网络媒体（全国性综合、地方区域、行业垂直媒体）、网络社区（BBS、网络论坛）、搜索引擎、官方网站、视频分享网站、IM（即时通信工具）、数字阅读、电子邮件等。信息可以多媒体形式传播，便于全方位展示社会组织的特点。即时性和互动性能满足受众想立即获得最新资讯、即时得到答疑解惑的特点；除在信息传递方面具有低成本的特点外，还具有无限扩展的特点，节约了传播物料制作的成本。但如今网络垃圾信息泛滥，受众的网络信息平均浏览时间不断减少，并对网络信息产生了一定的“免疫功能”。

（三）自媒体平台渠道

自媒体平台的出现，大大降低了内容发布的门槛，为人们进行实时传播提供了便利，更加适应了现代都市快节奏的生活方式，从本质上说，人人都是发布者。作为社会化媒体平台，自媒体满足了每个人最基本的需求。与网络传播渠道相比，自媒体更具真实性，受众更加平民化、大众化，转发与评论的方式近似于朋友聊天。志愿服务组织可根据受众选择不同的自媒体平台，建立自媒体传播矩阵。

四、志愿服务组织传播的方式

志愿服务组织形象传播主要是指志愿服务组织以外部公众作为传播对象，通过广告传播、公关传播、社交媒体传播、组织传播等方式积极而主动地对外阐明组织目标形象的宗旨，传达组织为实现公共价值所做出的努力。

（一）广告传播

人们了解一个品牌，绝大多数信息是通过广告获得的，广告也是提高品牌知名度、信任度、忠诚度，塑造品牌形象和个性的强有力的工具。由此可见，广告可以称得上是品牌传播的重心所在。从文化角度来看，广告传播是一种文化活动。要实现有效的传播，志愿服务组织在制作、传播广告信息时应与目标受众具备共同的价值观念、类似的行为模式以及其他文化方面的共同性。这种共同性越多，传播的效果就越佳。可以根据志愿服务组织文化背景共同性的大小确定广告传播方式，同时应注意广告的文化水准要与受众的文化水准相适应。志愿服务组织应有极强的文化意识，要清醒地看到广告传播在本质上也是一种志愿文化交流，时时从文化的角度去考虑广告信息接收者的情况，从文化的角度去调查广告传播成败的深层原因。

（二）公关传播

公关是公共关系的简称，是志愿服务组织形象、品牌、文化、技术等传播的一种有效解决方案，包含伙伴关系、事件管理以及其他非付费传播等内容。作为品牌传播的一种手段，公关能利用第三方的认证，为品牌提供有利信息，从而教育和引导受众。

志愿服务组织应积极参与相关志愿服务联盟、公益展会、政府主导的奖项评选、论坛、交流会等，建立与政府、新闻单位、企业的良好伙伴关系。这类项目一般都会邀请大量不同行业、不同背景以及不同类型的企业与媒体参与，其系列活动都是在一个主题内容下开展形式不同的各类活动，活动传播上还会进行系列报道，传播价值自然不言而喻。

制造新闻事件。新闻事件指一时成为人们关注焦点的事件，它往往能造成轰动效应，给人们留下深刻印象。新闻事件对于志愿服务组织来说往往不是现成的，需要经过精心策划。优秀的志愿服务组织会随时留意，一旦机会来临，便当机立断加以利用，使之为传播组织形象服务。

邀请热心公益、形象健康的社会知名人士、明星为志愿服务代言，或是协同相关企业进行品牌合作，进行联名活动，都能获得良好的成效。

（三）社交媒体传播

社交媒体通常是志愿服务组织传播的核心渠道，通过自媒体平台、HTML5 甚至 AR、VR、MR 等新技术的组合使用，展开明确、可测量、可实现、结果导向和设定具体时间的传播活动。但是需要一个专门的计划去支持、自定义每个渠道。在制订出相应的社交媒体内容计划之前，计划制订者可能需要问自己几个问题：这个渠道的目标是什么？所需要的行动是什么？受众想要在这个渠道看到的是什么特定类型的内容？这个渠道的基调是什么？理想的内容发布频率是怎样的？利用社交媒体传播要即时与粉丝进行互动，稳定地输出如故事、经验、招募、成果、时事等内容。培养高质量的粉丝群，也是发动传播、筹款或是品牌合作、明星代言的有效筹码。

（四）组织传播

所谓组织传播，就是组织成员之间、组织内部机构之间的信息交流和沟通。具体地说，组织传播是由各种相互依赖的关系结成的网络，为应付外部环境的不确定性而创造的交流信息的过程。长期稳定的致谢能让志愿者们意识到一个公益机构很在乎他们的支持，并愿意付出更多以确保他们收获更良好的体验。总而言之，在每次志愿者活动中都要向志愿者们致谢，借此来表达他们的服务对组织来说意义重大。

案　例

青岛“家庭公益梦想”获明星支持代言

“家庭公益梦想”志愿服务行动计划由青岛市文明办、市教育局、团市委、市妇联主办，青岛市志愿服务学院承办，由该学院和青岛本土25家机构联合发起，并由和众泽益研发的“志多星”提供技术支持。该计划旨在通过组织青少年开展志愿服务活动，带动家庭参与，进而推动全社会参与志愿服务，计划用3年时间，搭建青岛市家庭志愿服务平台，志愿家庭注册数达到50万个，培育一批优秀家庭志愿服务组织，扶持一批优质家庭志愿服务项目，构建一套广大家庭方便快捷参与志愿服务的机制，实现家庭志愿服务常态化、制度化、项目化、品牌化，打造志愿服务新品牌。

2017年12月16日，明星黄晓明正式接受青岛市文明办、青岛市志愿服务协会、青岛市志愿服务学院的聘任，成为青岛市“家庭公益梦想”志愿服务行动计划形象大使，共同推动“让爱回家·MING心陪伴空巢老人”等十多个志愿服务项目，引起了巨大的社会关注。

资料来源：和众泽益志愿服务中心项目案例。

【点评】

志愿服务组织基于志愿者注册数、活跃数、创新志愿服务项目等数据，去招募热爱公益的艺人、企业、关键意见领袖进行代言或合作，既能获得良好的传播效果，又能节省传播经费。

五、志愿服务组织传播的注意事项

由于历史发展阶段、社会条件、文化传统以及工作机制的原因，志愿服务要成为品牌、获得持续发展会受到各种因素的制约和限制。志愿服务在我国正式起步较晚，人们对志愿服务的宣传不够，认识也不充分。各种宣传主要在学雷锋日、志愿者日，大型活动、大型赛事时进行，呈现出节日化、事件化的特点，但缺乏长期性、一贯性和稳定性。这是制约志愿服务深入持续发展、成为流行文化的一个瓶颈。因此，志愿服务组织在传播上应注意以下事项：

（一）坚守品牌核心价值

进行准确的志愿服务品牌定位。品牌定位是指建立一个满足目标市场需要的独特品牌形象的过程，志愿资源的有限性决定了志愿服务必须由一般性、普遍性转向重点化、针对性。因此，志愿服务组织传播应注意不能因创意或借势，而违背组织的使命、愿景、价值观。利用一些哗众取宠的噱头来提高关注度，虽然能够在短时间内提高志愿服务组织的知名度，但是对志愿服务组织的长期发展，只会产生负面影响。

（二）在传播中展现视觉规范

志愿服务组织多种信息传输形式的统一，使整体形象具体化、生动化和视觉化。具体方法是将组织的标志、标识或特定服务的象征性外化物对外公开，使社会公众全面认识组织独一无二的形象。

（三）建立传播规划及预算

好的传播可以使一家志愿服务组织获得更多的支持，一方面吸引更多志愿者的参与，另一方面也可以拓展企业的捐赠渠道。因此，对志愿服务组织来说，科学合理的传播规划显得尤为重要。合理的传播策略可以为受众“量身定做”最适合的活动，它有助于把传播和活动目标、组织使命、愿景紧密联接，以保证最终得到最优的结果。建立连贯的传播规划，有效分配、制作传播素材，合理分配传播预算，避免集中于节日的散点式传播。

（四）遵守透明、公正、公开原则，同时兼顾受助者隐私

社会公众对于公益传播的要求高，受助者的真实性、捐赠款项的用途都是社会公众高度重视的关键点，组织在执行志愿服务时需认真收集、记录受助者信息，在采集受助者图像、音像、视频、故事的同时，应取得受助者传播素材书面使用授权，使用时需尊重受助者隐私。切勿因资料收集费时费力或为博取社会同情而虚构资料或数据，损害品牌公信力。

（五）制定合适的传播评估体系

传播评估体系的建立，需要结合志愿服务组织自身的特点。比如，一家活动导向型的志愿服务组织，其评估的重点可能会更多地放在活动参与人数、活动举办频次以及人们对于活动的反馈之类。如果志愿服务组织传播以科普或者倡导类型的文章为主，可能需要重点关注文章的阅读量或是读者的反馈等。比较常见的志愿服务组织传播评估表如表 6－1 所示：

表 6－1　　志愿服务组织传播评估表

1	衡量指标	参考维度	评分
2	到达受众	衡量触达的广度，使用的渠道，覆盖的地域、行业，接触媒体与受众数量、质量等	
3	影响	如何影响公共对话	
4	影响力	如何帮助推动政策改变或运动的建设	
5	参与	衡量受众的兴趣与参与度，包括停留时间、跳出率、分享数、下载数、有效联络量、电邮订阅量、评论数（积极或消极）等	
6	社交	衡量内容在社交媒体传播的广度与深度，包括品牌话题提及次数、有效转发评论数、曝光量（阅读量）、价值受众活跃度、网站引荐流量、社会化口碑/客服满意度等	
7	易用	衡量传播的易用性与友好程度，包括易于参与（阅读）、易于分享、多媒体/移动化等展现形式及元素的完整性等	
8	长尾	衡量组织在搜索引擎的能见度，包括在长期过程中的搜索引擎提及品牌的网页数量、浏览次数、品牌或目标关键词自然排名、新闻收录等	
9	转化	衡量传播活动最终的转化，包括用户注册量、志愿者数量、筹款金额、捐赠人的增加，受助对象的满意度、社会问题解决程度等	
10	情感	衡量传播受众对品牌的喜爱、情感表达、口碑等	

思考与讨论

1. 什么是志愿服务组织的公信力？

2. 志愿服务组织如何建立公信力?
3. 志愿服务组织都有哪些社会资源?
4. 志愿服务组织如何筹集社会资源?
5. 志愿服务组织传播的注意事项有哪些?

第七章
志愿服务项目的管理

引 例

公益项目还是志愿服务项目？

北京天云听力言语康复训练中心是一家致力于特殊儿童康复、训练指导及青少年后续教育的综合性康复机构。关爱听力言语障碍儿童是和众泽益志愿服务中心长期的公益项目，每年该机构都会不定期和各个企业志愿者来到天云康复中心，举办公益活动，为那些言语类障碍的孩子架起与外界的沟通桥梁，增强孩子们动手动脑的能力。

资料来源：和众泽益志愿服务中心的项目案例。

上述案例是一个典型的儿童关爱类项目。那么，什么是志愿服务项目？什么是志愿服务项目的管理？如何做好一个志愿服务项目？这些都是志愿服务项目里不可缺少的内容，本章将详细阐述志愿服务项目与管理的内涵。

第一节　志愿服务项目的概念

案　例

“美丽墙绘·惠美丽社区”

和众泽益志愿服务中心的团队人员是服务社区环境的志愿服务组织，团队成员在社区内开展环保活动时发现社区内有大量残破的、闲置的墙壁，这些墙壁整体情况欠佳，与社区整体环境要求有一定差距。该志愿服务队计划将这些墙壁合理利用起来，进行改造和改善，这能够为社区的整体环境改善起到一定的促进作用。志愿服务队内部进行团队沟通和头脑风暴后决定用墙壁图画彩绘的形式进行环境改善，为此设计策划了“美丽墙绘·惠美丽社区”志愿服务项目，项目的执行由志愿者全程参与，包括墙壁的修葺、图画的设计、图画墙绘等服务内容。通过志愿者的参与将原本情况较差的墙壁变成社区内一道道美丽的风景线。

资料来源：和众泽益志愿服务中心的项目案例。

【点评】

策划志愿服务项目就是发现问题并解决问题的过程，志愿服务项目需要由志愿者参与执行以共同解决某些问题。

一、项目概述

（一）项目的概念

项目无处不在，只要是为特定目的而进行的资源调配与集成活动，都可视为项目。它可以是建造一栋大楼、开发一个油田或者建设一座水坝，也可以是一项新产品的研发、一项科研课题的研究或者是一项科学试验，还可以是一项特定的服务、一个特别的活动或者是一项特殊的工作。像组织一场婚礼、安排一场赈灾义演、开展一次宣传活动等都属于项目①。可以不夸张地说，“在当今社会中，一切都是项目，一切也将成为项目”。

① 布朗，海尔. 项目管理：基于团队的方法. 北京：机械工业出版社，2012.

那么如何给存在于生活、工作、学习等各个领域的项目下一个定义呢？一般认为，一个项目应该具有以下几个条件：满足特定的要求，有唯一性，必须在一定时间内完成。因此，我们可以把项目定义为：以某种方式把人、财、物组织起来，在一定的时间、成本约束下，为创造某种产品、服务或实现某种目标所做的一种临时性活动。

（二）项目的特点

一般而言，项目具有如下 4 个主要特点：

1. 时间性

项目是临时的、一次性的任务，这是项目区别于其他常规活动的关键特征之一。临时性不一定意味着时间短，但是在任何情况下项目的完成都有期限要求。

2. 独特性

每个项目都有自己特定的、明确的目标以及特定的环境因素。任何一个项目之所以成为项目，是由于它具有区别于其他任务的特殊需求，或者名称相同而内容不同，或者内容基本相同而要求不同。

3. 冲突性

项目明确的时间、经费、质量等制约条件，多数条件下项目与部门（或其他项目）之间存在资源竞争，项目利益相关方的不同期望也使得项目充满了冲突。

4. 生命周期性

项目有明确的开始和结束时间，具有生命周期性。

（三）项目的三维约束

任何项目都会在范围、时间及成本 3 个方面受到约束，这就是项目管理的三重约束。项目管理，就是以科学的方法和工具，在范围、时间、成本之间寻找到一个合适的平衡点，以便让所有项目利益相关方都尽可能地满意。

1. 项目的范围约束

项目的范围就是规定项目的任务是什么。作为项目经理，首先必须搞清楚项目的核心任务，明确把握项目发起人期望通过项目获得什么样的产品或服务。对于项目的范围约束，容易出现的问题是因忽视项目目标而偏向技术目标，导致项目最终结果与项目利益相关方期望值之间出现差异。

2. 项目的时间约束

项目的时间约束就是规定完成项目需要多长时间、项目的进度应该怎样安排、项目的活动在时间上有何要求、各活动的先后顺序怎样安排，以及当进度与计划时间出现差异时，如何重新调整项目的活动推进表，以保证项目按期完成，也可以调整项目的总体完成工期，以保证活动的内容与质量。

在考虑时间约束时，一方面要研究项目范围变化对项目时间的影响，另一方面要研究项目时间变化对项目成本的影响，并及时跟踪项目的进展情况，通过对项目实际进展进行分析，给项目利益相关方提供一个准确的报告。

3. 项目的成本约束

项目的成本约束就是规定完成项目需要花多少钱。项目成本一般用花费多少资金来衡量，但也可以根据项目的特点，采用特定的计量单位来表示。通过成本核算，能让项目利益相关方了解在当前成本约束下，项目所能完成的范围及需要的时间，以及当项目的范围与时间发生变化时，会产生多大的成本变化，并由此决定是否变更项目的范围、改变项目的进度，或者扩大项目的投资。

二、志愿服务项目概述

（一）志愿服务项目的概念

关于志愿服务项目的解释有广义和狭义两种。广义的志愿服务项目等同于公益项目，是指为社会大众或社会中某些群体的利益而实施的项目，既包括政府部门发起并实施的农业、环保、水利、教育、交通等项目，也包括非政府组织发起并实施的扶贫、妇女儿童发展等项目。狭义的志愿服务项目特指由志愿服务组织发起的、利用社会资源为某些群体谋求利益并创造社会效益的项目。

本书所指的志愿服务项目主要是狭义上的，可将其定义为：围绕社会发展需要，以某种方式把人、财、物等社会资源组织起来，在一定的时间、成本约束下，为社会公众提供服务所做的各种努力。它是志愿服务组织参与社会建设的重要载体。

（二）志愿服务项目的一般属性和特殊属性

作为项目的一种，志愿服务项目具有所有项目的一般属性，同时，由于志愿服务工作的鲜明特征，志愿服务项目还具有自身的一些特殊属性。

1. 志愿服务项目的一般属性

（1）目标性。每一个志愿服务项目都是围绕社会公众的需要而存在的，具有很强的目标性，并有相应的期望结果。在这种目标指引下，志愿者在各级组织机构的领导下围绕这个项目的实施形成一个团队。因此，志愿服务项目的实施过程就是团队朝共同的目标努力的过程。

（2）不确定性。总体上讲，志愿服务项目是人（志愿者）服务于他人的项目，在项目的实施过程中，总会因为人的不确定因素出现许多难以预料的事，存在不可控因素。这些不可控因素既有来自推动志愿服务发展的组织方面的，也有来自社会资源整合及外部环境方面的。同时，还包括来自参与志愿服务活动的志愿者本身的。这些不可控或不确定因素，导致项目运行过程出现了不确定性。

（3）时效性。志愿服务项目始终有一定的时间限制，长短不一，从几十分钟到几年都有。有的项目需要以志愿者“接力”的方式连续实施，比如扶贫接力计划、西部计划等项目；有的项目是一次性的，比如奥运会志愿服务项目、会议志愿服务项目等赛会项目。志愿服务项目也是依具体的任务而存在的，任务开始，志愿服务项目也相应启动，一旦任务结束或者停止，志愿服务项目也相应地告一段落。

（4）系统性。志愿服务项目在实施的过程中，要经历一系列阶段，如项目的计划、项目实施方案的设计、项目的执行，以及项目结果的反馈、完善、评估等。志愿服务项目的实施过程具有与项目管理流程一致的系统性，即项目的启动、规划、实施、控制与评估。整个系统环环相扣，各个环节相互影响。

（5）组织开放性。志愿服务组织需要围绕志愿服务项目的目标对多方面资源进行整合，这种组织具有开放性的特征，人员是可以流动的，组织相关部分也是逐步完善的。

2. 志愿服务项目的特殊属性

（1）项目的人力资源特性。志愿服务项目的一个突出特点，就是以“志愿者”这一特殊“人力资源”为项目实施主体，项目的执行过程就是对“志愿者”实施管理的过程，即志愿者的招募、选拔、培训、上岗等，这是志愿服务项目管理的核心。因此，在志愿服务项目实施的过程中，除了要按照项目管理的一般流程来开展工作之外，还应该充分考虑志愿服务项目的“人本”特征与一般项目的“物本”特征的本质区别。

（2）人员需求的“脉动式”起伏特性。由于部分志愿服务项目具有临时性、一次性等特点，所以志愿服务项目的人员需求具有快速聚集、快速解散、活动期间人员需求激增、活动后人员需求迅速减少等特点。这种人员需求的“脉动式”起伏变化特征，对志愿服务项目管理提出了诸多挑战，包括为项目招募到足够数量的志愿者、在短时间内对其进行培训、在项目开展期间采取各种措施对这一庞大群体进行管理、在项目结束后遣散志愿者等。

（3）项目成员激励方式的特殊性。在一般项目环境下，对项目成员的激励往往是以物质激励为主、精神激励为辅，而且将激励与其绩效评价挂钩，直接体现在其薪酬水平和待遇的提高上。而对于志愿服务项目来说，由于其项目成员的主体——志愿者——是不以营利为目的的，其更多追求的是自我价值的实现。因此，对于志愿服务项目成员的激励就要以精神激励为主、物质激励为辅，这是志愿服务项目和一般项目的显著差异之处。与此同时，由于志愿者参与志愿服务项目具有随意性的特征，项目组织者更应重视各种激励方式的灵活应用，要综合运用语言激励、情感激励、学习激励、目标激励、需求激励、危机激励、团体激励、社会激励等多种方式，来满足志愿者的自我实现需求。

（4）项目评价不易量化的特征。与一般项目以经济效益为最大驱动力的目标不同，志愿服务项目追求的是社会效益，而且志愿者这一群体是由社会责任或使命感所驱动的，他们利用自己的时间、精力、技能无偿为社会提供服务。相对于实体产品而言，服务这一无形产品的可衡量性较差，消费需求的差异性大，因此难以制定严格的评价指标。由于缺乏整体的评价指标体系，无法从投入和产出两个方面对志愿者管理情况进行分析，因此，难以对志愿服务项目进行客观、精确的量化分析，难以提出具体的绩效管理评价方案。这一特性也决定了志愿服务项目的评价具有其特殊性，因此一般采取定性的方式进行评价。

三、志愿服务与慈善、公益服务的联系与区别

（一）什么是慈善服务

慈善服务是慈善活动的重要方式。《中华人民共和国慈善法》第六十一条第一款规定："本法所称慈善服务，是指慈善组织和其他组织以及个人基于慈善目的，向社会或者他人提供的志愿无偿服务以及其他非营利服务。"按照《中华人民共和国慈善法》第三条，慈善活动是指自然人、法人和其他组织以捐赠财产或者提供服务等方式，自愿开展的公益活动。包括：扶贫、济困；扶老、救孤、恤病、助残、优抚；救助自然灾害、事故灾难和公共卫生事件等突发事件造成的损害；促进教育、科学、文化、卫生、体育等事业的发展；防治污染和其他公害，保护和改善生态环境以及符合本法规定的其他公益活动。慈善活动的目的是帮助他人和社会，从提供者的角度，"有钱出钱，有力出力"；从需求者的角度，既有物质性的需求，也有非物质性的需求。因此，慈善组织所开展的慈善活动大致可以分

为款物资助型慈善活动和服务型慈善活动。捐赠财产和提供服务是开展慈善活动的两种重要形式①。

（二）什么是公益服务

公益服务从字面的意思来看是为了公众的利益而开展的服务，它的实质应该说是社会财富的再次分配。在英文中，公益包含“对全人类的爱、对他人的爱”或是“增加人类福利的努力和倾向，以及对有需求的人或贫困的人行善和慷慨施舍”。《中华人民共和国公益事业捐赠法》第三条规定公益事业是指非营利的下列事项：救助灾害、救济贫困、扶助残疾人等困难的社会群体和个人的活动，教育、科学、文化、卫生、体育事业，环境保护、社会公共设施建设，促进社会发展和进步的其他社会公共和福利事业。公益活动是指一定的组织或个人向社会捐赠财务、时间、精力和知识等的活动。公益活动的内容包括社区服务、环境保护、知识传播、公共福利、社会援助、社会治安、紧急援助、青年服务、慈善、社团活动、专业服务、文化艺术活动、国际合作等。

现在整个国内社会都在强调公益慈善，谈到公益，自然离不开慈善。但慈善与公益的含义是相互区别又相互联系的。慈善，一般是基于慈悲、同情、济弱等情感，为灾民、贫民及其他生活困难者举办的施舍、救助活动的统称。一般具有扶危济困的倾向，覆盖面小，只限于特定的群体。慈善仅仅表现在对受助对象的物质、经济帮助以及义务劳动，目的是为受助对象解决眼前的困难。

公益的概念相对宽泛，指为社会大众谋利益的所有活动，其中涵盖了慈善事业、志愿服务、公众服务等，强调的是所有参与者的共同利益。公益更侧重于实现社会福祉的提升、社区服务的提供、环保事业的改善等目标，相较于慈善，公益显现出更宏观的目标取向。其最终目的是完善社会制度，推动社会进步，促进社会发展，建立一个公平的社会。总体来说，公益与慈善在实施主体、救助对象、致力目标、运作实施等方面是相互区别的。由此可知，公益项目与慈善项目相比，在活动对象方面涵盖更广、救助范围更大、专业标准也更细化②。

（三）什么是志愿服务

志愿服务从属于慈善服务的范畴，从本质上是慈善性的，与慈善精神相契合。西方慈善的起源与教会组织的志愿活动密不可分。中华民族自古

---

① 于建伟．中华人民共和国慈善法学习问答．北京：中国法制出版社，2016：63.

② 刘艺．我国公益慈善项目的运作路径及其管理．南京：南京大学，2013：3.

以来就有守望相助、行善立德的传统。公民参与慈善，既可以捐款捐物，也可以捐出自己的时间，把知识、技能和精力转化为对他人的帮助。与捐赠款物相比，志愿服务人人可为。

关于两者的区别，可以用一句话简单地概括为："慈善是指有钱出钱，志愿服务则是有力出力。"具体而言，志愿服务与慈善服务的区别可以从以下几个方面来看：

（1）从政治经济学角度分析，志愿服务是一个创造社会财富的过程，慈善服务是一个转移财富的过程。

（2）从历史起源角度分析，志愿服务起源于战争中的互助与救济，慈善服务则是缩小贫富差距的产物。

（3）从社会功能角度分析，志愿服务具有社会融合、促进就业、教育培训、促进和平与发展等社会治理功能，慈善服务则具有促进社会平等的社会福利功能。

（4）从服务对象角度分析，志愿服务对象是社会全体，而慈善服务对象则是贫困弱势群体。

（5）从行为实施的角度分析，志愿服务必须是一种直接行为，慈善服务可以是一种间接行为①。

总的来说，志愿服务与慈善服务、公益服务的联系与区别可以用图 7－1 表示：

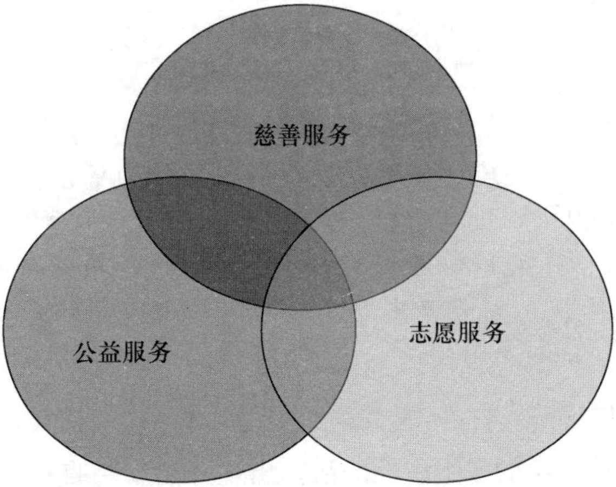

图 7－1　志愿服务与慈善服务、公益服务的联系与区别

---

① 张俊虎. 虎哥说志愿（二）：志愿服务是创造社会财富的行为——谈志愿服务与慈善的差别. 中国志愿服务支持平台，2016－05－31.

第二节　志愿服务项目管理概述

案　例

一朵美丽的“格桑花”

格桑花助学项目是青海格桑花教育救助会开展的一个志愿服务项目。项目的主要助学区域是青海省，助学范围包括玉树藏族自治州、西宁市及所辖三县、海北藏族自治州、海南藏族自治州、海东市、黄南藏族自治州、果洛藏族自治州。项目以组织网站为平台，为青海等西部地区贫困孩子提供资助，进行多方位多角度综合助学，开展一对一捐款、捐物、个人结对、团体结对、助学支教、拓展营等活动，帮助西部地区贫困学生完成学业，募集资金为贫困地区学校提供更多资源。格桑花的使命是为青海等西部地区青少年提供资助，帮助他们完成学业和改善成长环境，目前开展的项目有：一对一资助、奖学金项目、夏令营项目、学校硬件设施改善项目、物资捐助等。项目的志愿者来自全国各地，涉及各行各业，为各个助学点争取到了很多改善教育条件的项目，为助学区域提供了大量的物资捐助。

资料来源：青海格桑花教育救助会官方网站。

【点评】

从本案例中，我们可以看出此项目是一个长期的志愿服务项目，从本案例项目的管理模式来看，该项目以网站为平台，为青海等西部地区贫困孩子提供资助，进行多方位多角度的综合助学，开展一对一捐款、捐物、个人结对、团体结对、助学支教、拓展营等活动，帮助西部地区贫困学生完成学业，募集资金为贫困地区学校提供更多资源。

项目管理从人类的有组织性的活动出现开始就一直存在，人们熟悉的中国长城、埃及金字塔、罗马花园等都是古代项目管理的成功典范。现代项目管理起源于美国，最早孕育于美国原子弹的研制项目，后来著名的阿波罗登月计划、曼哈顿计划等都是采用项目管理的理论和方法取得成功的经典案例。

20 世纪 90 年代初，项目管理从政府部门延伸到其他组织团体，逐步应用于软件企业、建筑工程企业。20 世纪 90 年代中期，项目管理通过将传统任务定义为项目，而使其应用领域扩大到生产作业型企业等非项目型组织中。现在，项目管理在全球范围内被诸多政府、公司及非营利组织广泛地应用。那么，什么是项目管理？美国项目学会在《项目管理知识体系指南》中对项目管理所下的定义如下："项目管理就是把各类知识、技能、手段和技术应用于项目活动中，以达到项目的要求。项目管理是通过应用和综合诸如启动、规划、实施、监控和收尾等项目管理过程来进行的。"①

一、志愿服务项目管理的概念

志愿服务项目管理是指通过与利益相关方合作，将各种资源、知识、技能、工具等应用于项目活动中，以满足社会需求，达到公益和发展目标的过程。根据清华大学王名的定义，所谓志愿服务项目管理是指这样一个系统过程：志愿服务组织为了实现其宗旨，通过项目申请的形式获取资金、人力等社会资源，优化配置所获得的资源，有效地组织、计划、控制项目的运作过程②。

为什么要进行志愿服务项目管理？从一定意义上讲，项目管理对个人、对志愿服务组织以及对社会都具有显著的意义。

（一）项目管理对个人的意义

（1）工作方向更明确。一个项目由策划、推进到具体执行，需要各个部门的协调和操作。在这个过程中，负责具体工作的人员可以清楚了解整个项目的意图和方向，避免出现偏差和错误。通过项目管理，志愿服务项目具体执行人员更清楚各自的职责所在，清楚自己需要做什么。

（2）沟通更为顺畅。通过有效的管理，建立沟通机制，整个项目的各个小组对彼此工作更了解，避免部门工作重复进行和归属不清等"工作真空"现象。

（3）协作能力得到加强。通过志愿服务项目管理对项目成员的责任进行合理地分配并清楚地说明，不同分工、不同环节的成员高效地相互协作，共同完善项目。

---

① 项目管理协会．项目管理知识体系指南：4 版．北京：电子工业出版社，2009.

② 王名．非营利组织管理概论．北京：中国人民大学出版社，2002.

（二）项目管理对志愿服务组织的意义

（1）使项目的推进更有计划性。通过有效的前期调研和策划，项目在推进和执行过程中更有条理，各项工作有序进行，避免“各自为政”。

（2）降低项目执行的成本和风险。通过风险识别、量化、对策研究、反应控制等方法掌握项目成本和风险管理。面对客观条件和实际情况的变化，实时高效地对项目做出调整，解决问题，从而减少不必要的成本，降低项目失败的风险。

（3）加强组织的执行力和凝聚力。由于一个项目涉及不同部门和领域的工作，加强志愿服务项目管理，可以使各个部门的分工合作更加紧密。

（三）项目管理对社会的意义

（1）更好地服务社会。由于可以对项目进行调研和评估，志愿服务组织执行一个项目比起开展一个单一活动，可以收到比预期更好的效果。

（2）节约社会成本。因为志愿服务组织的运作是非营利的，因此通过志愿服务项目管理可以有效地节约成本。

（3）形成社会效应。成功的项目管理会使一个项目形成品牌效应，这样不但可以使该项目达到预期目标，更能引起社会关注，形成良好的社会氛围。

二、志愿服务项目管理的流程和内容

一个项目，无论规模大小，都要经过仔细的选择、精心的设计、详细的核算、充分的准备、周密的评估、认真的执行、严格的监督和科学的总结等一系列过程才能完成。为便于对这些项目活动进行管理，人们通常把一个项目从开始到结束的整个过程按照先后顺序分为若干个阶段，如项目选定、项目计划、项目实施和项目评价等阶段。

（一）志愿服务项目管理流程

正如前面所指出的，绝大多数志愿服务组织都是以项目为导向的，项目操作是否规范，直接影响项目的成功与否，所以了解志愿服务项目管理的基本流程是非常有必要的。志愿服务项目和一般项目的管理过程基本相同，都要经历项目的确定、启动、计划、实施和控制、评估、收尾等阶段。这里结合当前中国志愿服务组织项目的具体实践，将志愿服务项目管理的基本过程概括为启动、计划、执行、控制、总结和评估五个阶段，其特点在于：对以上各个阶段的每一个环节、每一个步骤，都可以制定具体的标准，进行量化评估，并明晰项目的分工和责任。志愿服务项目管理流程如图 7－2 所示：

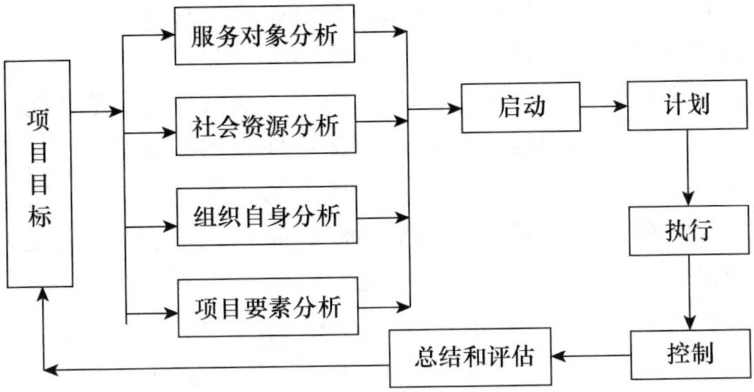

图 7－2　志愿服务项目管理流程示意图

1．启动阶段

志愿服务项目启动阶段是志愿服务项目管理的起点，由相应社会组织或者个人根据社会发展需要，设计志愿服务项目，并向有关机构或者志愿服务组织递交项目可行性报告，提出立项申请。志愿服务项目被批准立项，则标志着志愿服务项目启动。

2．计划阶段

计划阶段的主要任务是设计一套详细、完整的项目实施方案。在志愿服务项目计划阶段，应以当前国家政策、社会需求、民众关注为出发点，以实现项目目标为终点，对启动阶段的各项说明进一步地补充和完善。在对志愿服务项目做计划的过程中，应围绕项目目标的实现，通过一个持续、交互的过程，罗列项目实施细节，使项目的实施过程成为一个连续的、动态的过程。

3．执行阶段

项目的执行过程是项目管理中最为实质的过程，也是项目得以实现的过程。在这一阶段，志愿服务项目管理团队需采取多种行动来执行项目管理计划，完成项目规定的各项任务。

4．控制阶段

在志愿服务项目管理过程中，项目控制至关重要，因为该阶段解决的是在项目执行过程中遇到的各种问题，需要及时向上反馈。项目控制具有风向标和警报器的作用。在该阶段，成本控制和质量监控至关重要，项目负责人和项目经理应根据项目执行过程中出现的各种问题，及时修正进度和预算。

5. 总结和评估阶段

总结和评估阶段是实施项目管理的最后阶段，在这一阶段包括最后结束项目时需要完成的所有活动，以及正式结束项目、移交已完成的项目等具体活动。一般而言，这一阶段项目管理的主要任务包括合同收尾和行政收尾，收尾意味着项目组将项目成果移交给项目的设立者。项目的成果需要通过各种形式体现出来，从而证明项目组的工作成绩。对于志愿服务而言，项目组在此阶段的管理工作也不例外，而其中最能体现出志愿服务项目的独特性的就是项目评估。因此，也可以将项目评估作为整个志愿服务项目管理过程中的最后一个环节，评估是为了全面了解整个项目实施过程，并将从中发现的问题与经验呈现出来，应用于项目的再实施。

在志愿服务项目中，执行和控制同时进行，且相互影响，执行过程因控制结果的不同而不断调整。

（二）志愿服务项目管理限制

如图 7－3 所示，范围、成本和时间三要素组成“三角限制”。其中，范围指可交付成果、质量，成本指资源、预算，时间指活动、进度。三角限制通常被描述为三角形。因为每一面都很重要，没有哪一方面比其他方面更重要一说，至少从项目控制的角度来说是如此。例如：如果一个项目预算超支，就需要缩小范围，以使得项目回到预算之内。如果项目进度（时间）延迟，可能需要增加更多的资源来追赶进度；但增加资源也就意味着增加成本。保持三角限制的三要素的平衡是项目负责人和项目团队的目标之一。

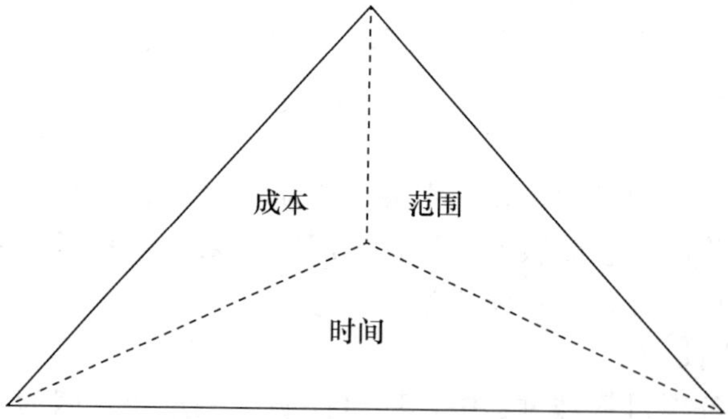

图 7－3　志愿服务项目管理的三角限制

三角限制的概念通常在项目计划编制阶段的早期起作用，以理解各种不同需求，并考虑这些因素的相互作用会对项目整体情况产生的影响。它也可以在项目处理变更、意外、风险、假设、计划重新编制和可能出现的事宜中使用。项目管理的每个过程、阶段和活动都是在三角限制的背景下执行的，项目经理试图保持三角限制每边的互相平衡。

(三) 志愿服务项目管理工具

志愿服务项目管理工具是指为了使项目工作能够按照预定的成本、进度和质量顺利完成，而对人员、服务、过程和项目所形成的工作与记录的表单、工作模板、流程图表以及电子信息软件。常用的项目管理工具有组织 SWOT 分析表、利益相关方矩阵图、目标任务 WBS 分解表、项目活动任务时间表（甘特图）、项目资源表、项目逻辑框架表（LAF）等。志愿服务组织也可在志愿服务项目实施过程中，根据实际需要开发符合本项目的管理工具。

例如，项目管理中最常用的《项目活动任务时间表》（见表 7－1）可以帮助项目经理一目了然地了解项目进度，掌握项目活动。

表 7－1　　项目活动任务时间表

项目名称			项目经理			更新日期：年　月　日		
序号	活动名称	活动内容	负责人	相关人员	预算	开始时间	完成时间	备注

(四) 志愿服务项目环境分析

志愿服务项目环境分析是指通过对项目地区的自然、人文、政治、经济、公益慈善和志愿服务等环境因素进行调研和分析，进行志愿服务项目策划。环境分析内容包括：

（1）自然环境：所处区域的地理位置、气候环境条件、山水土壤；

（2）人文环境：本地人的构成与民族成分、习俗、文化、生活方式等；

（3）政治环境：当地政府机构、政策法规、行政管理；

（4）经济环境：经济行业与经济产值、重要的企业和商业，当地人的生活水平；

（5）公益慈善和志愿服务环境：公众对公益慈善和志愿服务的认知、志愿服务参与程度、志愿服务组织与志愿者的数量与质量、所开展的服务和项目等。

（五）志愿服务项目规划

志愿服务项目规划是实现项目目标的过程和手段。从广义上来讲，项目规划过程就是项目的循环过程；从狭义上来讲，项目规划过程就是通过分析、评估、确定项目目标、范围，并且授权给项目经理开始实施项目。项目规划是项目开发的关键过程，规划的好坏决定着项目能否成功。项目规划的内容包括：确定项目目标成果及其范围、项目利益相关方、所需要的相关必要资源、实施项目的可行性。

（六）志愿服务项目过程管理

志愿服务项目过程管理是指志愿服务项目实施过程中的管理，是根据项目基准计划在质量控制中执行活动，最终达到项目目标。实施过程管理的核心内容是处理好人力资源、时间进度和费用成本三者之间的关系（见图 7－4）。所有过程管理的最后要素都是确保通过实施范围内的活动达成项目目标，即可以交付的成果。

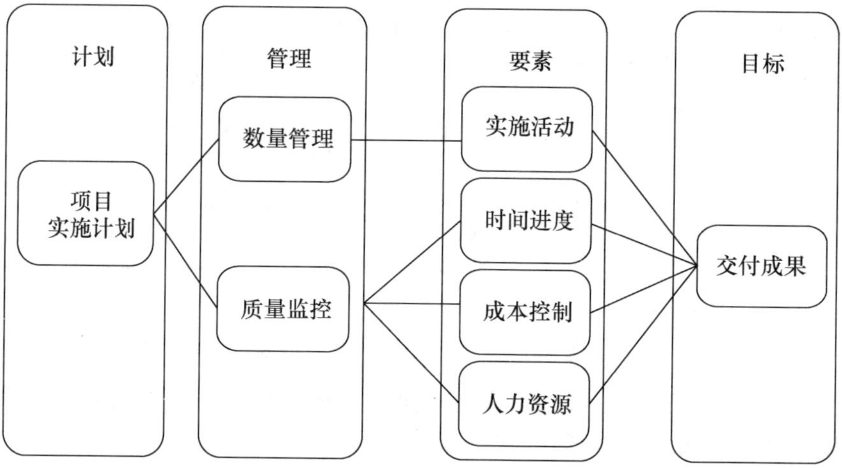

图 7－4　志愿服务项目过程管理

（七）志愿服务项目团队管理

志愿服务项目团队管理是指对志愿服务项目中的人员进行合理配置，对人力资源进行开发、管理和激励，并且对团队进行建设的制度、程序和方法的总和。志愿服务项目中的人力资源是临时性组合，成员大多是基于自愿、不为报酬来参与志愿服务的，成员之间各自的背景、知识技能和经验也可能有很大差异，因此需要志愿服务项目经理和管理者应用人本主义理念和方法实施团队管理。

志愿服务项目团队成员通常有四个来源：一是来自组织内部的正式员

工，二是需要特别聘请的专家顾问或技术外包团队，三是招募适合的志愿者，四是高校实习生。在项目团队中，项目经理发挥着至关重要的团队管理作用。

项目团队结构及其功能一般分为三个层面（见图 7－5）：

（1）项目决策层：一般由组织领导、重要的利益相关方组织，负责志愿服务项目的资源保障、工作指导、监督评估；

（2）项目经理：对项目目标负责，对志愿服务项目进行全面计划、组织协调、监测评估与反馈；

（3）项目服务组：主要由志愿者组成，实施志愿服务并反馈意见和建议。

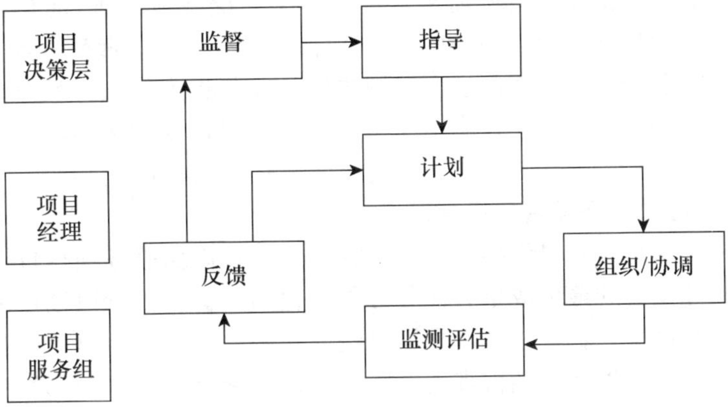

图 7－5　项目团队结构及其功能

（八）志愿服务项目沟通管理

志愿服务项目沟通管理是指在志愿服务项目开展过程中，通过言语和非言语方式进行信息交流、思想与情感沟通的管理。项目沟通有正式和非正式两种方式：对外沟通、项目时间和工作绩效沟通需要正式沟通，可采用会议、报告等方式；项目人员内部沟通可采用一些非正式方式，比如谈话、午餐会等。

（九）志愿服务项目时间管理

志愿服务项目时间管理是指按照项目计划对志愿服务项目的进度实施有效控制的过程。项目是在一定期限内实施的系列活动，因此能否在计划的时间内完成进度任务是重要的绩效指标。时间进度管理主要分为以下五个步骤：

（1）任务分解。将项目工作分解为更小、更易管理的任务，形成细分的项目活动清单。

（2）活动排序。在活动清单的基础上，找出项目活动之间的依赖关系和特殊领域的依赖关系，进行工作排序。

（3）活动工期预估。活动工期预估是根据项目范围、资源状况、计划列出项目活动所需要的工期。估算的工期应该现实、有效并能保证质量。所以在预估工期时要充分考虑活动清单、合理的资源需求、人员的能力因素以及环境因素对项目工期的影响。在对每项活动的工期预估中应充分考虑风险因素对工期的影响。

（4）时间进度表。项目的时间进度计划意味着明确定义项目活动的开始和结束日期，这是一个反复确认的过程。进度表的确定应根据项目网络图、预估的活动工期、资源需求、资源共享情况、项目执行的工作日历、进度限制、最早和最晚时间、风险管理计划、活动特征等统一考虑。

（5）进度控制和纠偏。进度控制主要是监督进度的执行状况，及时发现和纠正偏差、错误。在控制中要考虑影响项目进度变化的因素、项目进度变更对其他部分的影响因素、进度表变更时应采取的实际措施。

（十）志愿服务项目目标管理

目标管理是以结果为导向的项目管理方法。志愿服务项目目标管理是指志愿服务项目的最终成果与任务必须转化为目标、以阶段性目标来指导项目活动的过程。目标管理也是项目经理和志愿者参与项目目标和计划制订，通过自我管理和定期检查完成监控目标进展情况的一种管理制度。

案　例

某志愿服务组织实施一个志愿者培训项目，根据项目目标管理原则，将培训活动分为多个子目标：

1. 第三周：评估培训需求，并确定培训目标；
2. 第六周：完成培训课程开发和教材编写；
3. 第九周：完成师资准备与备课，同时招募志愿者；
4. 第十一周：为50名志愿者实施培训，并进行检测与评估；
5. 第十三周：完成培训评估与总结，并与有关部门和领导、利益相关方进行沟通。

【点评】

在项目管理过程中，重点是确保时间对应结点的具体产出物是否达到了目标。

（十一）志愿服务项目变化管理

志愿服务项目变化管理是指项目进行过程中，需要做出动态的调整改变，以适应环境变化、利益相关方多元需求和项目管理的复杂要素并根据其需要做出改变的过程。变化管理过程包括对变化的识别，对项目带来的正面或负面影响的判断，调整项目范围、成本和期限，与资助方和领导的沟通并得到确认，实施变化的措施。

在志愿服务项目实施过程中，经常会发生变化。项目控制的一个关键方面是如何管理工作变化。变化可以有许多来源，如项目内的来源包括服务对象的期望和项目团队或项目负责人的想法。外部来源也会带来变化，包括政府政策、利益相关方新的期望等。不管项目变化的来源如何，项目负责人都需要准备应对变化，因为许多变化是不可避免的，也有可能是正当的，符合各方的利益。

计划的变化方法应被写入项目计划。应建立变化请求的特定格式。所有的变化请求，不管是源自哪里，都应以书面形式提交给项目负责人。变化管理计划应识别是谁授权做出变化决定的，并且对这样的权利是否要进行成本限制。它应该包括迅速处理变化的明确的过程指导。这一过程将确保项目负责人进行完整的分析以决定是否接受变化。分析的结果应与那些需要知情的利益相关方进行沟通。

图 7－6 是一个典型的志愿服务项目变更管理过程：

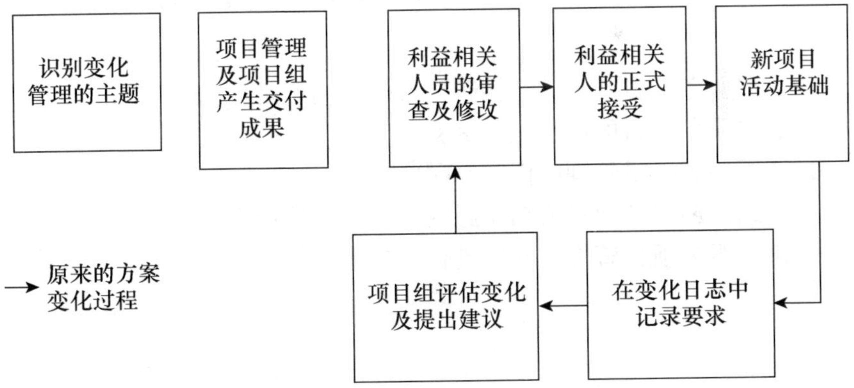

图 7－6　志愿服务项目变化管理过程

（十二）志愿服务项目成果管理

志愿服务项目成果管理是指将志愿服务项目最终成果作为项目管理的绩效目标所实施的管理。成果管理的最终目标是将成果向社会分享、转化和传播，让更多的人能够共享公益成果。志愿服务项目成果是指通过对服务的投入、开展的各项活动，目标受益群体发生的变化结果。成果的呈现方式有：

（1）项目报告、总结、案例等；

（2）研究论文和学术论文；

（3）公开发表和出版的报告、书籍、著作、工具、影像制品等；

（4）项目资料与知识管理文件。

志愿服务项目成果管理的内容包括如下四个方面：

（1）成果总结与提炼。在项目实施过程中，根据项目评估指标，总结提炼项目经验与知识，从服务专业领域、项目管理能力到团队成长与发展、组织业务拓展等。

（2）知识化与标准化。将志愿服务积累的经验转化为可供志愿者操作的管理流程、知识手册。

（3）成果转化、迁移、复制和扩大。将成果应用于其他地区和不同的群体之中。

（4）政策倡导与具体建议。根据服务成果提供建议，进而改善志愿服务政策环境。

思考与讨论

1. 志愿服务项目与公益、慈善项目的异同点是什么？
2. 志愿服务项目的特点是什么？
3. 志愿服务项目管理的内容有哪些？
4. 制约志愿服务项目成功实施的三个因素是什么？
5. 志愿服务项目管理的作用是什么？

第八章 志愿服务项目的设计

引 例

为妈妈奔跑

腰酸背痛、腹部不舒服、水肿、体重迅速增加……这些都是母亲怀孕期间的种种不适。为让更多人亲身感受母亲十月怀胎的不易，为中西部、偏远地区困难母亲争取更多资源和支持，和众泽益志愿服务中心整合多方资源，策划和实施了本项目。

项目目标：负重12斤徒步/慢跑5公里，参与者在跑步过程中深刻体会妈妈孕期的不易，以此倡导大众关爱母亲、关注公益项目，为公益出一份力，为中西部偏远地区困难母亲筹集资金。

项目主要内容：

- 参与总路程5公里左右（5km，正常步速约1小时）的体验式公益慢跑。
- 每个参与的团队为公益项目定向募款，社会招募的志愿者同行，扩大影响力，传递正能量。

为确保项目的成效，和众泽益发挥自身优势，动员一家知名企业支持本项目，在执行资金、筹款金额、参与人员方面有了基础保障，并在实施计划、物料准备、人员安排、财务预算、风险控制、传播推广等方面制订了详细的方案。最终，这一项目得以顺利进行，在北京、上海、广州、成都四个城市分别开展，并获得了第二届中国青年志愿服务大赛金奖。

资料来源：和众泽益志愿服务中心的项目案例。

志愿服务项目设计意味着志愿服务项目进入启动阶段，是志愿服务项目管理的起点。由相应社会组织或者个人根据社会发展需要设计志愿服务项目，并向有关机构或者志愿服务组织递交项目可行性报告，提出立项申请。志愿服务项目被批准立项，则标志着志愿服务项目启动。

第一节　志愿服务项目的立项调研

案　例

静安区 TM 街道社区志愿服务项目立项调研

静安区 TM 街道有两个非常突出的特点：从地理位置上看，商业区与居民区截然分开；从数量上看，TM 街道居民和企业数量都比较多，尤其是企业，据统计，TM 街道辖区内共有 50 余幢高级商务商住楼。

在这样的条件下，如果能够建立一个直接、高效的联系渠道，以灵活的志愿服务形式将庞大的企业资源（志愿者、专业技能、资金等）引入社区，那么就既能帮助企业解决履行社会责任时面临的寻找和维系服务基地的困难，也能满足居民多样化的需求，可以在街道内部实现不同社区形态之间的优势互补、互利共赢，帮助企业和社区居民之间建立良好的关系。这是开展 TM 街道企业–社区志愿服务联盟的初衷。

为此，项目组对 TM 街道开展企业–社区志愿服务联盟项目的可行性进行了调研。调研内容主要分为三个模块：社区居民需求调研、企业资源状况及参与意愿调研、街道和社区职能部门（如街道负责人、老年协会负责人）调研。首先，在社区居民需求调研方面，项目组参考了华东理工大学课题组的《TM 街道养老服务问卷调研报告》，并实地走访调研了社区老年协会，较为清晰地把握了社区居民的需求；其次，为了把握企业资源状况及参与意愿，项目组通过电话访谈了街道内十多家企事业单位，详细询问了他们在履行企业社会责任方面的行动和规划及其对街道居委会和志愿服务联盟工作的期望；最后，为了奠定联盟的组织基础，项目组对街道负责人和社区老年协会负责人进行了深入的访谈，以了解他们对联盟运营的意愿和要求。在调研结束后，项目组对调研数据进行了细致分析并得到调研结果。

资料来源：http://blog.sina.com.cn/s/blog_757f897e0100p5ms.html.

【点评】

案例通过对TM街道社区相关领导、老年协会的访谈，面向居民发放问卷，结合现有文献资料，梳理出了社区居民需求。同时，对辖区范围内的企业进行资源调研，将企业资源与社区需求进行供需匹配，一方面可以促进辖区内自主地持续开展志愿服务项目，另一方面可以将其作为引入外界资源或发起新的社区志愿服务项目的依据。

一、志愿服务项目立项调研的目的与作用

限于资源、能力的约束，志愿服务组织不可能参与每个社会问题的解决。志愿服务项目的确立，受到志愿服务组织的服务范围及组织的运作、潜在志愿者的动机和期待、服务对象的需求和希望三方面因素的制约，因此志愿服务项目的立项调研必不可少。如图8-1所示，通常需从服务对象的社会需求、志愿服务组织的使命、志愿者的偏好三个角度展开调研，根据调研结果，对志愿服务进行更有针对性的设计。

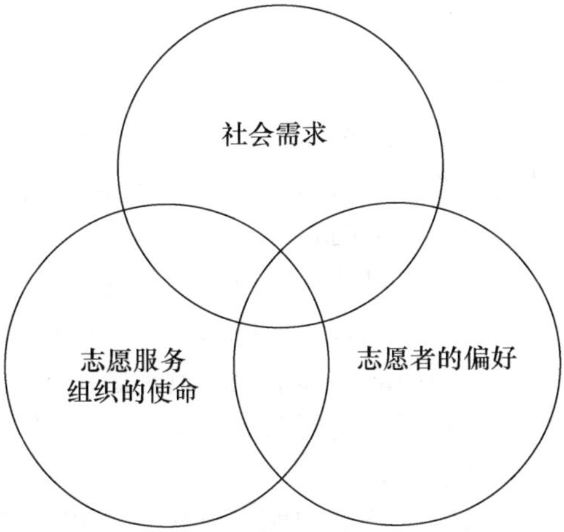

图8-1　志愿服务项目立项调研的范围

（一）立项调研的目的

立项调研是通过了解志愿服务项目的计划情况，分析项目实施所能达到的成效，以及项目对服务对象和主要利益相关方所造成的影响。因此，志愿服务项目立项调研的目的就是确定项目是否可以立项。其站在项目的

起点，主要分析评价志愿服务项目的未来成效，确定志愿服务项目是否值得资金支持及项目是否可行。具体而言，志愿服务项目立项调研的目的主要有以下几个方面：

一是通过立项调研确保有效控制项目质量。要了解志愿服务项目的活动计划是否科学合理，发现项目计划中存在的问题，及时提出指导性意见，及时对项目计划进行修改或补充，以确保项目能够顺利进行。

二是通过立项调研确保项目发展目标能够实现。志愿服务项目发展目标是实施项目最重要的依据，开展项目立项调研，一方面是了解项目目标的现实意义；另一方面是确保项目能够取得预期的成果，从而确保项目发展目标的实现，推动志愿服务项目的可持续性发展。

三是通过立项调研确保项目的组织管理团队有实施项目的资格和能力。项目实施的关键在于项目的执行者，项目的组织管理团队起着至关重要的作用。一个经验丰富、行动高效的志愿服务组织管理团队，能够确保项目按照计划实施，实现项目的最终目标。

四是通过立项调研明确项目资金使用的规范。近年来，志愿服务项目资金使用要求愈加严格，通过开展志愿服务项目立项调研，可以了解资金使用计划是否符合相关要求，从而确保利益相关方的利益诉求能够得到实现。

（二）立项调研的作用

志愿服务项目通常是根据志愿服务需求进行设计的，并按照一定的格式编写志愿服务项目书。作为项目对外宣传和筹资的重要依据，一份完整的志愿服务项目书通常包括以下内容：

一是项目概要，重点是要对项目进行清晰的介绍；

二是社会需求，说明项目背景及该项目所关注的社会焦点问题；

三是通过分析需求和当前的实际情况，概述解决问题的方案；

四是组织和执行团队介绍，说明为什么本组织能够实施项目，以及组织和执行团队的优势和可信度；

五是项目目标，是为解决社会问题、满足社会需求所制定的，在项目实施之后可预见成果的目标，项目目标应具有可达成、清晰明了、时间性、可量化等特点；

六是实现目标的具体活动及其产出；

七是开展项目活动所需要的资源和财务预算；

八是项目风险及其预防措施；

九是项目检测与评估方案，证明项目是否成功，建立衡量成功目标的指标体系及检验评估方法；

十是项目的可持续发展计划，指对项目成果的应用与转化，项目未来的财务收入及本土化发展计划的说明；

十一是其他资料和佐证等①。

志愿服务项目立项调研主要是通过对项目书的以上所有内容进行全面、系统、客观地评价，从而了解志愿服务项目的设计是否具有针对性，最终能取得什么样的效果和成果，实现什么样的目标。志愿服务项目立项调研是为项目决策服务的，主要作用包括以下三个方面：

首先，它是志愿服务项目决策正确的保障。国内外大量管理实践表明，缺乏立项调研是项目失败的重要原因之一。甚至有学者认为，“你评估什么便得到什么，你不评估它，就无法改善它”。开展志愿服务项目立项调研的根本目的是给志愿服务项目决策提供支持和保障，否则资金供给方无法保证志愿服务项目资金支持决策的正确性。志愿服务项目的决策如果缺少需求分析、必要性和可行性分析等立项调研论证，那么就无法保证能够做出正确的决策，对志愿服务项目必要性和可行性的认识也就只能停留在臆想阶段，志愿服务项目的各种不确定性和风险性等也就无法进行事前立项调研，最终可能造成一些损失甚至引发不好的社会影响。

其次，它是获取项目资金支持的必要条件。一些志愿服务项目由于资金缺乏、志愿服务组织或志愿者个人无力承担而难以实现，需要获得政府资金、基金会或其他社会资金的支持。资金供给方通常需要资金需求方递交志愿服务项目申请书或策划书，并组织专家对递交的申请书或策划书进行评估。因为资金供给方需要充分考虑志愿服务项目是否符合资金支持的方向，是否能够产生预期的效果，是否能够确保资金的规范使用。要向相关利益群体交代资金的流向，保证资金的使用效果，其基础就是项目立项调研。因此，项目立项调研的另一个重要作用就是作为获取项目资金支持的一个必要条件。立项调研的结果也决定了项目能否得到资助、活动能否正常开展。没有科学、客观、公正的立项调研，问责必然会流于形式。

最后，它是项目管理的出发点和重要依据。在志愿服务项目立项调研中分析和确定的项目目标、项目绩效指标、项目资金预算等都是项目实施管理和项目运行管理的基础。可以说，立项调研是保证项目达成目标的重要管理手段。同时，也是志愿服务项目管理的出发点，因为未来志愿服务

① 北京志愿服务发展研究会．中国志愿服务大辞典．北京：中国大百科全书出版社，2014：87.

项目实施和运行中各项管理的根本目标就是要确保志愿服务项目立项调研中确定的项目目标和项目绩效指标能够得以实现。立项调研不仅有助于项目的控制，而且能够发现志愿服务组织项目管理中存在的问题，总结项目管理中的经验，提出指导性意见，从而提升志愿服务组织的管理能力。通过立项调研，可以更好地制订志愿服务项目实施的计划和方案，更好地跟踪、评估和改进项目管理，所以志愿服务项目立项调研也是项目管理的出发点和重要依据。

一个理想的志愿服务项目应该是立足于志愿服务对象、志愿者和志愿服务组织三者之间的共同需求点，只有这样才能确保志愿服务组织所提供的志愿服务不仅能满足服务对象的需要，同时也能够满足组织自身和志愿者的需要。

志愿服务项目立项调研是为了更好地在资源、能力的约束下带来最大化的正面社会影响。通过项目的立项调研，项目可以从需求出发，确定主要利益相关方及次要利益相关方，统筹分析影响力范围，更好地为项目设立目标和制订计划，从而实现项目效益的最大化。

二、志愿服务项目立项调研的内容与流程

类似于志愿组织的战略规划分析，志愿服务项目立项须从志愿服务组织内部、外部的环境出发，结合项目资源评估和目标分析，进一步了解项目的风险与可行性。立项调研需要先确认项目主体和项目影响范围，通过设定初步项目目标，对潜在参与者与相关受影响者进行调研。

（一）志愿服务项目立项调研的内容

志愿服务项目立项调研中对于项目本身的评估内容主要包括需求调研、必要性调研、可行性调研三个方面：

1. 需求调研

志愿服务作为一项公益性事业，社会需求是项目得以存在和发展的基础。志愿服务项目是为实现志愿服务组织目标服务的，但是志愿服务项目只有在适当的政策环境和资源条件下才能够开展。因此志愿服务项目立项调研中的一个主要内容是调研项目的需求情况，即将社会需求、组织定位、服务对象、资助方和其他利益相关方的需求进行整合，分析开展志愿服务的各种社会、经济、资源、组织等条件是否具备和是否有利，确定志愿服务项目需求解决的核心社会问题。这是志愿服务项目立项调研的一项重要内容。需求调研是一种辅助决策的手段，通过对需求或问题进行界定，判断项目存在多少需求，以决定要通过哪些行动或项目来解决这些

问题。

因此，志愿服务项目立项调研阶段，要仔细分析社会需求，分析当前经济社会发展状况，最大限度依托国家政策，整合社会资源，为项目的顺利实施奠定良好基础。在志愿服务项目需求调研中，服务对象是一个十分重要的调研内容。对于服务对象的调研，应该突出志愿服务项目的落地性，具体表现在两方面：一是项目要具有明确的服务对象，二是要对服务对象有清晰的了解。只有这样才能保证志愿服务项目的目标与服务对象的需求有较高的匹配度，才能对服务对象需求及时回应。如图 8-2 所示，在选择志愿服务领域时，可从服务对象的需求和希望、志愿服务组织的服务范围以及机构的一切运作、潜在志愿者的动机和期待三个维度进行调研。

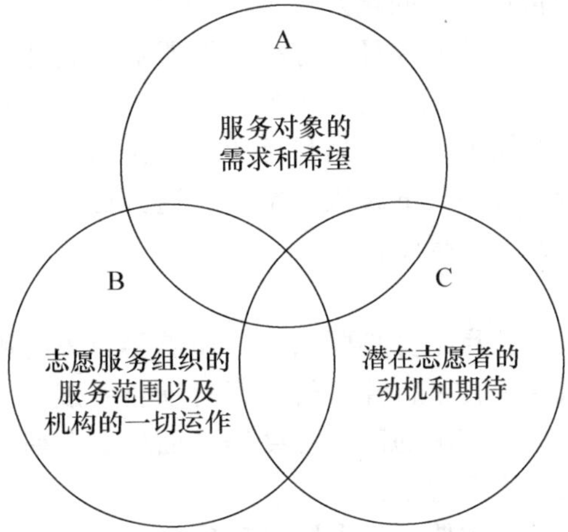

图 8-2　志愿服务领域的选择维度

志愿服务领域的选择可分为四个区域，如上图所示：

(1) A、B、C 重叠区域（完美结合）。

服务对象的一些需求与志愿服务组织提供的服务内容一致，也与某些志愿者的期待相符。

(2) B、C 重叠区域（不错的组合）。

志愿服务组织的服务范围与潜在志愿者的需求相符合。在这种情况下，志愿者项目的设计就需要多花一点心力，让志愿者充分了解这项服务不是服务对象所期待的服务的原因和意义，才能让志愿者了解他们确实能帮助到服务对象。

(3) A、B 重叠区域（潜在机会）。

志愿服务组织的服务范围与服务对象的需求相符合，但和潜在志愿者的需求不符合，这个区域显示出一个新的需求，志愿服务组织应该考虑围绕组织宗旨扩张新的志愿服务项目。

（4）A、C重叠区域（危险区域）。

这些区域显示出潜在志愿者的期待与服务对象的需求相符合，但这项需求并不在志愿服务组织的服务范围内，需要志愿服务组织扩大工作范围，有效的办法是向志愿者保证志愿服务组织会及时调整目标，满足服务对象的其他需求，或者把志愿者介绍到其他的志愿服务项目中去。

2. 必要性调研

志愿服务项目必要性调研是指对志愿服务项目开展实施是否具有及时性、紧迫性等方面进行调研。具体来讲，志愿服务项目的必要性调研主要是说明志愿服务项目针对的问题及其产生的社会背景和原因，以及针对该问题，本项目的介入方式和途径。分析志愿服务项目能否与目标服务对象的需求和认知一致，是否是对目标服务对象需求的及时回应，是否真正能够为实现既定的志愿服务组织战略目标服务，是否为实现战略目标一定要开展该项目，是否有可替代的解决方案等。这方面的研究是决定志愿服务项目能否进一步实施的前提条件。

3. 可行性调研

在确认志愿服务项目十分必要以后，还需要对志愿服务项目的可行性进行调研。志愿服务项目可行性调研是指对项目开展的人力、物力、财力等资源以及项目对民众需求的回应程度等方面进行调研。具体来讲，志愿服务项目可行性调研主要包括：

（1）目标可行性：主要分析志愿服务项目是否有清晰的项目目标，项目目标是否与组织关注方向一致，项目目标是否具有公益性质，是否以满足居民的实际需求为目的，并对切实加强社会服务、促进社会问题的解决、引导社会关注、推进社会建设具有实际的贡献。

（2）技术可行性：主要分析项目的技术水平是否能够满足项目的技术要求，如项目策划是否科学，是否符合政府相关政策导向，进度安排是否合理，是否具备一定的实操性、可复制性，项目开展所需要的特殊物料、设备等是否满足要求。

（3）团队可行性：主要分析志愿服务项目实施团队是否具备运作项目的能力，项目实施团队的主要负责人和核心成员是否拥有与项目相关的工作经验和一定的专业技能。同时，志愿者数量也是一个评估点。充足的志愿者后备资源对志愿服务项目开展也具有极其重要的作用。

（4）财务可行性：主要分析志愿服务项目经费的支撑保障情况，是否有足够的资金实施项目，以及成本投入相对于收益来说是否值得。充足的经费保障，对志愿服务项目的顺利开展具有极其重要的作用。因此，做收益-成本分析是非常有必要的，同时也是非常有说服力的。

（5）社会影响力：着重分析志愿服务项目是否具有一定的社会影响力，项目是否可以对政府扶持政策或对政策制定产生影响，项目实施是否能够得到服务对象、服务单位和有关党政部门的高度认可和大力支持，现在或未来有可能产生的社会推动作用等。

（二）志愿服务项目立项调研的流程

任何项目的立项调研都有一定的程序，志愿服务项目也是如此。志愿服务项目立项调研各项评估工作的流程如图 8－3 所示：

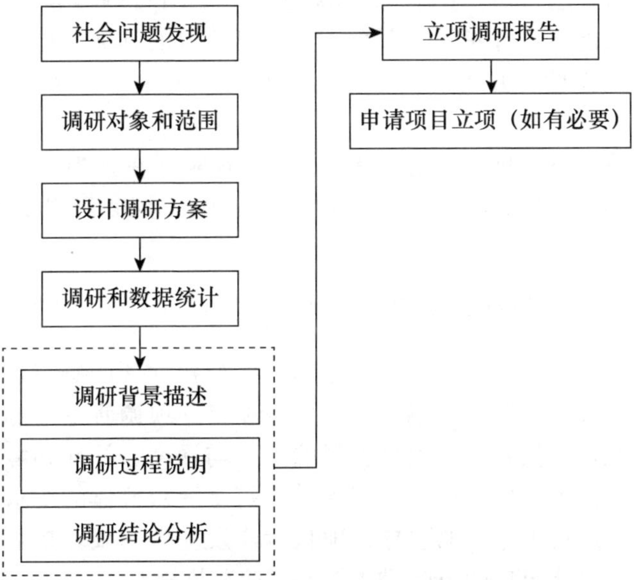

图 8－3　志愿服务项目立项调研流程示意图

（1）社会问题发现：发现了一个什么样的社会问题？如何对这个社会问题进行识别？

（2）调研对象和范围：通过对哪些群体在多大范围内进行调研，可以对这一社会问题进行有效识别和确认？

（3）设计调研方案：根据确认的调研对象和范围，选定调研方法、设计调研工具，并对整个调研过程形成系统操作方案。

（4）调研和数据统计：依据调研方案开展调研，包括问卷发放和回收、实地访谈和资料收集、电话访谈、文献查阅等，并对所有调研数据进行汇总和统计。

（5）立项调研报告：对全过程进行系统归纳或演绎，形成立项调研报告，主要包括三个部分：

1）调研背景描述：阐述发现所调研社会问题的过程，这一过程往往以感性的现象描述为基础，由此展开形成的系统想法和思路。

2）调研过程说明：对调研过程进行说明，包括调研对象、调研范围、调研方法、调研工具的确定，各类调研方法的具体操作流程，数据回收和统计分析方法。重在证实调研过程的权威性和科学性，以保证调研结论的科学性。

3）调研结论分析：依据汇总后的调研资料和数据，归纳或演绎出调研结论，同时，进行初步的资源状况分析，如项目内容是否符合法规要求、执行团队能力、可获得的资金支持、可获得的其他支持，预估如立项是否具有可操作性，并可对后续是否需要形成项目及项目关键指标提出建议。

（6）申请项目立项（如有必要）：对于真实存在且当下没有对应资源可以解决的社会问题，可通过建议申请立项以形成新的项目解决这一需求。

三、志愿服务项目立项调研大纲

志愿服务项目立项调研方案制定后，要准备立项调研工具，选取立项调研指标，形成立项调研大纲。志愿服务项目立项调研主要侧重于项目前期的准备情况，包括收集的项目资料的广度与深度、外部环境信息是否能满足项目运作需求、项目提供的服务是否符合受众群体的要求、对项目利益相关方是否进行了正确的引导、项目运作及提供的服务是否符合公序良俗，以及面对可能出现的风险是否做好了防范措施等。

一份完整的立项调研大纲主要评估以下几个内容：

（1）项目实施背景：即评估“为什么做该项目”，要对做该志愿服务项目的原因进行分析，把项目的背景和实际需求描述清楚。

（2）项目实施团队基本情况：即评估项目实施团队“是否有能力做该项目”，主要通过对项目实施团队的主要成员情况、已实施的项目情况等内容进行调查分析，核实项目实施团队的项目实施资格和执行能力，提出一定的评估意见。

（3）项目主要内容：即“项目做什么”和“怎么做该项目”，包括项目计划实现的目标、项目实施方案、项目服务人群、项目实施时间、项目计划的实施步骤、项目风险控制措施、项目会产生什么样的社会影响以及项目的可持续性和可复制性等。

（4）项目经费预算：志愿服务项目的经费预算是一系列有目的、有序的在一定时期内有待完成的某些既定活动的财务计划。志愿服务项目经费预算要详细说明项目的资金来源计划，其目的：一是保证实施项目所需资金的落实；二是控制实际项目支出与预算之间的差异；三是确保项目的实施和资金使用的一致性；四是做到专款专用；五是对财务行为进行必要的监督，保证资金使用的有效性。志愿服务项目经费预算的基本要求主要有：切合实际、清晰具体，涵盖所有的活动，说明其他资金来源，熟悉出资方的财务报告要求，做好审计准备。

四、志愿服务项目立项调研的结论分析

进行志愿服务项目立项调研后，要对志愿服务项目立项调研结论进行分析。志愿服务项目立项调研中需要关注的问题主要包括：志愿服务项目能否成功达到所设立的目标；志愿服务项目目标群体的总体状况能否得到改善；受益群体的改善多少是来自本项目，而非其他项目；项目的执行是否有效，投入产出结果和社会影响如何；志愿服务项目是否具有重大的推广意义；项目结束时，成功是否可持续；项目团队是否有能力执行该项目并确保项目效果等。

志愿服务项目调研是手段，不是目的。其真正的目的是推动项目的顺利开展和效果实现，因此调研结果的反馈也至关重要，要和项目利益相关方就调研结果充分地进行沟通，提出改进建议，并就调研不足之处做相应的修改，为最终的项目立项调研报告打好基础。

志愿服务项目立项调研报告是立项调研工作的最终成果，是对志愿服务调研项目进行分析、论证和评价的书面材料。实际上，立项调研报告的编写过程与项目分析、论证和评价工作过程总体上是同一过程，调研报告的编写过程就是分析、论证和评价的内容，整理后的分析、论证和评价就形成了立项调研报告。调研报告的编写应当由具备相当任职资格和工作经验的调研人员进行，调研小组组长应当对立项调研报告的质量负责。

志愿服务项目立项调研报告应当明确志愿服务项目的适当性和迫切性是否满足目标群体的需求，并及时做出回应，同时项目的设计与执行应该与组织目标相一致。要说明志愿服务项目的效率与效果，主要包括投入资源的效果如何，能够达到或实现什么样的预期目标，受益人会有什么样的转变。要根据志愿服务项目活动设计的情况，分析开展志愿服务项目活动

能取得什么样的成果。要考虑志愿服务项目活动组织方的管理能力如何，是否有能力去执行志愿服务项目。要预估志愿服务项目会产生什么样的社会影响，以及志愿服务项目活动执行的效率和效果对社会产生（正面或负面）的长期影响。志愿服务项目也需要考虑投入产出比，很多志愿者认为志愿服务是做好事，从来不考虑投入-产出的效率，因此造成了大量公益资源的浪费。要考虑志愿服务项目的可持续性和可复制性。项目可持续性已经被越来越多的组织所看重，而可复制性是扩大项目覆盖范围、提高项目影响力的一种有效手段。

完成项目的立项调研报告后，就需要做一份项目建议书。志愿服务项目建议书是根据志愿服务项目需求分析结果，进行志愿服务项目的规划设计，并按照一定的格式所编写的文本。它是志愿服务项目最重要的筹资工具，能够让资助者清晰地知道你为什么要筹资。

志愿服务项目建议书通常分为两个部分：一为项目的方案，包括项目目标、可行性分析以及项目摘要；二为项目的执行计划，需要列出项目下一个阶段的任务，制订一个暂时的阶段进度方案，建立志愿服务项目的工作分解结构，这有助于全面地了解志愿服务项目所涉及的工作，确定工作内容。在这个框架下，志愿服务项目建议书应包括以下内容：

（1）项目概要，对项目简单而清晰的介绍；

（2）社会需求，说明项目背景及关注的社会焦点问题；

（3）解决问题的方案概述；

（4）组织和执行团队介绍，说明为什么本组织能够实施项目，组织的优势及可信度；

（5）项目目标，就是为解决上述问题，满足社会需求，在项目实施之后可预见的成果目标，要求目标应具有可达成、清晰明了、时间性、可量化的特点；

（6）实现目标的具体活动及其产出；

（7）开展项目活动所需要的资源和财务预算；

（8）项目风险及其防范措施；

（9）项目监测与评估方案，说明如何证明项目是否成功，需要给出衡量目标成果的指标体系及目标成果的检验评估方法；

（10）项目的可持续发展计划，需要对项目成果的应用与转化、项目未来的财务收入及本土化发展计划进行说明；

（11）其他资料和佐证。

第二节　志愿服务项目的可行性分析

案　例

“善者如林”专项基金

（一）背景思考

2016年，水灾在全国范围内普遍发生，大量民众尤其是中部地区农民的生产生活受到重大影响。在救灾过程中，民间救援力量在部分灾情相对较轻的地区发挥了重要作用。由于传统公益服务领域对灾害救援类项目的社会服务机构了解和支持不足，和众泽益志愿服务中心希望能够通过发挥自身在行业中的优势，引导社会对这一领域给予更多关注，并为其争取到实际的支持，使灾害救援类机构获得一定运作资金，使灾区民众获得实际支持。

（二）项目可行性

伴随社会的整体发展，志愿服务领域的专业化和细分趋势愈发明显，灾害救援类社会服务机构作为对从设备到人员都有较高专业要求的一个志愿服务领域，需要对其服务成本进行再认识，也需要对其项目运营提供支持。

（1）社会需求方面：由于水灾的普遍影响，这一项目的需求是现实可见的。

（2）政策方面：对于一些灾情较轻地区，需要民众依靠自身力量或社会力量度过困境。

（3）资金方面：经过运作，和众泽益志愿服务中心的合作伙伴——善林金融，愿意提供一笔资金支持灾害救援类机构在受灾地区开展服务。

（4）供需对接方面：和众泽益志愿服务中心发起成立的中国民间志愿服务联盟在全国范围内拥有数百家会员单位，广泛分布于全国各地，其中灾害救援类社会服务机构足以满足项目开展需要，可以通过这一渠道进行项目发布和招标，实现需求解决的本地化、专业化。

（5）执行方面：由各灾害救援类机构负责具体执行，和众泽益志愿服务中心进行督导支持和评估，确保项目资金确实用于服务受灾民众，项目实施按计划进行，项目效果达到预期。

资料来源：和众泽益志愿服务中心的项目案例。

【点评】

通过案例可以发现，本项目在设计过程中，对社会需求、供需匹配、资金保障、专业支持、政策范围等方面都做了一定分析，并给出了具体的依据或解决方案，为后续项目设计提供了良好支撑。

一、志愿服务项目可行性分析的概念

志愿服务项目需运用各种资源来执行任务、完成目标。所谓项目可行性分析，即综合考虑项目执行的各类资源匹配状况，确认项目是否可操作。志愿服务可行性分析应在项目立项调研之后、项目方案具体设计之前进行，通常来说，应综合考虑需求的真实性和广泛性、是否有能够解决相应需求的机构、能否获得足够的资源和资金支持、项目实施过程和效果如何保证、风险是否能够控制在预期范围内等要素。在此基础上，项目设计方在设计项目方案时可做到切合实际、具有可操作性。

二、志愿服务项目可行性分析的目的与作用

可行性研究的目的不在于提出解决问题的方案，而在于研究解决问题的必要性和可能性，是项目立项阶段最重要的工作。可行性研究的过程是深入调查研究的过程，也是多方案比较选择的过程，能为该项目的设计和决策提供可靠的客观依据。只有在可行性研究得出肯定性结论的基础上，才能就该项目开展具体的规划设计工作，因为这些具体性工作的主要目标在于如何使已经被肯定下来的服务目标在经济可行的前提下得到最佳的实现。

可行性分析的作用主要表现在：设计决策的依据，筹措资源和申请支持的依据，编制初步设计文件的依据，与出资方、供应商以及其他合作方签订合同、协议的依据。

三、志愿服务项目可行性分析的流程

如图 8－4 所示，在进行志愿服务项目可行性分析时可从以下几个方面依次进行：

1. 服务必要性分析

主要根据需求调研预测的结果，以及有关的行业政策等因素，论证项

目立项的必要性。

2. 技术可行性分析

主要从项目实施的技术角度，合理设计技术方案，并进行对比选择和评价。

3. 财务可行性分析

主要从项目及捐赠者的角度，设计合理的财务方案，评价项目的捐赠来源、捐赠金额、活动成本、资金使用效果等。

4. 组织可行性分析

主要从制订合理的项目实施进度计划、设计合理的组织机构、选择经验丰富的管理人员、建立良好的协作关系、制订合适的培训计划等方面，保证项目顺利执行。

5. 经济可行性分析

主要从资源配置的角度衡量项目的价值，评价项目在实现区域社会发展目标、创造就业、改善环境、提高人民生活等方面的效益。

6. 社会可行性分析

分析项目对社会的影响，包括政府方针政策、经济结构、法律道德、宗教民族、妇女儿童及社会稳定性等。

7. 风险控制可行性分析

对项目的技术风险、财务风险、组织风险、法律风险、经济及社会风险等因素进行评价，制定规避风险的对策，为项目全过程的风险管理提供依据。

图 8-4　志愿服务项目可行性分析流程

四、志愿服务项目可行性的约束条件分析

案　例

可行性分析是项目立项与执行的根本

JS 区为某一线城市的郊区，相对中心城区而言，志愿服务事业发展较为滞后。为促进本区志愿服务事业快速发展，该区与和众泽益志愿服务中心进行合作，提出在本区进行一次广泛的志愿服务现状调研，目标在于：

1. 梳理本区志愿服务经验，委托专业第三方通过一年的运作形成本区特色的志愿服务模式，搭建起JS区志愿服务体系。

2. 在调研中发掘JS区优秀志愿服务项目，进行表彰、培育，以推荐参加更高层次的评选。

在项目立项调研期间，项目组发现JS区志愿服务基础较弱，一年的运作时间无法达成预设目标。同时，由于自身地理位置不佳和以往重视不够，JS区志愿服务项目外部影响力和话语权不足，短期内难以获得认可。同时，技术和经验成熟的机构基本集中在中心城区，在JS区进行项目运作成本较高，对于财务方面也是一个不小的压力。

经过沟通，最终决定基于发展现状和预算情况制定三年发展规划，通过循序渐进的方式实现JS区志愿服务事业的稳定发展。

【点评】

就项目目标而言，志愿服务在项目设立时可能遇到的问题与其他类别的项目并无本质不同，需求方很容易出现预设目标过高的情况。因此，志愿服务组织应进行充分的可行性分析，全面考虑项目优势和制约条件，制定合理的项目目标以管理需求方目标预期，进而确保项目设计和执行的可行性是十分必要的。

志愿服务组织在设计志愿服务项目时，还应该充分考虑项目的约束条件。所谓约束条件，就是指制约项目开展的因素。如果一个项目得不到财力上的支持就无法开展，那么显然，资金是项目的重要约束条件之一。志愿服务组织必须根据自己的活动能力和掌握的各种资源的数量，对是否开展某项志愿服务项目做出取舍。通常的志愿服务项目约束条件包括以下几个类别：

（1）技术。现有的技术水平是否能够满足项目的技术要求，如项目开展所需要的特殊物料、设备等。

（2）财务。是否有足够的资金实施项目，以及相对于社会收益来说成本投入是否是值得的。因此，做收益-成本分析是非常有必要的，同时也是非常有说服力的。

（3）运行。运行的可行性是指项目在何种程度上与所在组织的工作方式相一致。

（4）地理。地理上的可行性也非常重要，地理上是否便利，当地是否有机场、车站，以及项目组成员在地理上是否集中，这将影响团队的交流和决议。

（5）时间。时间是项目最关键的部分之一，如果举办一个项目需要 6 个月的时间，而事实上只有 5 个月的时间可用，那么这个项目在时间上就是行不通的。

（6）资源。项目是否妥善利用了内部和外部的资源。

（7）范围。项目是否达到了预期的志愿服务目标或目标群。

（8）质量。项目在多大程度上满足了志愿服务主体和客体的期望。

（9）法律。项目是否遵守了现有的法律法规，包括合同和政府规章。

（10）政治。项目是否与组织或政府的政治主张相抵触。

第三节　志愿服务项目的策划

案　例

“海马总动员”失智关爱志愿者种子计划

一、基础信息

保守估计，上海目前有超过 30 万的失智（老年痴呆）患者，且存在 75%的漏诊率，也就是说，统计的结果不过是冰山一角，还有大批的潜在患者未浮出水面。随着社会不断的老龄化，这一数字还在持续快速增长，失智目前被视为继心脑血管疾病和肿瘤之后威胁人类健康的第三大杀手。随着失智群体数量的激增，加上这一疾病本身不可治愈的现状及其给病人及家庭带来的巨大痛苦和压力，失智正在成为不容忽视的社会问题，迫切需要引起公众的关注。

二、问题的核心分析

目前最核心的问题表现在两个方面：一方面是由于疾病的公众正确认知度不高，且缺乏专业便利的筛查渠道，导致大量漏诊，绝大多数病人错过医疗干预最为有效的 MCI（轻度认知障碍）和疾病的轻度阶段，一旦确诊，多数已进入中度疾病阶段，药物干预效果有限。另一方面则是已进入中重度疾病阶段的病人及其家庭，由于能够获得的社会支持和专业服务资源极度稀缺，基本处于无助状态，承受着巨大痛苦和压力。

三、群体核心需求及解决方案的依据

国外的大量研究和经验表明，对这一群体的社会支持核心在于非药物干预，而机构近两年与这一群体的接触和服务经验验证了这一观点。在非药物干预中，除了技能培训、专业照护和特殊疗法等需要较强的专业背景外，这一群体，特别是家属还需要大量的精神支持，包括倾听、关爱、陪伴和生活支持。这些支持的提供者其实并不需要太多的专业技能，只需了解一些基本的知识和技能就可胜任，重要的是具有一颗爱心和对这一群体的理解和尊重。这一项目的服务对象群体数量大、分散广、需求持续，特别适合打造成为长期的志愿服务项目。

四、执行机构信息

上海尽美长者服务中心：该机构由失智老人家属、专业人员与社区服务性组织发起，致力于为广大老人特别是失智老人等特殊群体老人及其家属提供帮助和专业性社区服务，成立于2012年9月。机构的主要资金来源为社会人士捐赠、企业合作以及政府采购项目。机构的首个活动网点落户在浦东公益街。

使命：让健康老人远离失智，让失智家庭轻松快乐。

五、项目目标和量化指标

项目目标：

1. 招募和培训各类志愿者，普及有关失智的基础知识和沟通技巧，传递理解和尊重的失智照护理念。

2. 验证情景戏剧这一创新形式对失智知识普及的效果，观察公众反应，对今后以类似方式推广社区失智预防普及活动提供依据和经验。

3. 通过广泛宣传，提高公众对失智问题的关注度，吸纳更多社会资源，给予这一群体支持、理解和尊重。

4. 积累机构对志愿者管理的经验和流程，传播机构品牌和对失智群体的服务理念。

5. 形成与上门关爱项目相关的志愿者管理系统及相关的招募、培训、服务标准和流程。

量化指标：

招募并培训一批可以进入失智家庭的志愿者	培训200人次，筛选出100位合格志愿者，20名核心志愿者

续前表

筛选出有需求的失智家庭，通过志愿者上门关爱的方式对其进行心理关爱、帮扶、技能与信息传递等社会支持	平均 100 个失智家庭，共 600 次关爱行动
升级微信公众平台，通过移动互联网等新媒体手段，有效进行社会传播，让更多人了解失智，愿意加入此平台，并及时分享活动的点滴，形成社会效应	1 个微信公众平台，平均每周 1 次的推送，250 个新关注
建立志愿者、失智家庭数据库及关爱档案	2 个数据库，20 个失智关爱的感人故事
志愿者管理系统及相关的招募、培训、服务标准和流程	1 套

【点评】

该项目所解决的问题无疑是上海市面临的重要社会问题之一，同时与机构的使命和资源优势十分匹配，在项目设计过程中，目标明确、指标量化、逻辑完整、内容创新，并将关键利益相关方纳入项目设计，这对于项目的实施成效、根据社会需求变化进行调整、可持续性方面都将起到重要促进作用。

一、志愿服务项目策划的概念

志愿服务项目策划主要解决的是设计一套详细、完整的项目实施方案的问题。志愿服务项目策划阶段的任务是以当前国家政策、社会需求、民众积极性为出发点，以实现项目目标为终点，对启动阶段的各项说明做进一步的补充和完善。在对志愿者服务项目进行策划的过程中，应围绕项目目标的实现，建立一个持续、交互的过程，罗列项目实施细节，使项目的实施过程成为一个连续的、动态的过程。

二、志愿服务项目策划的原则

志愿服务项目质量的高低，直接影响到该项目承载的志愿服务的好坏，影响到志愿服务是否能够达到预期的目的并满足服务对象的需求。对于如何判断一个志愿服务项目的好坏，众多专家学者有着自己的见解，不同的志愿服务组织和服务对象也有自己的评判标准，但仍然有一些最为基本和最具有普遍性的原则和标准。概括地讲，这些原则和标准都是围绕着

“项目必要性”“项目可行性”“项目创新性”提出来的。下面介绍五条判断志愿服务项目好坏的基本原则。

（一）立足实际

任何志愿服务组织都是基于一定的志愿服务理念，在一定的社会志愿服务需求的推动下设立的，它们把服务对象的需求看作组织努力的方向。然而，大多数志愿服务组织自成立之日起，就在资源、财力和人力方面遭遇了种种困难，这些客观现实决定了志愿服务组织提供服务的能力大小不同，也在一定程度上制约了它们拓展服务空间、提高服务水平的能力和可能性。因此，设计志愿服务项目必须充分考虑志愿服务组织的能力，以及外来因素、当地及社会上的各种资源的影响，包括物质和人力资源的影响。只有根据项目本身、项目单位和目标群体的实际情况和特点，才能设计出成功的志愿服务项目，更好地解决需要解决的问题。

（二）符合志愿服务对象需求

志愿服务项目是需求导向型的，这就要求志愿服务组织在设计具体的志愿服务项目时，必须事先对志愿服务这个市场和市场上的需求方——服务对象有整体的把握。为整体把握需求情况，志愿服务组织可以通过多种方式获得相关的信息，比如志愿服务组织可以查阅大量的文献，密切关注志愿服务领域内的新闻、发展动态，也可以通过和其他志愿服务组织的交流，掌握更多的信息和资料，达到把握志愿服务领域变化趋势的目的。

（三）追求效益扩大项目影响

效益原则即投入小产出大、少花钱多办事原则。志愿服务项目大都是面向基层和弱势目标群体的，要展开的活动受益面很多，但是项目的投入额却很小，因此要求项目管理人员坚持效益原则。为坚持这一原则，应以终为始，对于项目中难以量化的部分在项目初期便注重相关影响力证据的收集，对于可量化的部分则坚持量化以形成前后对比。这对于项目效果的成效及争取更多支持也是更具说服力的。

（四）与志愿服务组织宗旨相吻合

志愿服务项目只有在符合志愿服务组织宗旨的前提下才能存在，任何一个志愿服务组织都不会开辟和承担一个和自己毫不相关的志愿服务项目。志愿服务组织自成立之日起，其性质就决定了它们是为社会中某些群体服务的，它们的使命和宗旨也明确了其志愿服务的领域和方向。因此，从这个意义上说，服务对象的要求就是志愿服务组织的活动方向。只有这样，志愿服务组织才能够通过自己的志愿服务实现自身的宗旨和目标，通过一个个具体的志愿服务项目满足服务对象的多样化需求。同时，只有这样，志愿服务组织中的工作人员、志愿者才能够实现自己参与志愿服务的愿望，得到精神上的满足，获得参与志愿服务的成就感。

（五）坚持创新性

在我国，志愿服务已经得到了广泛的开展。如全国性大型基金会开展了为数众多的志愿服务项目，例如著名的希望工程、幸福工程、春蕾计划、灯塔计划等。即使在某一些特别的志愿服务领域，也会有许多的志愿服务组织在积极开拓自己的志愿服务项目。在这样的情况下，一个志愿服务组织要想在特定的志愿服务领域开拓独具特色的志愿服务项目，就必须具有创新性。只有这样，才能够在开展志愿服务的同时，避免不必要的竞争。创新不仅是民族的灵魂，也是志愿服务项目设计的灵魂。

三、志愿服务项目策划的特征

要使志愿服务项目计划顺利实现，必须明确项目目标，综合分析与考虑各因素，权衡利弊，扬长避短。志愿服务项目策划一般具有以下几个特征：

（一）目的性

任何项目都有一个或几个确定的目标，以实现特定的功能、作用和任务。志愿服务项目也不例外。志愿服务项目有一个明确的服务于社会大众或某些社会群体的目标，有相应的期望结果或产出。而项目计划的制订正是围绕项目目标的实现而展开的。因此，项目策划必须具有目的性。

（二）系统性

项目计划本身是一个系统，由一系列子计划组成，各个子计划不是孤立存在的，其彼此相对独立，又紧密相关，因此，项目计划也具有系统的目的性、相关性、层次性、适应性、整体性等基本特征，使项目策划形成一个有机协调的整体。

（三）动态性

这是由志愿服务项目的生命周期决定的。在项目的生命周期内，项目环境常处于变化之中，使计划的实施偏离项目的基准，因此项目计划要随着环境和条件的变化而不断调整和修改，以保证完成项目目标，这就要求项目策划要有动态性，以适应不断变化的环境。

（四）相关性

项目计划是一个整体的系统，构成项目计划的任何子计划的变化都会影响到其他子计划的制订和执行，进而最终影响到项目计划的正常实施。所以，制订计划要充分考虑各子计划间的相关性。

（五）整体性

项目计划的制订和实施不是以某个组织或部门内的机构设置为依据，也不是以某个部门或机构自身的利益及要求为出发点，而是以项目和项目管理的总体及职能为出发点，涉及项目管理的各个部门和机构。

四、志愿服务项目策划的流程

经过立项调研，志愿服务项目已基本确立了项目要解决的社会问题是什么？问题产生的原因是什么？为什么有必要解决？在回答了这三大问题的基础上，采取一定的科学方法，按照一定的程序，进行志愿服务项目策划。

（一）服务对象需求

在此阶段，应对调研中发现的服务对象需求进行进一步的梳理和归类，通常可以依据马斯洛需求层次理论进行分析，志愿服务项目所关注的需求一般聚焦于生理需求、安全需求和社交需求三个层面，通常可将服务对象的需求依据以上三个维度进行分类；对于更高层次的尊重需求和自我实现需求在当下的志愿服务项目中相对涉及较少。在此，首先要确认服务对象的需求是真实存在的，目的则在于在确认真实需求的基础上进行相应项目内容的设计。

（二）外部社会环境

所要解决的社会问题是否在法律法规允许的范围内？与当地和群体文化习俗传统等是否冲突？

（三）机构使命和优势

机构自身定位，包括使命、价值观、愿景、核心团队等，主要确认所解决的需求与机构的专业优势和长远发展相一致。

（四）资源匹配

资源匹配综合服务对象需求、外部社会环境及机构使命和优势，首先应确认人财物的配置能够支撑项目运作，其次则应在项目的创新性、可持续性和可复制性方面做出努力和探索。

（五）团队/进度/档案/财务/传播管理

此部分内容重在促使项目按照项目所设计的时间和内容顺利推进，并做好相应的档案和财务管理，确保成效、痕迹完整，并在需要接受各类评估、验收时有据可查。

（六）预计风险和应对措施

预估项目执行过程中可能遇到的各类风险，如团队变化、资金不足、服务对象因素等，提前做预案，确保项目有效实施。

（七）项目预算

综合上述信息，在遵循效益原则的前提下，合理分配资金使用领域和进度，完成项目预算的编制。

在具备了以上各模块内容后，建立起彼此间的联系和逻辑，即可完成一个完整的志愿服务项目策划方案（见图 8-5）。

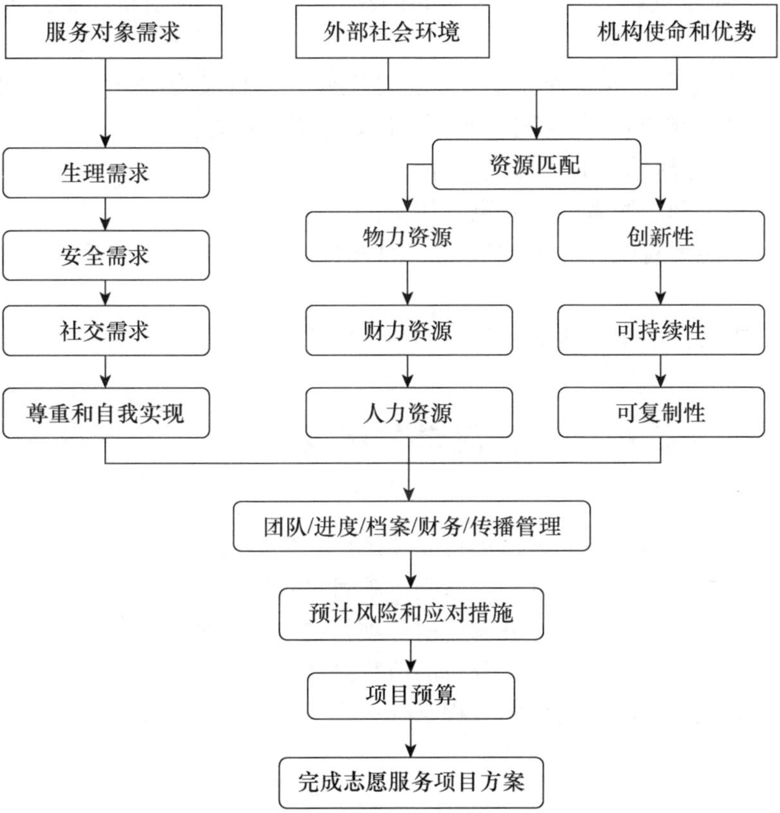

图 8-5　志愿服务策划流程图

五、志愿服务项目方案的内容

志愿服务项目策划时必须有会计和项目执行人参加，要考虑可实施性。项目的服务对象和服务领域要符合相关方的需求和要求，信息真实、准确，可以项目方案形式进行呈现。项目方案的具体内容原则上应包含以下部分：

（1）项目概述：项目主要内容和实施方法。

（2）项目目标：项目短期、中期、长期目标。

（3）项目实施情况及计划：为满足项目设立的初衷，实现项目所预期达成的目标，计划开展的具体活动和服务及时间表、参与人员、地点、物料等。

（4）项目实施主要成果：具备可量化的、可监测的客观指标。

（5）项目创新性：服务内容的创新，服务方式的创新，服务成果的创新。

（6）风险分析及应对预案：常见志愿服务项目风险有——政策法规影响，自然环境限制，人为因素变化，计划考虑不周等。

志愿服务活动中的风险主要有：

1）员工和志愿者的人身意外伤害。

2）志愿者对服务对象或其他人的人身伤害或财产损毁应承担的赔偿责任。

3）志愿活动中的违法风险，如高速路拦车救狗。

思考与讨论

1. 如何对志愿服务项目进行立项调研？
2. 需要从哪些方面进行志愿服务项目可行性分析？
3. 可以用什么工具开展志愿服务项目的可行性分析？
4. 志愿服务项目可行性分析的流程是什么？
5. 志愿服务项目策划的流程是什么？

第九章
志愿服务项目的执行

引 例

马陆小学上海自然博物馆探秘之行

2017 年 10 月 25 日下午，“美敦力-马陆小学上海自然博物馆探秘之行”正式开启。在接近 100 名志愿者的带领下，小朋友们畅游自然博物馆，学到了课堂外的知识，开阔了视野。志愿者发动团队的力量，完成科普小问卷。活动过程中，志愿者们耐心解答同学们的疑问，引导和鼓励他们自行探索和求证，使孩子们获得了不一样的学习体验，同时为孩子们树立了良好的榜样形象。这次别开生面的志愿活动在欢笑中落下帷幕。

活动执行团队分成四个小组并做了相应的分工：

1. 物料运送与志愿者管理：2 人小组，提前运送物料到达自然博物馆并对大学生志愿者进行活动前培训，对自行到现场的企业志愿者做前期统筹准备。

2. 接送学校学生与学生管理：1 人小组，提前到马陆小学，联系大巴司机和学校教师，组织学生按时有序上车，安全到达现场后与志愿者有序组成小组并进行活动。活动后安排司机接车并准时送学生安全回到学校。

3. 接送企业志愿者与企业志愿者管理：1 人小组，提前到美敦力办公室，联系大巴司机对接，组织企业志愿者按时有序上车，安全到达现场后与学生有序组成小组并进行活动。

4. 大学生志愿者招募与管理：1 人招募，共需 9 名大学生志愿者。其中 1 名大学生志愿者负责招募其他 8 位大学生志愿者，集体安排时间提前到达自然博物馆并进行培训，然后按照工作人员指示协助企业志愿者与学生进行活动。

资料来源：和众泽益志愿服务中心的项目案例。

以上案例中，项目负责人根据项目执行的实际需要对团队人员从执行时间安排、能力储备等方面进行考虑并组建团队，旨在统筹各方资源，高效、有序地执行志愿服务项目。根据能力要求的不同，分为内部与外部组建，能力主管区分组建等，从而细分管理职责并考虑执行时可能遇到的管理问题，最终实现有序的执行。

第一节　志愿服务项目的执行计划

案　例

深入社区的志愿服务

活动日期：4 月 17 日（周四）下午

服务地点：

1. 武汉市北湖街道环保社区
2. 武汉市北湖街道正街社区
3. 武汉市北湖街道老年活动中心
4. 武汉市北湖小学

活动流程：

时间	流程内容
13:00	外部志愿者集合
13:00—13:30	外部志愿者培训，大队长集合
13:30—14:00	志愿者集合
14:00—14:20	活动仪式
14:20—14:30	领取物料，分组前往活动场地
14:30—17:00	活动开展

续前表

时间	流程内容
17:00—17:15	活动总结分享
17:15—17:30	活动结束，志愿者可自行解散

志愿者集合：明确指定志愿者的集合点，如下图所示：

大队长到达后在工作人员处领取分工任务单及分组名单表。

各大队后勤人员在上图标识位置迎接并引导志愿者，提醒志愿者查看分组并列队，如下图：

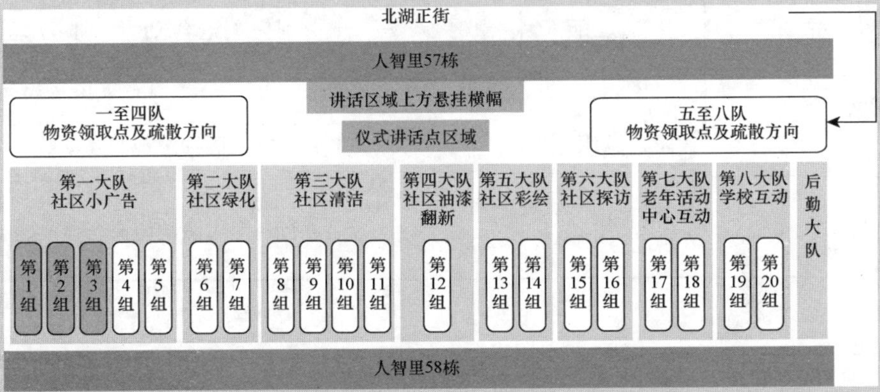

志愿者分组名单张贴处，志愿者在此查看个人所处组别，进入场地找到相应组号队伍进行列队。

队长在每个大队前面根据到达情况安排各组站位，辨别组长，安排组长站头位，并手举组牌带领列队。

志愿者分组：

队别	公司内志愿者	外部志愿者	大队长进行内部分工
第一大队： 社区小广告	30 人 （4、5 组）	50 人 （1～3 组）	5 个组 分别完成两个区域的广告清除

续前表

队别	公司内志愿者	外部志愿者	大队长进行内部分工
第二大队：社区绿化	28人（6、7组）		2个组 分别完成两块地的种植
第三大队：社区清洁	75人（8～11组）		4个组 分别完成4个区域的清洁
第四大队：社区油漆翻新	17人（12组）		1个组 完成小广场区域的清理
第五大队：社区彩绘	50人（13、14组）		2个组 分别完成两部分墙面的清理
第六大队：社区探访	19人（15、16组）		2个组 分别完成两组探访
第七大队：老年活动中心互动	30人（17、18组）		2个组 分别完成老年活动中心互动内容
第八大队：学校互动	42人（19、20组）		2个组 分别完成两种游戏的互动
后勤大队：	9人（后勤组）		进行各个大队的协调

仪式流程：

时间	环节
14:00—14:02	主持人开场白
14:02—14:05	北湖社区领导致欢迎辞
14:05—14:08	公司代表致辞
14:08—14:12	区领导致辞
14:12—14:15	领导及志愿者集体合影
14:15—14:20	布置现场安排，提醒大队长开始执行活动

活动地点分布，由大队长及后勤组指引前往。

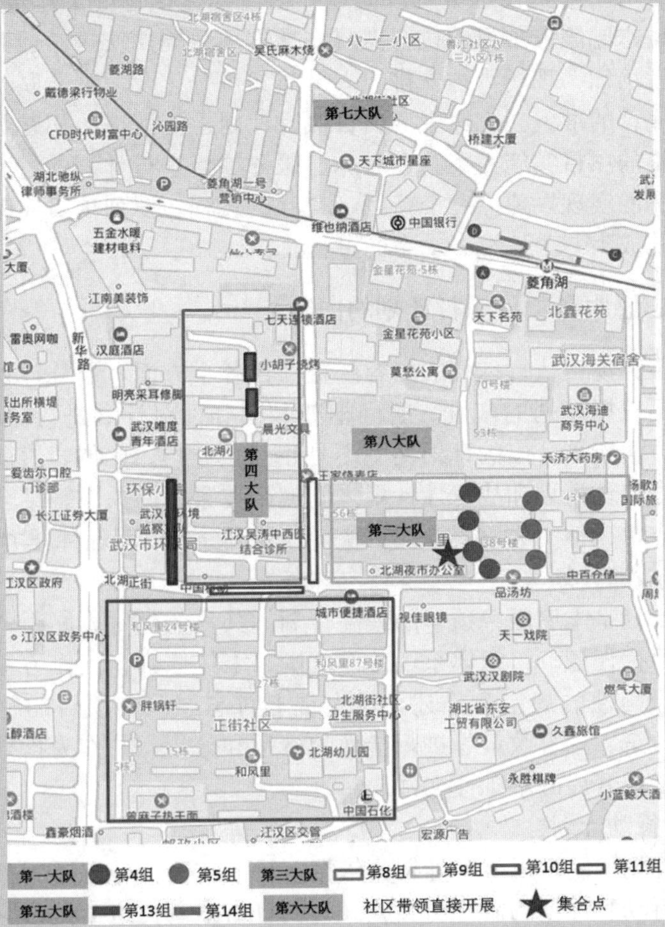

资料来源：和众泽益志愿服务中心的项目案例。

【点评】

通过对志愿服务项目资源的整体把控，结合项目需求制订出完整规范的活动执行计划，便于项目现场总负责人掌握全局动态，合理分配任务，确保活动顺利进行。通过合理规划，将社区活动内容更加丰富全面地罗列出来，可以尽可能地拓宽覆盖面，并通过向社会公开，使社会大众充分了解该项目的活动内容，号召大家一起参与其中，使活动得以累积形成一个持续、有影响力的志愿服务项目。

志愿服务项目的执行阶段是项目生命周期中最为重要的一个阶段，项目的大部分活动都要在这个阶段完成，因此项目执行的工作也最为繁重。通常来看，志愿服务项目的执行需要在推进项目周期安排、后勤和物料筹备、志愿者培训、现场流程安排、人员与岗位分工及职责、联系人列表等方面进行完善的准备。志愿服务项目执行计划主要解决的问题是设计一套详细、完整的项目实施方案。在对志愿服务项目进行计划的过程中，应围绕项目目标的实现，建立一个持续、交互的过程，罗列项目实施细节，使项目的实施成为一个连续、动态的过程。

一、志愿服务项目执行计划的内容

志愿服务项目执行计划的内容涵盖项目各个方面，划分计划类型最普遍的方法是根据计划的广度、时间框架和明确性对计划进行分类。但是，这些分类方法所划分出的计划类型不是相互独立的。比如，短期计划和长期计划、战略性计划和战术性计划之间就存在紧密的关系。结合志愿服务项目的特点，完整的志愿服务项目执行计划可分为以下五种：

（一）战略计划

战略计划是志愿服务项目的最高计划，其目的是对志愿服务项目的指导思想、目标任务、组织体系、工作范围、工作原则、工作方法、工作保障等进行原则性的规定和描述，从宏观上对志愿服务项目的整体需求计划、通用政策、招募政策等进行全面的概括和分析，并作为指导整个志愿服务项目工作开展的基础性文件。

（二）行动计划

行动计划的制订以战略计划为依据，目的在于指导志愿服务项目及各个子项目行动和计划的制订与实施。其制订需本着促进全民参与、促进志愿者服务事业发展、促进志愿者全面发展的目的。制订志愿服务项目行动计划，以向社会公开公布的方式，使社会大众充分了解志愿服务项目，参与志愿服务行动。

（三）范围计划

范围计划指确定志愿服务项目所有必要的工作和活动范围，包括志愿服务项目组织体系、志愿服务项目工作体系、志愿者的服务领域、志愿者的分类与管理、志愿者工作运行的风险与控制等，其目的在于进一步明确志愿服务项目的目标。

（四）职能运行计划

职能运行计划是指针对志愿者招募、选拔、培训、运行、管理及激励保障等环节制订的详细运行计划，主要是根据工作分解结构图，详细分析志愿服务项目开展各个环节所需要的资源以及资源的获取途径和办法，明确完成这些环节工作任务的方法与途径，同时建立起相应的协调机制，保障相关资源的获取与调度。

（五）进度计划

进度计划是将志愿服务项目进行分解和排序，制定出项目工作分解结构图，同时分析每个工作单元之间的项目依赖关系，明确志愿服务项目中各项工作的开展顺序、开始及完成时间，以及项目之间的依赖关系，对各项计划的任务进行落实，安排项目执行日程，确定项目执行进度的衡量标准和调整措施。同时，要明确相关责任人，建立项目进展情况跟踪制度，确保各项任务能够按期完成。

项目启动后，就要制订项目执行计划，这是为了根据项目目标把项目设想和战略变为具体明确的行动，以及确定各项活动的投入和有关工作的职责划分。因此，项目执行计划是一个使项目战略、项目目标和项目具体目标明确的过程，是一个关于如何启动、维持和终止项目的合理判断。简言之，项目负责人应预先安排必要的行动，保证项目顺利实施，这就是项目执行计划。可以用一个形象的比喻，项目执行计划就像一张“地图”，告诉我们如何从 A 地到 B 地。项目执行计划必须考虑到各个方面的事情，如人、财、物的筹备和分配、时间进程的把握、过程材料的留存等，把它们糅合在一起，经过细化、修改、再细化，最后才能成为一张“地图”。另外，项目计划是为项目而制订的计划，与一般常规计划相比，有其独特性。

二、志愿服务项目执行计划的作用

计划编制对于项目执行来说非常重要，可以说是项目管理的核心。通过志愿服务项目执行计划的编制，不仅要明确应该监督哪些工作、何时进行监督、监督负责人是谁、用什么样的方法收集和处理项目进度信息、怎样按时检查工作进展以及采取什么样的调整措施等，更重要的是要达到以下目的：

（1）确定并描述志愿服务项目每项任务的范围；

（2）确定负责执行项目各项任务的全部人员；

（3）确定每项任务的时间任务表；

（4）确定每项任务所必需的人力、物力、财力；

（5）确定项目总预算和每项任务的预算。

三、志愿服务项目执行计划制订的流程

在对项目实务进行充分的分析后，进入执行计划制订环节。在这个阶段有三项主要的工作内容：一是进一步明确该项目的关键环节或者实施过程中的关键问题，二是创建项目执行的分解结构，三是制订具体的进度计划。这三项工作内容中，创建工作项目分解结构是把项目细分为易于管理的若干组织单元结构的过程，是项目执行计划制订阶段的核心工作。

（一）收集和整理有关信息

有效的项目计划取决于相关信息的质量，一般应通过多种渠道收集相关历史资料、相关文件以及相关政治、经济、技术、法律信息，并召开必要的专家会议，对于计划编制可能遇到的问题进行分析预测。对信息的收集和整理应尽可能做到及时、全面、准确。

（二）确认项目目标

通常来讲，只有在项目启动时进行了充足的需求分析，才能在计划编制中有效确定项目目标。项目目标是指一个项目为了实现预期成果必须达到的各项标准。项目目标至少应该包括成本、进度和质量评估标准，这些目标往往都是由合同界定的。由于项目执行计划要设计实现目标的每个细节，因此，计划制订过程中确定的目标应该是现实的、面向结果的、可度量的、定量的，并且应该是简单的，而且与项目成员有关，能够起到激励作用。目标导向在制定项目目标时是一种很好的方法。其按这样的基本思路确定项目目标：问题分析（列出问题清单、问题树、问题矩阵）→优势分析→发展前景分析→目标分析（问题树转换成目标树）→划分目标群→项目优选排序→确定项目→确定目标。此方法肯定了先有问题后有项目的思路，从问题中找项目，极大地提高了项目成功的可能性。

（三）分解任务

确定项目的目标后，还无法具体操作完成项目，所以必须根据项目目标把粗线条的、涵盖面较大的、不能具体操作的任务/工作，分解成较小的且更易于管理、实施和检验的细节化的可操作的任务/工作。在这个过程中，工作分解结构（work breakdown structure，WBS）这一管理工具可以发挥巨大作用，因而得到了广泛的应用。

工作分解结构是以可交付成果为导向的工作层级分解，其分解的对象是项目团队为实现项目目标、提交所需可交付成果而实施的工作。创建工作分解结构是把项目可交付成果和项目工作分解成较小的、更易于管理的组成部分的过程。工作分解结构每下降一个层次就意味着对项目工作目标

更详尽的定义，它将项目的总体任务分解成一组同步并且越来越明确的具体任务。WBS 由三个关键元素构成：工作（work）是可以产生有形结果的工作任务，分解（breakdown）是一种逐步细分和分类的层级结构，结构（structure）是按照一定的模式组织各部分。在志愿服务项目管理过程中，WBS 一般可以作为子项目管理的工具，为其提供专业管理技巧（见图 9－1）。在运用 WBS 对志愿服务项目进行分解的时候，应当遵守以下原则：

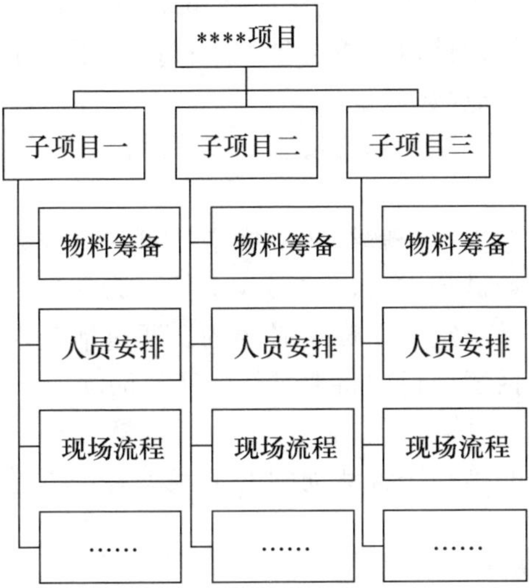

图 9－1　WBS 工作分解结构图

（1）子项目的规模要适中。志愿服务专业方法决定了子项目本身的规模不能太大，也不能太小，过大失去了项目分解的意义，过小则增加了子项目管理的难度。一般而言，志愿服务子项目的规模以适合小组工作的展开为宜，也就是说，子项目大部分将以小组工作的方式来实现。

（2）子项目的具体操作要以志愿服务专业理论为指导。志愿服务的三大直接服务方法都有自己相应的理论基础作为行动依据，要在子项目中体现具体的实务技巧，就必须在项目设计之初充分考虑不同的志愿服务理论，选择并运用恰当的理论作为子项目的指导，这对顺利开展志愿服务大有裨益。

（3）子项目不能违背志愿服务的价值伦理。志愿服务是一个以价值为本的工作，它必须遵循一定的伦理守则，这也是判断一个项目是否合格的底线。项目在效率上的衡量可能会采用某些干预手法，导致对服务对象来说最有效的服务方法无法付诸实践；而预算上的考虑也可能导致服务的削减，这也不利于服务对象最佳利益的实现。因此，项目管理人员必须解决一个至关重要的伦理问题，即优先考虑什么，是按照效率和预算的要求和限制为中心来制定项目目标，还是以服务对象为中心来制定项目目标。

（四）制订项目的实施进度计划

项目实施进度计划就是整个项目实施过程的“设计图”，即把各阶段项目执行的先后顺序排列出来，从而使整个项目实施过程成为一个有机体。项目的进度计划设计得是否合理，直接决定了一个项目的执行效率的高低，甚至是项目的成败。

制订项目的实施进度计划要按以下步骤进行：

1. *活动定义*

活动定义就是对工作分解结构中规定的可交付成果或半成品的产生所必须进行的具体活动进行定义，并形成文档。为使项目目标得以实现，在这个过程中对活动做出定义无疑是必要的。通过活动定义可得到一张活动清单，活动清单包括了项目中将要进行的所有活动。

2. *活动排序*

活动排序的目的是确定各活动间的依赖关系，以进一步编制切实可行的进度计划。

3. *活动时间估算*

活动时间估算是指根据项目范围和资源信息来做时间估算。时间估算通常是逐步进行的，项目团队中最熟悉具体活动性质的个人或团体应当完成（至少是批准）时间估算。可以用的方法有专家评定法、类比估算法。

对志愿服务项目的具体实务时间进行估算并不像一般项目活动的时间估算那么容易，因为志愿服务项目实务要比其他项目多一个重要的参考系，即服务对象，服务对象的不确定性大大增加了活动历时估算的难度。实务活动都是直接面向服务对象的，因此要实现准确的历时估算，就必须在估算过程中尽可能地采用专家评定法和类比估算法，通过对实务工作者经验的借鉴，估算出当前实务需要的时间。

在时间估算时，除了要考虑历史信息和已识别的风险外，还应重点考虑以下因素：

（1）资源要求：大多数活动的工期在很大程度上受分配给它们的资源的影响。

（2）资源能力：大多数活动的工期在很大程度上也受分配给它们的人力和物力资源的影响。例如，如果两个志愿者都被分派进行全时工作，则一般资深志愿者完成指定活动所用时间要比经验少的志愿者短。

4. 制订进度计划

制订进度计划就是确定项目活动的起始日期和完成日期。如果起始日期和完成日期不合理，则项目就不太可能按期完成。需要强调的是，制订进度计划不是一项一劳永逸的工作。在进度计划定稿之前，进度计划的编制必须反复进行。对于一个志愿服务项目而言，项目发起人和管理团队认为有必要修改项目计划的可能原因如下（但不限于此）：

（1）为了符合赞助方规定的交付日期；

（2）为了保证最终产品符合服务对象需要；

（3）为了适应资源条件；

（4）为了应对紧急事件或危机；

（5）为了弥补项目交付过程中的进度延误；

（6）为了应对项目交付过程中的成本超支；

（7）为了应对项目初期没有考虑到的服务对象要求或技术要求。

除了以上几个在项目实施过程中所表现出来的问题和客观上要求志愿服务项目发起人采取计划调整措施、进行项目进度计划修正外，当项目目标改变时，也要相应地进行项目修正。

四、志愿服务项目执行计划制订的方法与工具

可以使用以下三种方法或工具为计划制订提供支持：

（一）前导图法（PDM）

如图 9－2 所示，这是一种利用方框（节点）代表活动，并利用表示依赖关系的箭线将节点联系起来的编制项目网络图的方法。此方法的优点是活动之间的关系可以分为四种先后关系：

（1）完成-开始：后续工作的开始依赖于前置工作的完成。

（2）完成-完成：后续工作的完成依赖于前置工作的完成。

（3）开始-开始：后续工作的开始依赖于前置工作的开始。

（4）开始-完成：后续工作的完成依赖于前置工作的开始。

在这四种关系中，除了“完成-开始”依赖关系在现实工作中较常用外，其余三种依赖关系很少用到，仅被编制进度计划的职业工程师象征性地采用。

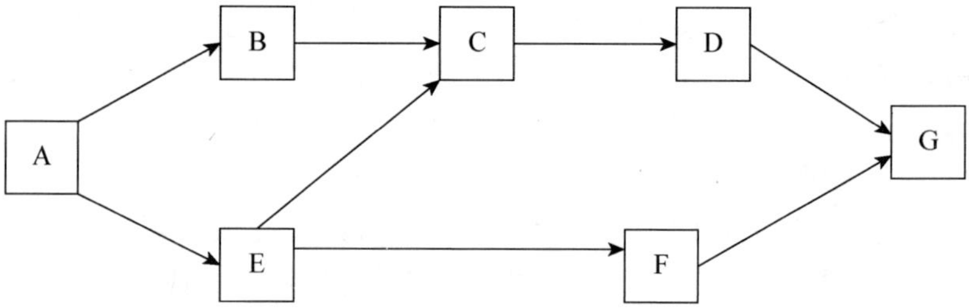

图 9-2　前导图法

（二）箭线图法（ADM）

如图 9-3 所示，这是一种利用箭线代表活动，而在节点处将活动连接起来表示依赖关系的编制网络图的方法。箭线图法使用的是“完成-开始”依赖关系，所以为了正确地确定所有逻辑关系，需要使用虚拟活动。箭线图法虽不如前导图法用得多，但在某些领域仍然是可供选择的方法。

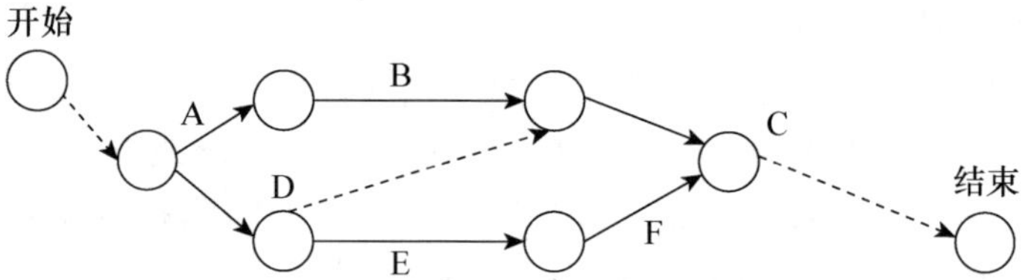

图 9-3　箭线图法

（三）条件图法

此方法的优点是：允许诸如回路（例如，必须重复多次的试验）等非顺序性活动或条件分支（例如，只有检查发现错误时才需要修改设计）的存在，而 PDM 和 ADM 都不允许存在回路或条件分支。

活动排序的结果是形成项目网络图，项目网络图是项目活动及其逻辑关系的图解表示，如图 9-4 所示：

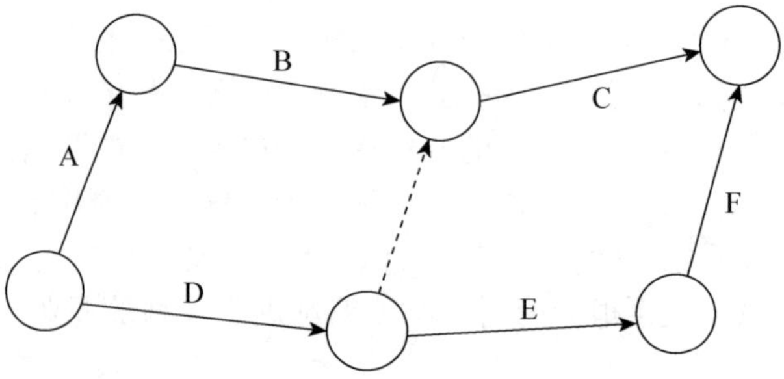

图 9-4　条件图法

第二节　志愿服务项目的执行管理

案　例

社区志愿服务项目的系统化管理

2014年4月17日，星巴克走进了其全球服务月的一站——武汉北湖社区，近340位星巴克伙伴与志愿者参与了系列环保和创意活动，深入社区进行垃圾清理、油漆翻新；走进北湖小学，与小朋友一起开展环保活动；进入老年活动中心，陪老年人唱歌。此次志愿服务总计提供社区服务超过1 400小时。以下为项目执行当天的流程，供参考。

时间	时长（分钟）	内容	负责人	备注
12:30		企业内部志愿者、外部志愿者到达活动集合点	张旭/Fan	志愿者自行前往 出发前更换好活动服装
12:30—12:50	20	组长领取本组物料，外部志愿者更换服装	张旭/Fan/组长	组长必须在12:30前到达
12:50—13:00	10	清点小组人数，并按指定站位列队	各组长	小组人员名单、各小组站位图
13:00—13:02	2	开场白	Fan	
13:02—13:05	3	社区领导致辞	Fan	时间提示牌、拍摄要求
13:05—13:08	3	XBK伙伴致辞	Fan	时间提示牌、拍摄要求
13:08—13:11	3	HCVC代表致辞	张旭	时间提示牌、拍摄要求
13:11—13:14	3	企业领导致辞	Fan	时间提示牌、拍摄要求
13:14—13:17	3	区政府领导致辞	Fan/街道	时间提示牌、拍摄要求
13:17—13:25	8	领导及志愿者集体合影	张旭/Fan/组长	集体合影站位图及拍摄要求
13:25—13:40	15	①各小组长带队前往责任区说明工作内容、组长分配组员工作 ②清点核对物料、分配物料强调活动中的注意事项	各组长	责任区域分布图、组员分工、各组物料清单及注意事项

续前表

时间	时长(分钟)	内容	负责人	备注
13:40—16:00	140	各组志愿者完成本组工作内容	各组长	工作内容及操作提示
16:00—16:15	15	①清理各自区域，回收垃圾及剩余物料 ②组长组织组员分享，组长总结，小组与作品合影	各组长	回收物料清单，需签字
16:15—16:30	15	活动结束，志愿者可自行解散	各组长	自行解散

资料来源：和众泽益志愿服务中心的项目案例。

【点评】

以上执行计划是将人员、物料、时间综合后的执行计划，信息清晰、全面，便于现场总负责人依据表格计划进行总体指挥和把控。当活动规模较大时，在此基础上，应针对每一位现场工作人员制定单独的职责分工表，确保每个人能够顺利、清晰地承担起相对应的岗位职责，保证项目顺利进行。

从内容上来讲，项目执行阶段主要涉及的执行工作有采购管理、质量保证、团队开发、沟通管理等，其中最能体现志愿服务项目特色的执行工作是项目团队管理、利益相关方管理和组织结构管理。

一、志愿服务项目的执行团队组建

志愿服务项目团队管理是指对志愿服务项目中的人员进行合理配置，对人力资源进行开发、管理和激励，并且对团队进行建设的制度、程序和方法的总和。志愿服务项目中的团队是临时性组合的团队，成员大多是基于志愿服务项目提供的资源、不为报酬来参加志愿服务的，成员之间的背景、知识技能和经验也可能有很大差异，因此需要志愿服务项目经理和管理者应用人本主义的理念和方法实施团队管理。

执行团队的人员配置与分工是根据项目策划的需求将人员分配到各个岗位上，并随着项目的实际工作需求，对不同岗位的人员进行重新分配，以保障项目的顺利开展。这个过程首先需要评估人员配置是否能够满足项目的需求；其次在人员的配置过程中，是否能够做到分工明确、优势互补、团队协作是衡量志愿服务项目团队优劣的重要指标。人员配置与分工得当，能够保证整个项目形成一种大于个体分立之和的整合力，满足项目的需要并实现项目的目标。反之若配置不当或者分工无效，则会出现人员分工与自己岗位不匹配的情况，资源得不到合理配置甚至是浪费，项目活动将难以达到预期效果。针对团队成员的特长和专业进行分工，才能最大限度地优化资源，利用资源。

团队的能力素质对于志愿服务项目团队来说尤为重要，它在很大程度上决定了志愿服务项目的成败。能力素质高的志愿服务项目团队在完成服务项目目标、保证服务项目质量、提升项目服务效率方面有更多的优势。一个项目团队的能力不是看项目团队成员的个体能力，而主要是看项目团队是否能将团队成员整合起来，分工合作、协调配合完成项目团队任务的能力。因此，良好的组织凝聚力以及协调的组织氛围也是十分重要的因素。

志愿服务项目团队管理主要应用参与式管理的管理方式，志愿服务组织通过赋权激励志愿者参与组织的治理和管理工作。

项目组织是决定项目管理活动能否取得成功的重要因素。著名管理学家孔茨认为：建立组织的目的就是建立起一种能使人们为实现组织目标而在一起工作、履行职责的最佳的正式体制。组织制度、组织文化和组织结构都能对项目目标的最终达成产生重大影响，在志愿服务项目的具体管理中，组织制度和文化在很大程度上和机构的制度和文化相重合，因此不具备单独讨论的意义，但由于项目组织结构往往是根据具体项目的需求变化而建立，因此对项目的影响作用尤为明显。不同的项目需要不同的项目组织结构，对于组织结构的分类也是千差万别。在对组织结构进行分析时，应该分析组织结构纵向和横向关系的要点：

（1）纵向关系：明确正式的报告关系、不同级别的层次以及管理人员控制的跨度，明确工作、分组中有哪些工作活动？这些工作设在哪些部门？一个组织有哪些部门？

（2）横向关系：设计一个系统，确保组织成员之间有效的沟通、协调以及不同部门之间的整合。

对应这两种关系，有两种基本的组织类型取向：纵向型组织和横向型组织。纵向型组织在设计取向上注重效率和控制，有专门的工作和任务，严格的等级和许多规则，垂直的沟通和报告系统，缺少团队、任务小组或协调员，采取集权式决策。横向型组织在设计取向上注重学习，分享任务和赋权，削减等级和少量规则，注重横向的、面对面的沟通，有许多团队、任务小组，采取分权式决策。

二、志愿服务项目的利益相关方协调

项目利益相关方是指参与项目，或者其利益在项目执行中或者完成后受到影响的组织或个人，他们能够对项目的开展造成各种正面或者负面的影响，同时他们还会对项目的目标和结果施加影响。如果把项目看成是一组契约的联结点或一种委托代理关系，项目即是“一组”所有项目利益相关方之间的一系列多边契约。由于不同项目利益相关方的需求具有差异性，因此项目管理者必须准确识别项目利益相关方及其要求和期望，找到有效的方法，对项目利益相关方进行管理，达到平衡利益相关方需求的目的，保证项目的顺利进行。

对于志愿服务组织和志愿服务项目来说，利益相关方就是和志愿服务项目中所有相关人的总称。在这里，为了便于与志愿服务专业理论相结合进行讨论，把志愿服务项目利益相关方分为以下几类：

（1）支持型的项目利益相关方。支持型的项目利益相关方是指那些直接参与志愿服务活动的人或组织，比如服务对象、未担任重要职务的志愿者等，他们具有较低的影响力、较高的协作力，是理想的支持项目目标和行为的项目利益相关方。

（2）非支持型的项目利益相关方。非支持型的项目利益相关方具有较高的影响力，不具备协作力。

（3）混合型的项目利益相关方。混合型的项目利益相关方在项目中扮演着重要角色，他们有能力参与项目的合作，也有能力对项目成功产生重大影响，比如主管领导、媒体记者、活动负责人等。

（4）边缘型的项目利益相关方。此类利益相关方与项目的合作能力和对项目的影响力都较弱，他们对项目的行为没有太大兴趣，对项目的大多数问题都不太关心。

正如一般系统理论习惯于将志愿服务置于个体子系统和社会大系统之中进行研究一样，志愿服务项目所处的系统同样也是一个项目与项目利益相关方（项目环境之一）之间的互动系统，对项目与项目利益相关方之间互动关系的分析就是对项目生态系统的分析。在此，借用志愿服务专业分析工具——生态系统图，将很明显地展示出两者之间的关系，如图 9－5

所示：

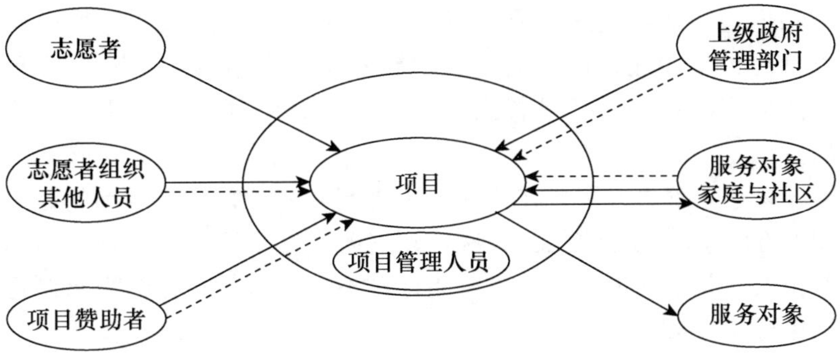

图 9－5　志愿服务项目利益相关方生态系统图

在此图中，左右两侧的椭圆表示项目的主要利益相关方，中间的大椭圆表示直接参与项目管理过程的两端——项目与项目管理人员。不同的线条概括了在项目管理系统中不同利益相关方与项目互动关系的特点。实线条表示支持的、积极的关系，虚线条表示分歧的、消极的关系，箭头表示能量和资源在不同对象间的流向。

项目要想顺利进行，必须对项目利益相关方进行正确的管理，这个管理过程的实质其实在于对不同项目利益相关方的期望、预期和要求进行管理，并使之达到平衡状态。而对于一个项目而言，不可能使得所有项目利益相关方的需求同时得到相同程度的满足，当项目管理人无法满足所有项目利益相关方的需求时，就需要首先满足项目的主要需求，并在不危及其他项目利益相关方利益的前提下制订工作方案。布洛克曾经提出了一个管理利益相关方的框架①，其基本步骤如下：

第一，识别主要利益相关方的目标和需求。有学者曾经指出，不同的项目利益相关方采取的立场都是基于他们各自的需求和目标的②，因此，对利益相关方进行管理的首要任务就在于识别利益相关方的需求。通常项目利益相关方都会提出一系列相关但不切实际的目标，项目管理团队必须避免忽视目标可能导致的更深层次困难而勉强接受这些目标。此外，在考察项目利益相关方公开目标的同时，管理团队必须识别那些影响项目成功实施的隐藏因素或资源限制。

第二，定义问题。定义问题是志愿服务工作者必须具备的实务技能

① BLOCK R W. The Politics of Projects. New York：Yourdon Press，1983.

② 宾图. 项目管理. 北京：机械工业出版社，2007.

之一。志愿服务工作者要善于运用各种技术手段，对复杂问题进行恰当的预估和界定，能够描述问题的症状和问题产生的根源。对于项目利益相关方管理也是如此，这里的定义问题其实更多指的是定义不同利益相关方之间期望的差别，并且找出可能进行调和的领域，以便工作的进一步开展。

第三，建立解决方案。在建立解决方案之前，首先要做到的是对项目利益相关方信息的充分收集。其次，建立解决方案意味着必须在考虑与其他利益相关方关系的情况下，尽可能针对不同利益相关方的需求制订相应的个性化行动方案。

一个利益相关管理过程包括规划、组织、引导、激励与控制必要的资源，用于管理不同的内外利益相关群体。正如克利兰的揭示利益相关方分析与管理过程的模型指出的，不同利益相关方管理是彼此联系和重复的，这个周期会不断循环，并贯穿于整个项目管理过程。

三、志愿服务项目的后勤筹备

虽然志愿者的参与是出于自发的志愿精神，但使志愿者因参与志愿服务而加重生活负担显然是不合理的。因此，在参与志愿服务的过程中，志愿者具有获得维持其生存和正常生活、促进个人发展等一系列资源和条件的利益诉求。如获得适当的补贴，包括基本的生活费用、志愿者住所或招募地与服务地之间往返的交通费用、食宿费用等。合理范围内的生活保障有助于保护志愿者的公益热情并为他们的参与提供方便。

案　例

2017 年广州《财富》全球论坛志愿者保障

（一）志愿者现场保障

（1）餐饮保障。

若采取外出集中培训方式，则保障午餐及必要的饮用水。若采取至院校上门授课方式，则不提供餐饮保障。

（2）交通保障。

若采取外出集中培训方式，则保障必要交通出行，保障期限以统一培训天数为准。若采取至院校上门授课方式，则不提供交通保障。

（二）志愿者上岗服务期间保障

（1）服装。

女士：礼仪套装、高跟鞋一双。

男士：西服套装、皮鞋一双、皮带一条。

全体：运动套装、运动帽一顶、运动鞋一双。

（2）装备：便携腰包或挂包一个、水壶一个。

（3）办公用品：签字笔一支、便携式活页笔记本一本。

（4）工作证件：证件卡一张、证件卡套一个。

（5）急救药品：日常应急救助药品。

（6）团体保险：团体意外伤害保险一份。

（7）交通保障：保障从志愿者来源院校至服务岗位所在地之间必要的往返交通需求。保障方式以统一包车为主，凭统一志愿者证件与服装免费搭乘公共交通工具，以发放羊城通卡（含交通费用）为辅，交通保障发放标准：10元/人/天。

（8）餐饮保障：原则上保障午餐及适量饮用水供应；如志愿者因团队工作安排及进度任务致使19:00无法结束当天工作，可享有晚餐保障。餐饮保障标准：40元/人/餐。

（9）基础通讯保障：全体志愿者会期可享受基础通讯保障，保障标准：50元/人。

（10）功能房保障：保障指定区域供交班会议、轮班休息、存放物资。保障期限仅限于会期岗位服务阶段。

（三）来源院校组织运行期间保障

志愿者来源院校享有组织运行经费保障，以保障志愿者招募、培训、上岗、物资接收与发放、预备志愿者管理等项目正常运作。保障经费以志愿服务团队正式录取的该院校志愿者总人数为基准发放，保障标准按赛会志愿者补贴标准核算。

【点评】

案例中的信息清晰地呈现出2017年广州《财富》全球论坛为志愿者提供的各类保障，餐饮、交通、服装、补贴、工作设备一应俱全，这无疑为志愿者全身心投入志愿服务做好了保障。

除此之外，对于志愿服务项目执行过程中将会使用到的各类物料，应列出物料清单，提早采购并运送至活动现场，避免因物料筹备不足影响活动开展。

四、志愿服务项目的执行实施

在志愿服务项目执行实施过程中，运用得比较多的项目控制工具主要有核对表、甘特图、日程表等。

（一）核对表

核对表包括从 WBS 得到的活动、任务或工作报告清单，以及用来标记其完成情况的表格。虽然核对表的简明性具有吸引力，但这也使其不够全面，无法满足大型或复杂项目的需要。同时，核对表单维度的表现形式无法体现各活动之间的关系。尽管如此，核对表还是有其适用的地方的，特别是在比较详细的计划层次上，核对表是不可缺少的一种项目控制工具。表 9-1 展示了一个可以满足小型志愿服务项目需要的简明核对表。这个表看似是按记录逐项检查，但其目的不仅是防止潜在问题的出现，而且能在出现问题时及时做出反应。

表 9-1　　志愿服务项目需要核对表

任务	检查（√×）
活动物料齐全	√
所有志愿者均到岗	√
各志愿者均明确自己的工作岗位和职责	√
活动现场已经布置完好	√
活动能够按时开展	×
服务对象均全部到场	√
参加活动的人数在控制范围内	×

（二）甘特图

甘特图法在志愿服务项目管理中已经得到了广泛应用。它是第一次世界大战期间，由亨利·L. 甘特（Henry L. Gantt）发明的一种条形图。如图 9-6 所示，在甘特图中，日期置于图表的上方，线条用来表明各项工作（工作列在图表左侧）应完成的时间。这种图示的优点是能够清楚地了解到各项工作之间的关系和依赖性，以及指出了项目活动的顺序、活动的历时时间及项目的估计完成日期，使得人们可以按照时间顺序来安排项目活动。此外，在绘制甘特图时，还能加上负责人等信息，在使用时更加方便。

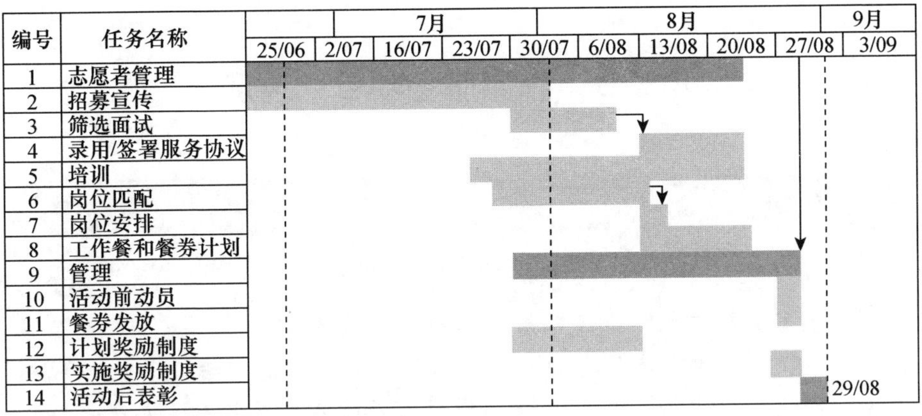

图 9-6　志愿服务项目计划甘特图

（三）日程表

大多数项目活动的管理者都离不开日程表。它是项目活动的日程或时间表。在计划的初期阶段，日程表的内容极为简单，时间的分配只局限于项目活动的具体构成因素。随着计划的推进，日程表变得更为详细。最后，制定更为详细的日程表（可称为项目活动脚本）来确定每个人员的任务和责任。表 9-2 展示了某个志愿服务项目的日程表。

表 9-2　　志愿服务项目日程表

编号	活动时间	活动内容
1	09:00—13:00	活动场地搭建及布置
2	13:00	志愿者到达现场
3	13:00—13:45	志愿者进入各自负责的区域进行布置、准备
4	14:00	大型游艺活动开幕
5	14:00—14:30	相关人员讲话、发言
6	14:30—15:00	节目表演
7	15:00	开始健康咨询及游艺活动
8	15:00—16:00	（1）专家为老人现场讲解高血压、糖尿病等问题 （2）志愿者为老人测量血压、血糖 （3）志愿者在游艺区为老人提供引导、组织等服务

第三节　志愿服务项目的监测

案　例

监测服务，展露微笑

在国家会展中心（上海）每一次举办大型会展时，往来客商都能够看到“微笑四叶草”志愿者的身影。为了使每一位志愿者成为能够代表国家会展中心（上海）形象、展示城市风采的名片，更为了促使会展顺利进行，让每一位客商获得便捷、周到的服务，助力徐泾镇会展经济发展，和众泽益采取项目化运作方式，对项目运行进行了系统打造和提升。在每一次的具体服务中，项目组都会进行现场的监测和记录，累计为项目经验，指导志愿者的服务不断改进和提升。

资料来源：和众泽益志愿服务中心的项目案例。

【点评】

从本案例中，可以看出此志愿服务项目监测是为了确保志愿服务的成效、质量以使志愿服务顺利进行，及时对志愿服务过程进行了解和跟进，发现问题、解决问题。在整个项目执行过程中这是一种持续性的管理行为，它所记录的内容和指标经过累积和提炼能为项目完善、改进和评估提供非常重要的基本信息。

在志愿服务项目实施过程中，项目负责人和项目经理需要对照项目管理计划和项目实施标准来监测和评估正在进行的项目活动的各个阶段，及时纠正损害项目目标的偏差，确保目标实现。根据预期执行情况与实际执行情况之间的差异，调整当前项目执行进度，保证完成预定目标。

一、志愿服务项目监测的作用

对志愿服务项目实施情况进行动态监测的目的就是为项目进度过程提供连续性信息，通过定期又有效的监测，监督和控制项目实施进程，以适应外界环境的变化，保证项目目标的实现。

随着志愿服务项目实施的不断推进，项目本身及其环境条件都会发生变化，这些变化可能会使项目的必要性和可行性发生改变，所以需要对志愿服务项目及其环境条件进行监测，以审核志愿服务项目执行过程中目标的可行性，更好地认识志愿服务项目和志愿服务项目实施结果。在整个志愿服务项目的实施过程中，志愿服务项目的相关利益主体（如政府部门、基金会、社会组织和其他资金提供方等）需要不断地对志愿服务项目本身和项目实施情况进行监控、度量和跟踪评估，及时发现志愿服务项目实际执行情况与志愿服务项目合同规定的考核指标的偏差，评估政策、资金、技术等环境变化的影响，决定是否对志愿服务项目进行调整。因此，志愿服务项目监测的作用可以从两个方面来进行阐释：一是志愿服务项目的跟踪，即对志愿服务项目实施情况、资源使用情况、项目需求变化情况以及项目实施中各种条件变化等方面的信息收集；二是志愿服务项目的再评估，即对照志愿服务项目起始计划与项目设计对项目实施中的实际情况和随着项目实施而出现的各种变化做进一步的分析和评价。

二、志愿服务项目监测的内容与工具

项目监测的内容是根据一定的指标、特定的目的而设计的，在志愿服务项目相关的活动过程中，主要包括预计会影响项目进展的内外部因素，要对其进行观察、跟踪、记录，解决问题，记录信息和数据。

通常来说，志愿服务项目监测的关键内容如下：

（1）监测对象：项目质量，项目活动开展。

（2）监测的时间和频率：根据出资方要求和自身内部管理制度，按照月度、季度、年度监测来开展。

（3）监测所用的方法：定量分析，定性分析；问卷调查、访谈、文献分析、观察、焦点小组、案例研究等（见表 9－3）。

（4）监测结果的呈现：执行计划表、签到表、简报、中期报告等。

志愿服务项目中的监测，应重点关注三个限制因素：成本、质量和时间。事实上，监测的主要工作就是信息收集。

表 9－3　　志愿服务项目监测的常用方法对比

监测方法	优势	不足
问卷调查	可以用匿名的方式完成，管理成本较低，容易对比和分析，很多人可以从中受益，可以获得很多数据，已经有很多样本问卷可供参考	可能获得的信息不够准确，问题的措辞会使受访者产生歧义，需要科学的抽样方法，需要科学的统计方法，不能全面了解情况

续前表

监测方法	优势	不足
访谈	获得更加深入、全面的信息，有利于发展与客户之间的关系，与客户的交往更加灵活	比较耗时；分析对比困难；费用高；访问者可能会影响客户的答案，使结果出现偏颇
文献分析	掌握综合的信息和历史信息；不打断项目的日常工作；现成的信息，筛选信息相对较中立	通常很耗时，信息可能不完整，需要清楚想要什么样的信息，并不是一种灵活的方式，局限于现成的信息数据
观察	观察项目正在进行的活动，可以根据活动的具体情况灵活调整观察活动	很难解释所看到的，对所观察到的内容进行分类非常复杂，容易受到项目参与者的影响，费用较高
焦点小组	快速和可靠地获得一个大概印象，是一种在短时间内获取广泛和深入信息的有效方法，能够传达关于项目的关键信息	很难分析对方的反应；需要一个好的协调者来营造安全的环境；从时间安排来说，很难把6～8个人聚在一起
案例研究	在项目的投入、过程和产出方面，全面描述一个服务对象的经历和感受；是从局外人的角度来描述项目的有力手段	需要花费大量的时间进行搜集、组织和书写；体现的是信息的深度，而不是广度

在实际运用过程中，项目经理或负责人可根据项目的具体情况，综合每种方法的优势和不足，斟酌使用。

三、志愿服务项目的调整修正

案　例

符合目标需要的调整修正同样可以收到良好效果

志愿服务项目在推进与执行时难免会出现对项目内容本身的调整，2017年12月，大陆集团青年安全驾驶培训街道志愿服务活动由于时间调整，将12月的活动对象调整为员工家属——小朋友。鉴于受益人群的不同与活动时间的限制，和众泽益志愿服务中心根据最新的志愿服务需求对志愿服务内容进行了相对应的调整——从青少年互动调整为互动性更强的小学生互动游戏，从课堂式互动调整为站点式同时进行的互动游戏，从活动时长一个小时调整为活动时长半个小时。

由于项目需求与受益对象的调整，项目内容也相对应地做出了修正。该志愿服务项目圆满完成并得到了广泛的好评。

资料来源：和众泽益志愿服务中心的项目案例。

【点评】

从本案例中，可以看出此志愿服务项目的前后调整对于项目活动方式做了较大的改变，在保证项目质量的同时完成了项目内容。志愿服务项目的进展多少会有需要调整修正之处，但只要能够保证项目设立的初衷与基本内容没有巨大改变，志愿服务项目还是可以在调整后达到其所设立的目标的。

志愿服务项目修正是指在项目进行过程中，根据动态监测报告，对项目进程中的偏差做出动态的调整改变，以适应项目环境变化、相关方多元需求和项目管理的复杂要素的过程。在志愿服务项目执行过程中，变化经常发生，这既包括来自外部的变化，比如高层管理、资助方和政府的强制命令，也包括来自项目内部的变化，比如志愿者退出、服务对象需求发生变化。不管变化来源如何，项目负责人都需要准备应对变化。事实上，项目控制的一个关键方面就是如何管理项目变化。

所有的变更请求，不管是源自哪里，都应以书面形式提交给项目负责人。这一过程将确保项目负责者进行完整的分析以决定是否接受变更。分析的结果应与那些需要知道的人进行沟通。图 9－7 即一个典型的志愿服务项目修正过程。

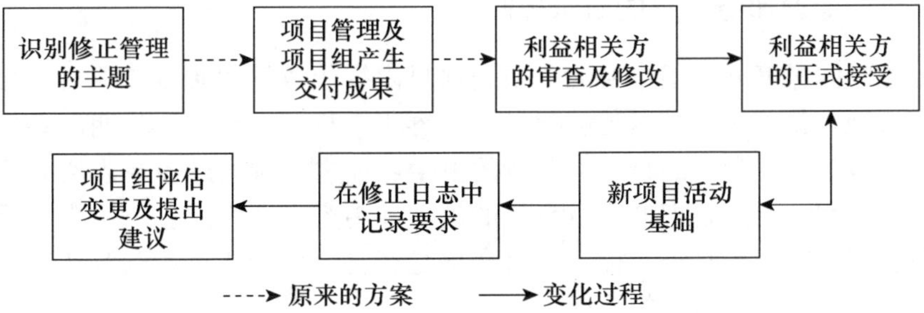

图 9－7　志愿服务项目修正过程

修正措施主要有修正项目管理组织和修正志愿服务方式两种。修正项目管理组织是通过进一步明确责任和分工，落实部门和机构的职责，或者从制度上进一步优化工作流程和信息流程，或者设计现有组织体系之外的组织架构，以加强控制的力度。修正志愿服务方式则是通过多种志愿服务方式的比对，寻找更加有效的志愿服务方式，通过对志愿者具体参与形式的修正来实现。

在志愿服务项目执行过程中，运用比较多的项目控制工具主要有核对表、甘特图、日程表等。

四、志愿服务项目的进度控制

按照设定的项目进度，对照项目实施的各个阶段，通过比对修正项目进度，确保项目按照设定的进度达到设定的目标。设计详细的项目进度计划，应该详细描述全数工作任务的资源需求和前置条件，结合整体执行计划，对子计划进行合理安排。项目设计阶段需对项目全数工作任务的时间计划和活动物资计划进行安排，其中包括对项目中每一项子活动开始时间及流程以及资源需求和前置条件的把控。

五、志愿服务项目的成本控制

任何项目的管理都需要考虑成本，在志愿服务项目管理过程中，需要定期比较实际的成本费用与项目规划的经费计划，对经费的用途及具体的花费做严格的控制，以保证整个志愿服务项目管理经费计划的顺利完成。提高项目资金使用效率，督促志愿服务项目降低管理成本，提高志愿服务资金的实际运行效率。

六、志愿服务项目的质量控制

除时间进度外，很重要的一项是项目内容的数量和质量。项目社会效果的实现，很多时候是以足够数量的内容来支撑的。比如，为期两天的短暂培训很难改变学员的行为，儿童的卫生习惯也很难通过短暂志愿者活动来养成。因此更需要把握项目设计的活动和内容是否完成。志愿服务活动质量包括项目内容是否达标，项目产出是否符合质量要求，以及活动与目标之间的连接紧密程度等维度。

一般而言，志愿服务项目活动的数量和质量标准，往往根据项目管理者或专业人士的经验而定。长期开展志愿服务项目评估工作，有利于设定更合理的项目活动管理标准。

除此以外，还可从以下几方面控制志愿服务项目的质量：

（一）实施进展效果

首先要度量志愿服务项目实施的效果，然后要对照志愿服务项目实施方案和计划找出存在的偏差和问题。主要目的是分析和确认志愿服务项目的实际效果并把它作为志愿服务项目跟踪评估的基础数据和出发点。

（二）活动执行情况

监测志愿服务项目阶段性活动执行情况，起到随时监督、调整志愿服务活动和志愿者行为的作用。基本上可以从以下方面来保障项目开展质量：一是活动资源。主要包括人力、物力和支持力度三个方面。人力方面，在于志愿者数量是否充足，团队的主要成员是否拥有实施项目活动所需要的相关经验及技能；物力方面，经费是否充足，是否配有专项活动资金支持；支持力度方面，项目是否有明确的志愿者激励标准和多样化的志愿者激励手段。二是活动过程，着重于活动执行过程中项目负责人的运作能力和团队成员的执行能力，用以了解推行服务的方案对完成活动目标所具有的效能与效率。三是活动宣传，通常包括内部宣传和外部宣传两个通道，督促志愿服务项目是否能利用新兴社会化媒体来扩大影响。四是活动记录，主要集中在两个方面：第一，有无正式的志愿服务记录，以及服务记录是否完整、正确；第二，对项目执行情况及活动过程中的突发事件是否备案，以便为下次活动提供借鉴和参考。

（三）存在的问题

分析志愿服务项目具体操作、实施及服务过程中所存在的主要问题，从而对项目的发展变化做出基本判断的工作。

（四）风险变化及变更

随着志愿服务项目的实施和项目环境的发展变化，可能会出现项目原有的可行性已经丧失，在新情况下项目在某个方面或者在各个方面都已经不可行的情况，此时需要评估是否及时放弃或修订整个项目，形成志愿服务项目变更方案，这同样是志愿服务项目跟踪评估的关键和意义所在。

思考与讨论

1. 志愿服务项目的执行计划应该包含哪些内容？

2. 志愿服务项目的执行计划有什么作用?
3. 制订志愿服务项目的执行计划有哪些方法?
4. 如何进行志愿服务项目的执行实施?
5. 如何进行志愿服务项目的执行监测?

第十章
志愿服务项目的财务管理

引 例

爱步寒冷，有爱不再寒冷

“爱步寒冷”项目是由和众泽益志愿服务中心联合相关组织与单位共同发起的志愿服务项目，此项目为大型户外运动类服务项目，志愿者参与规模较大，因此项目的开展对于投入的资金量要求较大，需要较多的费用承担志愿者参与项目所需的装备、补给以及活动现场的物料支出等。同时，项目所需费用均由发起方和众泽益志愿服务中心承担，该组织为志愿服务组织，本身的财务状况不是特别宽松，所以就要求“爱步寒冷”项目在执行过程中严格进行项目的财务管理，通过明确的项目预算、严格的财务审批以及精确的财务决算等环节控制项目的财务使用情况。在项目开展过程中，执行团队严格遵守项目财务管理要求进行资金使用，最终没有出现资金超支、盈余或财务不清的问题，在项目的计划费用范围内完成项目并取得良好的效果。

资料来源：和众泽益志愿服务中心的项目案例。

志愿服务项目通过合理的财务管理可以保证项目资金的合理使用并使得资金使用取得最大化效果。通过本章内容，可以了解到志愿服务项目的财务管理工作涉及哪些方面的内容，应该如何进行志愿服务项目的财务管理工作等内容。

第一节　志愿服务项目财务管理概述

案　例

青年汇，汇青年，共绘美好生活

“青年汇”项目是一个动员志愿者为社区内闲置墙壁进行图画彩绘的志愿服务项目，通过此种服务可以调动志愿服务进社区，美化社区环境的同时可以宣传公益理念，开展环境保护、文化传承等公益活动。项目因志愿者参与难度低、形式新颖以及内容丰富等特点吸引了志愿者的广泛关注和参与，项目本身的呈现效果也很好。项目初期，由于涉及资金量较小、项目规模也不大，财务管理的挑战相对较小。随着项目发展为持续性、常态化的志愿服务项目，要求管理团队为项目进行长期的财务预算、资金筹集与使用，这就使项目执行团队在财务管理上面临一定的难题与挑战，如何在保证项目顺利开展的同时做到合理的财务管理，就要求项目执行团队必须进行项目预算、财务审批、现金管理以及财务决算等全套工作内容。

【点评】

对于一个志愿服务项目来说，财务是项目开展的必要与先决条件，进行财务管理不仅不会为项目执行增加麻烦反而会有效助力项目的顺利开展，一个具有合理的、清晰的财务管理的志愿服务项目必然会顺利开展并取得良好效果。

一、志愿服务项目财务管理的概念

财务对于组织发展具有重要的不可替代的作用，组织发展与运营过程中的方方面面都离不开财务的支持。财务管理就是对组织的财务活动进行决策、预算、控制、分析，并对其所体现出来的各种财务关系进行协调、组织的一系列经济管理工作。

志愿服务组织目前普遍面临组织规模小以及资金量小的问题，如何使用有限的资金达到组织发展和项目开展的目的是志愿服务组织需要考虑的问题，同时志愿服务项目的开展是志愿服务组织资金使用率最高、使用量最大的方面，为此，针对志愿服务项目进行合理的财务管理可以有效地帮助志愿服务组织进行财务规划和管理。

志愿服务项目的财务管理是指在项目立项之初、项目开展过程中以及项目结项后对项目开展所涉及的资金或资源进行合理计划、分配与使用，确保资金与资源的效用发挥最大化的活动。

案　例

合理的财务管理是项目成功的基础

儿童成长夏令营项目是由某流动儿童学校发起的志愿服务项目，由志愿服务组织认领并执行，旨在带领学校内的流动儿童进行城市游览，增长儿童见识，助力儿童成长。A 组织和 B 组织为同等规模的两家志愿服务组织，均参与到本项目中并分别服务一定数量的儿童。两家组织计划同样使用 3 万元费用开展项目。A 组织在项目开展之初就对项目执行过程中所需要使用的费用进行了详细的计划和预算，在项目执行过程中也会根据实际情况进行资金使用的灵活调整，最终使用 3 万元资金完成项目并帮助了 100 名儿童。而 B 组织并没有对资金进行预算和规划，只是在项目执行过程中进行针对性支出，这造成项目执行过程中出现资金使用超出预期的情况，最终虽然完成了项目，但只帮助了 60 名儿童。

【点评】

通过以上案例可以看出志愿服务项目中对项目财务进行合理管理的重要性和必要性，财务管理可以使资金效用最大化，助力项目效果优化。

二、志愿服务项目财务管理的作用

财务管理对于志愿服务项目的组织与开展具有重要作用。对志愿服务项目进行完善和健全的财务管理，有助于提高项目的开展效率并降低项目成本。同时项目财务的有效管理可以直接影响志愿服务组织整体的财务管理与资金使用，为组织合理控制资金支出，有利于志愿服务组织的健康长远发展。其主要作用表现如下：

（1）通过财务的分析、预测，为志愿服务项目的计划提供可靠的规划依据；

（2）通过财务控制管理，可以使项目有效率并有效益地使用经费；

（3）通过合理的财务管理，可监控志愿服务项目的开展情况与效果。

三、志愿服务项目财务管理的内容

志愿服务项目的财务管理是对项目开展过程中所使用资金和资源的合理规划与监控的过程。志愿服务项目的财务管理主要包括项目预算、项目决算、项目费用报销等主要内容。

（一）志愿服务项目预算

志愿服务项目预算是指预估完成项目各工作所需资源（人、材料、设备等）的费用成本支出计划。项目预算也是一种分配资源的计划。在项目资源或资金一定的情况下，项目预算可最大限度地降低资金使用超支或过量盈余的情况，使其符合项目所需和要求。项目预算的精细和精准程度与项目质量和结果相联系，为此需要准确、合理地进行项目预算。项目预算一般包括内容、标准、金额三部分，同时内容预算部分可根据不同项目要求进行更为详细的拆分。

案　例

项目主题	儿童成长夏令营	项目时间	2017 年 8 月 15 日
项目受益方	流动儿童	项目执行方	某志愿服务组织
以下为本项目预算			
项目内容	预算标准	预算金额	备注
车辆租赁	2 000 元/辆 * 3 辆	6 000.00 元	
场馆门票	50 元/人 * 100 人	5 000.00 元	
饮用水及简餐	15 元/人 * 100 人	1 500.00 元	
成本小计	12 500.00 元		
税费	750.00 元		
费用总计	13 250.00 元		

【点评】

该预算表对项目支出内容、预算标准都进行了详细的规定，有助于项目执行过程中的预算控制。

(二) 志愿服务项目决算

项目预算表可以帮助项目约束和控制资金使用情况，更加合理地应用资源，从而产出最大效益。每次项目执行过程中对预算内容的实际支出金额即为志愿服务项目的决算金额。将项目决算与项目预算进行比较，二者之间的差值越小就说明决算值越接近预算值，也就表明项目财务管理与控制越到位。一般的财务管理要求实际支出不超过预算的正负 10%，在此区间范围内均可算作较为合理的项目财务管理。在项目决算中需体现实际产生费用与项目预算之间的差额。

案　例

项目主题	儿童成长夏令营		项目时间	2017 年 8 月 15 日
项目受益方	流动儿童		项目执行方	某志愿服务组织
以下为本项目决算				
项目内容	预算标准	预算金额	决算金额	备注
车辆租赁	2 000 元/辆 * 3 辆	6 000.00 元	6 000.00 元	
场馆门票	50 元/人 * 100 人	5 000.00 元	4 800.00 元	4 人缺席活动
饮用水及简餐	15 元/人 * 100 人	1 500.00 元	1 440.00 元	4 人缺席活动
成本小计	12 500.00 元	12 240.00 元		
税费	750.00 元	734.40 元		
费用总计	13 250.00 元	12 974.40 元	盈余：275.60 元	

【点评】

从上表中可以看出该项目决算金额与预算金额接近，说明项目财务管控比较科学。

(三) 志愿服务项目费用报销

在志愿服务项目结束后需要整理费用发票等财务资料进行财务报销工作，财务报销为志愿服务项目财务管理的最后一个环节，同样也是较为重要的环节。志愿服务组织执行项目支持资金等财务资源时，为达到财务收支平衡，须在项目执行结束并出具项目决算表后进行报销工作。费用报销中涉及的发票金额总和须与项目决算中的成本支出总和相对应。各志愿服务组织对费用报销的方式、流程等内容的要求会存在一定的差异性，项目执行团队将各项支出的正规发票、支出明细等票据按照本组织的财务报销要求进行报销即可。

所有项目支出应取得有效原始票据，有效原始票据内容包括：单位名称、业务内容、数量、单价和金额等要素。有效原始票据的列支应经财务复核、项目负责人审批后才能报销。严禁列支各类购物消费卡票据和业务内容模糊的票据。费用报销要严格按照预算内容、标准和用途，采用实报实销原则。

根据 2017 年 7 月 1 日开始施行的国家税务部门的相关要求，费用发票需以项目实际支出为内容，明确支出单价、数量等信息，同时需要完整填写付款方单位名称与纳税人识别号等信息，如为增值税专用发票还需填写付款方地址、电话及开户行等信息（见图 10－1）。在费用报销前，报销人还需对费用发票进行真伪查询，以避免出现问题发票而造成不必要的损失。

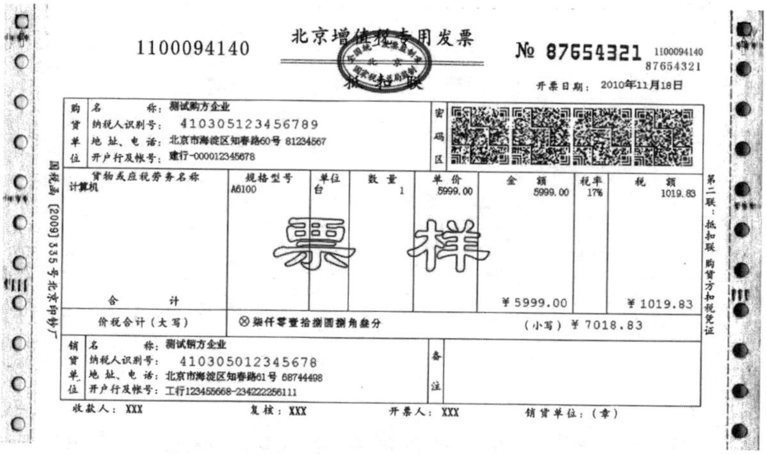

图 10－1　增值税发票示例

第二节　志愿服务项目的资金管理

案　例

合理预算是财务管理的根本

某环保领域的志愿服务组织发起了一项绿化植树的志愿服务项目，组织层面计划支出5万元作为经费用于项目开展，项目立项后即由执行团队进行项目执行工作，因项目时间要求较为紧张，执行团队在未进行合理预算的情况下就开始执行项目，在项目结束后做决算时发现整个项目共花费6万元经费，较批复预算金额超出1万元整，这给组织的财务造成了不小的压力。

【点评】

此项目因未进行合理的财务预算，在执行过程中也未进行及时的财务控制才造成经费超支的情况。由此可以看到财务管理对于志愿服务项目的重要性，合理的财务管理可以在保证项目顺利开展的同时避免对组织整体规划造成影响。

一、志愿服务项目资金使用的原则

项目资金管理就是对项目资金的使用进行有计划的控制与监督的管理过程。项目资金的使用情况直接影响项目本身的开展与效果取得，为保证项目的顺利开展并取得良好效果，针对项目资金使用进行合理规划与控制是必不可少的，同时项目资金的使用也须遵循一定的原则，尤其是志愿服务项目的资金使用。志愿服务项目的资金来源多为组织承担或政府购买或资方资助，为此更应遵循相关原则，合理使用项目资金。

志愿服务项目资金使用需要遵循预算管理、集中拨付、专款专用、专账核算与转账支出的原则。

（一）预算管理原则

预算管理原则是为框定志愿服务项目资金使用数额、使用范围以及使用合理性。所有的志愿服务项目在立项时，都需提交志愿服务项目专项资金使用明细预算，在预算中明确计划在此项目中资金用于什么地方、需要多大金额、是否符合相关标准等内容。预算管理不仅可以帮助项目执行人员合理使用项目资金，还可使志愿服务组织了解与控制资金的使用情况。项目预算审批下达后，项目资金使用支出情况应与项目预算一致。

案　例

合理预算的重要性

某组织发起重阳敬老志愿服务项目，该组织为将项目影响力扩大并帮助更多的老人，特在组织的管理经费中划拨5万元开展此项目。因项目发起和执行时间较为紧张，执行团队为了赶进度没有进行项目预算，计划在项目执行过程中根据实际情况和项目具体所需进行资金使用。项目结束后执行团队在进行项目结算时却发现组织划拨的5万元项目资金全部使用完毕，并且项目执行人员还自行垫付了1万多元的资金，这就为志愿服务组织的资金情况带来了较大的压力。

【点评】

由此可以看出志愿服务项目的资金使用遵从预算管理原则的必要性，如有明确预算，项目执行完全按照预算计划合理使用资金，项目取得同样效果的同时还可降低执行成本，减轻组织资金压力。

（二）集中拨付原则

志愿服务项目资金应按预算情况进行集中拨付，以保证项目的顺利开展。志愿服务组织在批复某项目的预算后应对所申请的预算资金进行集中整体拨付，不宜采用分批分次划拨的形式，否则将影响项目的开展与效果。

案　例

集中拨付项目资金保证项目顺利开展

保护动物的“爱它”志愿服务项目在立项后即向志愿服务组织提交了3万元的项目预算申请，志愿服务组织也很快批复了该预算并划拨了首笔1万元的项目资金用于项目执行团队进行项目筹备工作，同时志愿服务组织表示剩余的2万元资金将以每笔1万元的形式分批进行拨付。项目执行团队在获得首笔1万元的项目资金后即开始进行项目所需物资的准备工作，很快1万元项目资金使用完毕，团队随即向组织申请拨付第二笔资金，但却被告知组织资金紧张，将延期拨付剩余项目资金，这就使得该志愿服务项目不得不暂停筹备，同时已经确定的项目执行计划也不得不做延期处理，最终对项目的开展造成了较大影响。

【点评】

为保证志愿服务项目的顺利开展，志愿服务组织在批复项目预算后应对项目预算资金进行集中拨付。

（三）专款专用原则

为保证志愿服务项目资金使用的高效率性和安全性，志愿服务项目资金应遵循专款专用原则，只可用于本项目预算所计划内容，不可挪用。项目资金由项目负责人及项目团队根据项目进展需要申请使用，不可用于与项目开展无关的支出，也不可由项目团队以外的人支配使用。志愿服务项目资金原则上不可用于购买固定资产。政府采购资金和资方资助资金对于志愿服务项目资金的专款专用原则的要求更为明显和严格，如政府采购资金不得用于发放项目人员工资、不得用于租赁办公场所、不得用于购置固定资产和进行基础设施建设。

（四）专账核算原则

志愿服务组织在批复项目预算后，财务部门应为批复项目进行单独立项，并为批复项目资金进行专账核算，以便实时了解与控制志愿服务项目资金的使用情况。

（五）转账支出原则

志愿服务项目资金使用应遵循转账支出原则及相关现金和银行结算的管理规定，不得出现大额支付现金、超范围支付现金、公款私存等行为，除特殊情况外，全部使用银行转账进行支付。

志愿服务组织应将项目资金直接拨付受益对象或服务（或商品）的提供方，减少不必要的中间环节。不得将项目资金拨付给中间人并由中间人转付，不得将资金转移到其他单位留存。

二、志愿服务项目资金使用的标准与范围

志愿服务项目资金使用的标准与范围根据资金来源不同以及组织所处地区政策不同会有一定差异性，但志愿服务项目资金使用的范围可包括培训费、专家咨询费、劳务费、专业社工服务人员工资、交通费、会议费、印刷宣传费、制作费、会议费、材料费等几大类。

（一）培训费

培训费是指志愿服务组织或志愿服务项目执行单位对参与本项目的志

愿者进行集中培训所需支出的费用，包括食宿费、场租费、讲课费、资料费、交通费等费用，而培训费中的各部分构成将按照一定比例和标准进行划分。志愿服务组织或志愿服务项目执行单位应本着节约原则，依据预算据实列支培训费用。

案　例

参考《北京市市级党政机关事业单位培训费管理办法》，北京市志愿服务项目培训费标准原则上为每人每天不超过 450 元（食宿费、场租费、讲课费、资料费、交通费等），不住宿每人每天不超过 270 元；

讲课费标准（税后）为：副高级技术职称专业人员每半天不超过 1 000 元，正高级技术职称专业人员每半天不超过 2 000 元，院士或全国知名专家每半天不超过 3 000 元。

15 天以内的培训按照综合定额标准控制；超过 15 天的培训，超过天数按照综合定额标准的 80%控制；超过 30 天的培训，超过天数按照综合定额标准的 70%控制。上述天数含报到和撤离时间，报到和撤离时间分别不得超过 1 天。

【点评】

制定详细的志愿服务项目培训费标准、讲课费标准等，有助于严格控制项目执行费用。

志愿服务组织或志愿服务项目执行单位应当保留培训通知、培训方案及日程、师资简介及资质证明、教材讲义、参会人员签到表、会场照片、参加人员（姓名、单位、职务、身份证号、联系电话）、质量评估表及汇总表、培训意见反馈、培训总结、讲课费签收单、会议场所消费的原始明细单据、电子结算单等凭证。

（二）专家咨询费

志愿服务项目的专家咨询费是指志愿服务项目在执行过程中需要某方面或某领域具有专业知识和技能的人针对志愿服务项目所面临的问题提出建议和进行帮助，从而为其服务的知识和技能而支付的费用。志愿服务组织或志愿服务执行团队针对专家咨询费应按实际情况，在预算范围内据实列支。一般而言，高级专业技术职称人员 500 元/人/天、其他专业技术一般人员 300 元/人/天，超过两天的，第三天及以后的费用标准按 200 元/人/天执行。

志愿服务组织或志愿服务项目执行单位应当保留能证明专家身份和能力的资料及领款人签字的专家咨询费签收单，专家咨询费签收单应包括姓名、性别、身份证号码、联系电话、工作内容和时间记录、专家咨询费金额、领取人员签字等内容。

（三）劳务费

志愿服务项目的劳务费应按实际工作时间及项目执行地的物价水平，在预算范围内据实发放和列支。包括工作人员劳务费、志愿者补贴、专家劳务费。一般而言，志愿者补贴按天数计算，每天不超过50元（包括餐费、交通费、水费等），提供餐、水、交通的，原则上不给补贴。工作人员劳务费原则上按天数计算，也可按小时计算，每天不超过150元。以人力成本为主的服务活动，如专业社工服务、心理服务等，劳务费和志愿者补贴原则上不超过项目总经费的70%；其他服务活动，劳务费和志愿者补贴原则上不超过项目总经费的40%。

项目执行单位应当保留工作内容、时间记录和劳务费支付表，劳务费支付表应列明领取人姓名、性别、身份证号码、联系电话、工作时间、劳务费金额、领取人员签字等内容；以人力成本为主的服务活动，如专业社工服务、心理服务等附考勤记录、工作量记录；专业技术人员领取劳务费用，应附职称认定证书复印件；单笔劳务费超过2 000元，必须通过转账方式向个人银行结算账户支付款项，禁止现金支付（原则上劳务费发放不限金额尽量均采取转账方式进行结算支付）。

（四）专业社工服务人员工资

对于提供专业社工服务项目列支的本组织或本项目专门从事社工服务人员的工资性支出，费用按次（或工时）计费，并按专业社工在本项目的实际工作时间进行分摊，费用标准应符合预算的要求并不高于当地社会平均工资。

资料要求：项目执行单位应保留社工服务人员工作时间记录（有服务对象或相关人员签字确认）、费用分摊表等资料。

外聘专业社工的服务费参照劳务费、专家咨询费等相关规定执行。

（五）交通费

交通费是指志愿服务项目执行过程中必须发生的专家、志愿者（义工）、本项目执行人员的差旅费和市内交通费。志愿服务组织或志愿服务项目执行单位应本着节约原则，依据预算据实列支。差旅费应参照国家有关规定执行，全国性社会组织应参照财政部发布的《中央和国家机关差旅费管理办法》的要求执行，其他项目执行单位应参照地方相关部门制定的差旅费管理办法执行。

差旅费报销时，除票据外，报销单据中应注明出差人员姓名、出差时间、事由、起止地、费用类型等。市内交通费报销时，除票据外，报销单据中应注明报销人员姓名、外出事由、起止地、费用类型等。

（六）会议费

会议费是指志愿服务组织为开展某业务或某志愿服务项目所组织的集中沟通、研讨会议。志愿服务组织或志愿服务项目执行单位应本着节约原则，在规定的标准范围内，依据预算据实列支，并参照《中央和国家机关会议费管理办法》的规定进行管理。会议费开支实行综合定额控制，各项费用之间可以调剂使用，志愿服务组织所组织的会议一般情况下属于三、四类会议。

会议费综合定额标准如表 10－1 所示：

表 10－1　　会议费综合定额标准表　　单位：元/人/天

会议类别	住宿费	伙食费	其他费用	合计
一类会议	500	150	110	760
二类会议	400	150	100	650
三、四类会议	340	130	80	550

资料来源：《中央和国家机关会议费管理办法》。

志愿服务组织或志愿服务项目执行单位应当保留会议通知、会议日程、会议材料、会场照片、相关合同（场地使用、印刷会议资料、购买会议用品等）、实际参会人员签到表（包括姓名、单位、职务、联系电话、通信地址）、会议总结或成果、会议服务单位提供的费用原始明细单据、电子结算单等凭证。

（七）印刷、宣传费

志愿服务组织或志愿服务项目执行单位应本着节约的原则，依据预算据实列支印刷、宣传费。

除发票和付款记录外，志愿服务组织或志愿服务项目执行单位应保留相关合同（印刷、广告等）、印刷清单、印刷样品、刊登广告的媒介资料（样刊或录像）等相关资料。特别是涉及金额较大的（1 万元以上）应签订合同或协议，并附详细资金明细，此合同为针对本项目合作内容的合同，框架协议（合同）无效。

（八）制作费

制作费是指制作宣传册、宣传展架、手册、活动用品、证书等的费用。

志愿服务组织或志愿服务项目执行团队应根据项目需求和预算据实列支。

除发票和付款记录外，志愿服务组织或志愿服务项目执行单位应保留相关合同、制作清单、制作样品等相关资料。特别是涉及金额较大的（1万元以上）应签订合同或协议，并附详细资金明细，此合同为针对本项目合作内容的合同，框架协议（合同）无效。

（九）材料费

材料费是指项目实施过程中消耗的各种原材料、辅助材料等；低值易耗品的采购及运输、装卸、整理等费用。材料费的使用情况应与项目所需相关。志愿服务组织或志愿服务项目应根据项目需求和预算据实列支。

除发票和付款记录外，志愿服务组织或志愿服务项目执行单位应保留相关合同、物资清单、采购明细单、验收单、出库单等相关资料。特别是涉及金额较大的（1万元以上）应签订合同或协议，并附详细资金明细，此合同为针对本项目合作内容的合同，框架协议（合同）无效。

在志愿服务项目实施过程中，志愿服务组织或志愿服务项目执行单位应严格按照批准的项目预算执行。在项目实施过程中因计划不周或物价波动等原因，致使项目内容发生变化，必须进行项目预算调整的，应及时进行内部申请，获得组织批复后可进行预算调整，但调整幅度最好控制在总项目款的5%以内。表10-2为北京市小微志愿服务项目资金标准与范围示例。

表10-2　　北京市小微志愿服务项目资金标准与范围示例

序号	费用目录	开支范围	开支标准及方式	报销范围
1	会议费	包括住宿费、伙食费、其他费用。其中，其他费用包括文件资料印刷费、会议场地租用费和专用设备租赁费	会议费实行总额控制，各单位应在支出标准总额内据实报销。支出标准如下：会议费不超过450元/人/天，含住宿费240元/人/天，伙食费130元/人/天，其他费用（文件资料印刷费、会议场地租用费、专用设备租赁费等）80元/人/天。另外，劳务费，用于会议代表接送站以及会议统一组织的代表考察、调研等发生的交通费按有关财务规定据实报销。如会议不安排住宿，报销总额不能列支住宿费且不能超过210元；对于不发生的事项，报销额度上限应按明细标准进行相应扣减	提供会议通知、议程、参加人员名单及签到表、会议纪要、活动报告总结、正式发票、定点饭店等会议服务单位提供的费用原始明细单据等

续前表

序号	费用目录	开支范围	开支标准及方式	报销范围
2	培训费	包括住宿费、伙食费、培训场地费、讲课费、培训资料费、交通费、其他费用（现场教学费、文体活动费、医药费以及授课教师交通、食宿等支出）	①培训费实行综合定额标准，分项核定、总额控制。综合定额标准是培训费开支的上限，各项费用之间可以调剂使用。各单位应在综合定额标准以内结算报销 ②支出标准为450元/人/天：含住宿费180元/人/天；伙食费110元/人/天；培训场地、授课费100元；资料、交通和其他费用（现场教学费、问题活动费、医药费以及授课教师交通、食宿等支出）60元/人/天 ③如培训不安排住宿，报销总额不能列支住宿费且每人每天不超过270元。对于不发生的事项，报销额度上限应按明细标准进行相应扣减	报销培训费时应当提供培训通知、实际参训人员签到表、讲课费签收单、培训机构出具的正式发票及合同等
3	车辆租赁费	外事接待、会议和集体活动等临时性用车可以通过租赁政府采购车辆的方式解决		租赁合同及正式发票
4	印刷费	包括本单位不能承担的票据、证书、期刊、文件、公文用纸、资料汇编、信封等印刷业务	单项或批量印刷金额大于2万元的印刷服务须执行政府采购	合同及正式发票，留存印刷文件样本
5	制作费	制作宣传册、手册、活动用品、证书、易拉宝、横幅、展板、志愿者徽章、标志等		合同及正式发票，留存印刷文件样本

续前表

序号	费用目录	开支范围	开支标准及方式	报销范围
6	劳务费及志愿者补贴	包括支付给单位和个人的劳务费用，包括专家咨询费、志愿者补助、评审费及课时费等	①专家劳务费：讲课费执行以下标准（税后）：副高级技术职称专业人员每半天最高不超过 1 000 元，正高级技术职称专业人员每半天最高不超过 2 000 元，院士、全国知名专家每半天一般不超过 3 000 元，其他人员讲课参照上述标准执行；会议等其他活动中聘请专业人员或专家学者讲课可参照上述标准 ②志愿者补助按天数计算，每人每天不超过 50 元（包括餐费、交通费、水费等），提供餐、水、交通的，原则上不给补贴 ③以人力成本为主的服务活动，如专业社工服务、心理服务等，劳务费和志愿者补贴原则上不超过项目总经费的 70%；其他服务活动，劳务费和志愿者补贴原则上不超过项目总经费的 40%	①必须通过转账方式向个人银行结算账户支付款项，禁止现金支付行为。且个人所得税由甲方单位代扣代缴 ②列明姓名、服务内容、服务天数、身份证号码、开户银行及账号、领取金额以及联系方式，并经本人签字的支出凭单 ③专业技术人员领取劳务费用，应附职称认定证书复印件
7	材料费	材料费是指项目实施过程中消耗的各种原材料、辅助材料等，低值易耗品的采购及运输、装卸、整理等费用	材料费的使用情况应与项目相关	应提供正式发票、材料采购合同、采购明细单或超市小票等
8	服装费		活动用服装原则上每件不超过 60 元	
9	其他费用	项目开展过程中发生的设计、制作及购买活动用品等费用	项目开展过程中发生的设计、制作及购买活动用品等为规定执行政府采购的项目须询价供应商，同一供应商采购金额 1 万元以下的项目，留存询价过程资料，填写采购询价表；采购金额大于 1 万元（含）的项目，供应商必须出具报价单并加盖公章。与确定工艺上签署合同或协议后据实报销。购买活动用品须提供供应商出具的事务明细清单	

三、志愿服务项目资金使用的审批与控制流程

志愿服务组织应加强志愿服务项目资金使用的审批与控制流程，在志愿服务项目执行前建立项目资金使用审批制度，明确项目资金审批的权限、程序、责任和相关控制措施，明确经办人、项目负责人、授权批准人、审核（复核）人员的职责和工作要求。志愿服务项目执行中应严格遵守志愿服务组织所建立的审批制度，经办人、项目负责人、授权批准人、财务人员应按规定履行职责。

志愿服务项目资金使用的审批与控制流程应该包括项目预算的审批与控制流程和项目支出的审批与控制流程两种。

（一）项目预算的审批与控制流程

如图 10-2 所示，项目预算的审批与控制流程包括预算编制、财务审核、组织负责人审核、财务拨付等环节。项目预算的审批与控制流程是为了在资金使用前进行合理把控以降低项目资金执行过程中的使用风险。

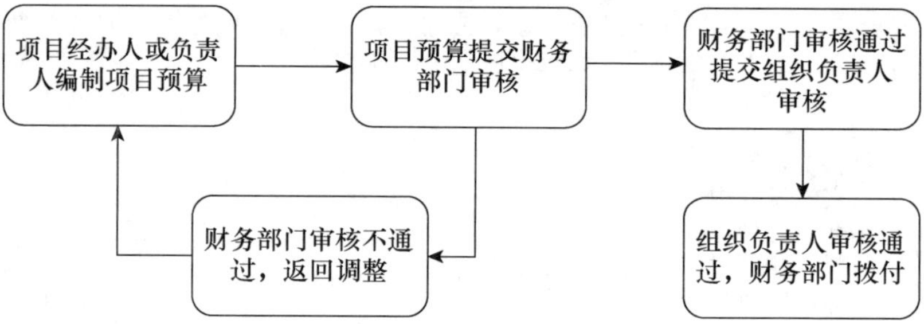

图 10-2　项目预算的审批与控制流程

1. 预算编制

预算编制由志愿服务项目负责人或经办人根据志愿服务项目所需支出的范围和内容进行制作，预算编制的格式根据各志愿服务组织内的预算模板制作。志愿服务项目预算编制结束后由项目负责人或经办人提交至志愿服务组织财务部门进行审核。

2. 财务审核

志愿服务组织财务部门得到项目预算后根据相关费用标准和制度对项目预算的合理性进行审核，如发现预算编制存在问题则返回项目执行团队进行调整，如项目预算无问题则提交至志愿服务组织负责人进行最终审核。

3. 组织负责人审核

组织负责人审核为项目预算审核流程中的最后一个环节，同样也是最为重要的环节，因为组织负责人具有项目预算审核是否通过的决定权。组织负责人审核项目预算通过后即可由财务部门进行志愿服务项目资金的拨付工作。

4. 财务拨付

项目预算完成整个审批与控制流程后由志愿服务组织的财务部门进行资金拨付支持志愿服务项目团队进行资金使用。

（二）项目支出的审批与控制流程

如图 10－3 所示，项目支出的审批与控制流程与项目预算的审批与控制流程相仿，包括项目决算、报销单制作、出纳审核、财务审核、组织负责人审核以及财务记账等环节。

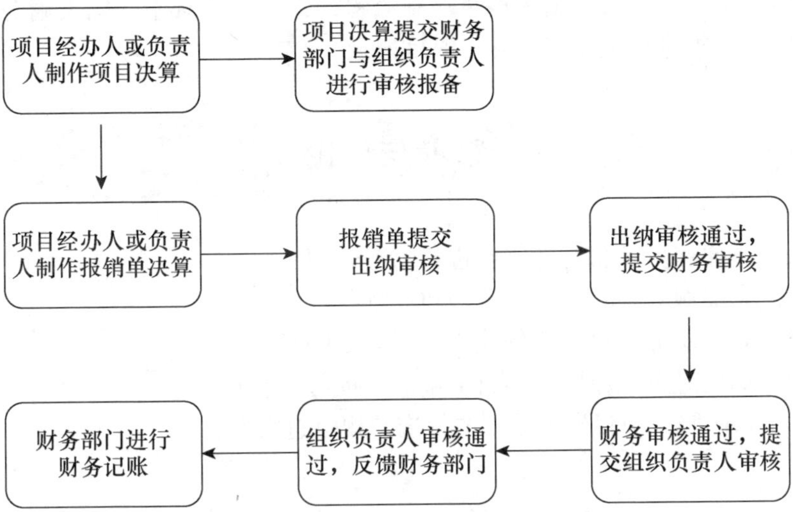

图 10－3　项目支出的审批与控制流程

1. 项目决算

项目执行团队根据项目执行过程中实际支出的资金情况进行项目决算，项目决算可有效帮助财务部门进行单据审核等工作。项目决算编制完成后提交至财务部门和组织负责人进行审核和报备。

2. 报销单制作

志愿服务项目执行团队按照志愿服务组织的财务报销要求与流程将各项支出的原始票据（发票、明细单、采购协议等）制作成为费用报销单。

费用报销单制作完成后提交至出纳处进行票据审核。

3. 出纳审核

出纳一般只审核报销单所涉及的票据是否齐全、合格。出纳审核票据结束后将报销单提交至财务进行审核。

4. 财务审核

财务则将报销单与项目决算进行比对审核，审核项目资金的实际使用情况。财务审核结束后将报销单提交至组织负责人进行审核签字。

5. 组织负责人审核

组织负责人审核的主要目的是同意为此项目进行财务报销工作，组织负责人审核通过后需在报销单上进行签字确认，最后将报销单返回财务部门进行财务记账。

6. 财务记账

财务记账为项目支出审核与控制流程的最后一个环节，需要财务部门根据财务要求进行项目资金支出账目记录。

思考与讨论

1. 志愿服务项目为什么要进行财务管理？
2. 志愿服务项目的财务管理包含哪些内容？
3. 志愿服务项目资金的使用原则有哪些？
4. 如何进行志愿服务项目资金的审批与控制？
5. 志愿服务项目资金使用的标准与规范有哪些？

第十一章
志愿服务项目的评估

引 例

“四个 100”先进典型活动的评估条件

2017 年 10 月，中央宣传部、中央文明办等 11 个部门共同组织开展了 2017 年宣传推选学雷锋志愿服务“四个 100”先进典型活动的评选，宣传推选出 100 个最美志愿者、100 个最佳志愿服务组织、100 个最佳志愿服务项目和 100 个最美志愿服务社区。其中，最佳志愿服务项目的推荐条件为：

1. 持续稳定地开展活动，项目实施时间为 3 年以上（含 3 年），参与者有一定广泛性，参与项目的注册志愿者原则上不少于 20 人。

2. 项目定位明确、运作规范，具有可操作性、持久性，具备完整的工作方案、规范的管理制度、科学的运作模式、齐全的档案资料。

3. 在当地或所在系统内有较大影响，在脱贫攻坚、传播文明、保护环境、服务社会、促进和谐方面产生明显社会效益。

4. 具有积极的示范效应，对社会公众具有带动、引导作用，符合我国国情及社会需求，具备可复制性及在全国范围推广的条件和价值。

资料来源：http://www.wenming.cn/zyfw/rd/201710/t20171013_4451292.shtml.

从以上评选最佳志愿服务项目的推荐条件可以看出，好的志愿服务项目要具有持续性、管理规范、产生较大社会效益并具有示范作用的特点。本章将详细阐述志愿服务项目评估的概念、流程以及评估内容。

第一节　志愿服务项目评估概述

案　例

一千零一个愿望项目

“一千零一个愿望”是和众泽益志愿服务中心于2012年推出的志愿服务项目，已经在北京、上海、广州等地成功开展，截至目前已经帮助超过10 000个孩子实现了愿望。“一千零一个愿望”以“实现孩子微心愿”为活动契机，广泛动员社会力量、爱心企业、志愿者加入关爱儿童的活动，解决儿童心理缺乏关爱、感情缺乏寄托、学习缺乏帮助、生活缺乏支持等现实问题，帮助他们健康成长。

“一千零一个愿望”志愿服务项目的目标是弥补流动儿童、留守儿童、流浪儿童和特殊儿童在物质、精神方面的缺失。鼓励孩子说出自己的愿望，收集受助儿童的愿望，并发动、匹配广大志愿者以“一对一，面对面”的形式帮助孩子们实现愿望。

资料来源：和众泽益志愿服务中心的项目案例。

【点评】

在项目立项评估的时候，尽量要求项目发起方或者执行方设定可量化的产出或指标。志愿服务项目的量化一直都是难题，目标实现的可量化同样也是非常困难的，特别是在一些软性服务方面。因此，设定可量化的产出或指标是保证项目效果实现的重要保障。

一、志愿服务项目评估的概念

（一）项目评估概述

评估，即评判、估计，它是一种区别性的活动。通过评估，评估主体可以判断评估客体的努力程度、工作绩效、管理能力等，可以区分优秀与低劣、积极与消极、进步与恶化等。评估可以较为粗略地分为两类：形成性评估和总结性评估。形成性评估中又包括了需求评估和过程评估，总结性评估中又包括了成果评估和影响评估。不同类型的评估适用于项目的不同阶段，能够解决的问题也不尽相同。为此，需要对项目评估做出界定，以此加深对项目评估的认识。现代项目管理理论认为，项目评估是项目管理中一项十分重要的内容。因为不论什么规模、什么类型的项目都需要开展评估工作，通过项目评估，确保项目决策的科学性和项目实施的可行性与有效性。

（二）志愿服务项目评估

志愿服务作为提升社会服务水平、推进社会治理创新与能力建设的重要载体和必要补充，已得到全社会的广泛关注与认可。近年来，我国各地广泛开展的志愿服务项目吸引和凝聚了大批社会公众参与科技教育、扶贫救济、环保、医疗卫生、助老、助残、法律援助等领域的志愿服务，并为服务对象提供了有效的帮助，在弥补社会保障、维护安全稳定、提高青年素养等方面发挥了积极作用，对于构建社会主义和谐社会具有重要意义。

与此同时，许多志愿服务项目发展过程中仍存在的信息不畅、资金不足、理念滞后等问题，需要更加科学完善的管理体系和运作机制加以保障，而志愿服务项目评估，可以通过全面掌握项目实施成效，促进项目管理、项目运行及项目服务能力，推动志愿服务项目的品牌化、常态化管理。

当前，公益项目评估是中国公益事业的短板之一，志愿服务项目评估同样也是中国志愿服务事业的短板之一。从项目化角度来讲，志愿服务项目评估是志愿服务项目管理中的一个关键环节，运用科学的研究方法（定量评估、定性评估或二者相结合），对志愿服务项目在特定的时间范围和资源条件下的设计、执行和结果的动态监督与静态总结情况进行评定，以系统客观地评价志愿服务项目是否有针对性，效果和成果如何，进而帮助其改进成效，预期对社会的可持续影响等。

近年来，在国家治理创新背景下，承接政府购买的社会组织数量快速增加。在政策的推动下，大量承接政府购买的社会组织快速发展，但是问题也相继出现，如项目质量参差不齐、政府监督力度不够等，政府也需要在实践中不断地成长和摸索，寻求解决办法。实践中一个非常有效的办法就是增加政府购买项目的第三方评估力度，从而保证有效提升项目的质量。

根据相关调研发现，《关于支持和发展志愿服务组织的意见》在各地实践过程中普遍遇到了阻力，很多政府购买项目需要对项目进行绩效评估，也就是要考虑项目的最终效果。因此，目前大量的政府购买项目基本上都被一些具有项目操作经验和管理经验的社会组织承接了过去，志愿服务组织在项目策划和管理方面的经验不足，导致承接的比例非常低。即使政府具有支持志愿服务组织发展的主观愿望，也要考虑政府资金的使用目标是否能够达到、使用效果能否达到预期。

因此，对大量的志愿服务组织而言，需要了解志愿服务项目的基本要求和运作规律，按照规范的志愿服务项目评估思维进行管理，做到“以终为始”，才能确保志愿服务项目最终效果的实现，也才能推动志愿服务组织的良性发展。

实践中，一些志愿服务组织已经开始对其实施的志愿服务项目进行评估，如“青年志愿者扶贫接力计划”项目评估、“春芽计划”项目评估等。也有一些企业邀请第三方独立机构对其实施的企业志愿服务项目进行评估，如强生志愿服务项目邀请和众泽益志愿服务中心对其项目效果进行评估。通过评估，这些志愿服务项目可以进一步明确今后的发展方向，为更好地开展志愿服务项目提供重要保障。

二、志愿服务项目评估的作用

采用现代项目管理方式，是当前我国开展志愿服务活动的一个主流与趋势，也是我国志愿服务事业不断进步并同国际接轨的重要表现。作为现代项目管理的一个重要环节，开展项目评估的意义不言而喻。总的来说，项目评估的动力主要来自两个方面：一是来自外部的推动，二是来自内部发展的需要。外部的动力主要源于资助方，特别是大额资金的资助方，他们希望通过评估对项目的实施情况进行监督，以决定要不要继续提供资金支持；而内部的动力主要来自志愿服务组织自身，他们希望通过评估促进项目开展、评价项目实施成效，并通过评估改进和完善项目工作以达到项目设计的目标，进而树立自身良好的社会形象。具体而言，志愿服务项目评估具有如下意义和作用：

（一）实现项目目标的保证

项目评估是保证项目达成目标的重要管理手段。国内外大量管理实践表明，缺乏评估是项目失败的重要原因之一。

（二）对相关利益群体负责

志愿服务组织往往是为了公益目标进行活动的，其资源也主要来自捐赠者。而且，志愿服务组织还享受了减免税的待遇和其他政策优惠，因此，志愿服务组织有必要向捐赠者、政府和利益相关方披露资金的流向和资金的使用效果。而要向相关利益群体披露资金的流向与资金的使用效果，其基础就是项目评估。没有科学、客观、公正的项目评估，披露必然流于形式。

（三）树立志愿服务组织社会公信力

志愿服务组织需要定期公布相关的组织信息、项目信息和财务信息，从而让公众对志愿服务组织有所了解并产生信任。目前国内的大多数志愿服务组织在这方面做得还不够完善。重要的原因之一就是志愿服务组织对所开展的项目没有进行客观公正的项目评估，更没有基于评估的问责交代。因此，开展项目评估，不仅有助于提升项目的效率与效果，而且有助于提升志愿服务组织的社会公信力。

（四）提升志愿服务组织的能力

项目评估不仅有助于项目的控制，而且有助于帮助志愿服务组织发现项目管理中存在的问题，总结项目管理中的经验，从而提升志愿服务组织的能力。

（1）通过评估，可以了解项目实施的结果与效果，即项目实施涉及的领域、服务覆盖情况，以及项目开展的质量、服务满意度及社会影响力。这一功能，主要体现在对项目实施的结果和效果评估方面：一是检验项目是否如期完成预期目标，二是检验项目通过哪些方面来实现预期目标，三是检验项目开展所涉及的领域，四是检验项目开展所覆盖的对象，五是检验项目开展的质量，六是检验服务对象的满意度，七是检验项目产生的社会影响。

（2）通过评估，可以总结项目经验与教训，提炼项目的有效工作模式，为项目的可持续运作及其他类似项目的开展提供科学依据。这一功能，主要体现在对项目的可持续性评估方面，即在综合评价项目开展各方面情况之后，进一步考量项目是否能继续产生功效，是否能够为服务对象提供有价值的服务，是否能够为志愿服务组织开展项目提供经验，是否对类似项目的开展具有借鉴和启发作用，是否能够进一步争取相关资源，是否能够进一步在该领域发挥志愿服务项目的作用、改善社会经济和人口发展的功能。

三、志愿服务项目评估的阶段与评估

项目是分阶段完成的一项独特性的任务，项目的各个阶段放在一起就构成了一个项目周期。所谓项目周期，一般是指从项目的需求分析、立项论证、项目实施和控制，到项目结项验收的整个过程。一般而言，志愿服务项目周期是指志愿服务项目从需求识别、方案设计、立项决策、项目实施到结项验收达到预期目标的整个过程（见图 11－1）。

项目周期与志愿服务项目评估有着十分紧密的关系。在整个志愿服务项目周期中，为保证项目各阶段决策的科学性和有效性，需要进行项目评估。基于项目周期中所包含的不同项目决策，按照志愿服务项目不同阶段的进程进行划分，志愿服务项目评估一般可以分为三个阶段：前评估、跟踪评估和后评估。对于志愿服务项目而言，从项目的前期需求识别、方案设计、立项决策、项目实施，到项目的结项验收，各阶段的评估工作要求不同，评估的方法也会有所差异。

开展志愿服务项目评估，实际上就是利用上述框架对志愿服务项目进行评估的过程。志愿服务项目评估的程序，就是对志愿服务项目进行评估所经历的工作环节、步骤和流程，它规定了评估过程中各项任务、活动之间的逻辑关系。

图 11－1　志愿服务项目周期

（一）志愿服务项目的前评估

任何项目的前评估都有一定的程序，志愿服务项目也是如此。志愿服务项目前评估中各项工作的步骤和流程可以参考图 11－2 所示的流程图。

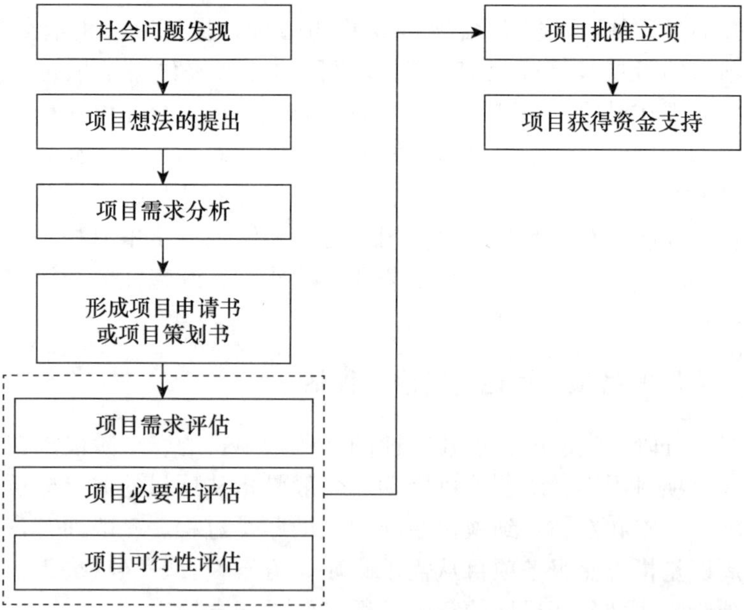

图 11－2　志愿服务项目前评估流程

（1）社会问题发现：发现了一个什么样的社会问题？如何对这个社会问题进行识别？

（2）项目想法的提出：针对发现的社会问题，提出志愿服务项目的初步想法和思路。

（3）项目需求分析：根据发现及识别的社会问题，以及志愿服务项目的初步想法，分析说明志愿服务项目实施的必要性，针对的问题及其产生的社会背景和原因，以及针对该问题本项目的介入方式和途径。

（4）形成项目申请书或项目策划书：根据志愿服务项目需求策划，并按照资金供给方的要求形成志愿服务项目书。志愿服务项目书一般主要包括项目背景及服务需求分析、项目目标、项目负责人及团队情况、项目执行计划、项目风险及后续管理、项目经费预算等。

（5）项目需求评估：根据评审标准对志愿服务项目的社会需求、组织定位、服务对象、资助方和其他利益相关者的需求等进行评估。

（6）项目必要性评估：根据评审标准对志愿服务项目的及时性、紧迫性等进行评估。

（7）项目可行性评估：根据评审标准对志愿服务项目的目标可行性、技术可行性、团队可行性、财务可行性、社会影响力等进行评估。

（8）项目批准立项：根据评估结果，确定志愿服务项目是否立项。如果是公开招标项目，那么在志愿服务项目正式批准立项前一般还需要进行公示。

（9）项目获得资金支持：如果有资金支持，确定批准立项后，志愿服务项目资金供给方与资金需求方签订项目合同，按照合同约定拨付志愿服务项目资金。

（二）志愿服务项目的跟踪评估

志愿服务项目跟踪评估的主要内容包括：志愿服务项目实施进展效果的评估、志愿服务项目活动执行情况的评估、志愿服务项目存在问题的评估、志愿服务项目风险变化及变更的评估、志愿服务项目未来发展及建议的评估等。

志愿服务项目跟踪评估也需要按照一定的方法和程序去进行，其各项工作步骤和流程可以参考图 11－3。

由图 11－3 可以看出，志愿服务项目跟踪评估主要涉及三个方面的内容：其一是志愿服务项目实施情况和项目环境的发展变化情况的评估；其二是志愿服务项目变更方案的评估；其三是变更后的新项目全面评估。这三个方面的评估工作并不是在每个阶段的项目跟踪评估中都必须有的，当

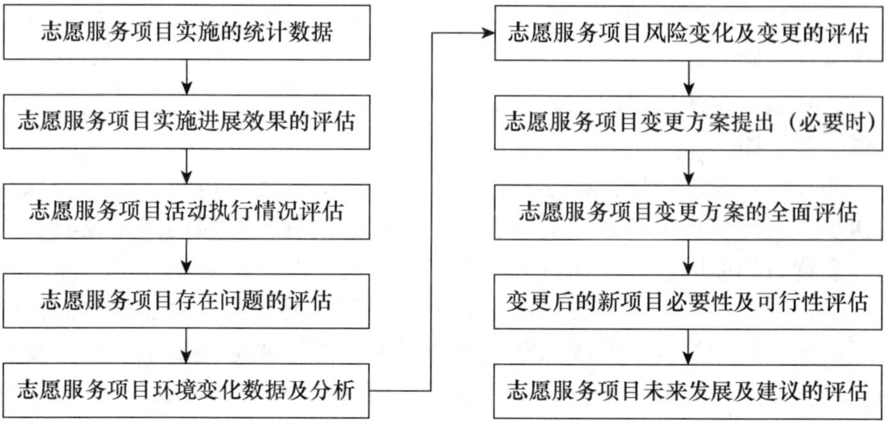

图 11-3　志愿服务项目跟踪评估流程

志愿服务项目实施情况与项目计划安排比较一致的时候，即不需要对志愿服务项目做出重大变更的时候，就不必开展志愿服务项目变更的评估和变更后的新项目全面评估。

（三）志愿服务项目的后评估

志愿服务项目后评估是指在志愿服务项目实施完毕并运营一段时间之后所做的一种项目总结评估。作为整个志愿服务项目管理过程中的最后一个环节，志愿服务项目后评估的目的是全面了解整个志愿服务过程，并将从中发现的问题与经验呈现出来，最终应用于项目的再实施。

志愿服务项目后评估也应该按照一定的方法和程序去进行，各项评估工作所构成的流程如图 11-4 所示：

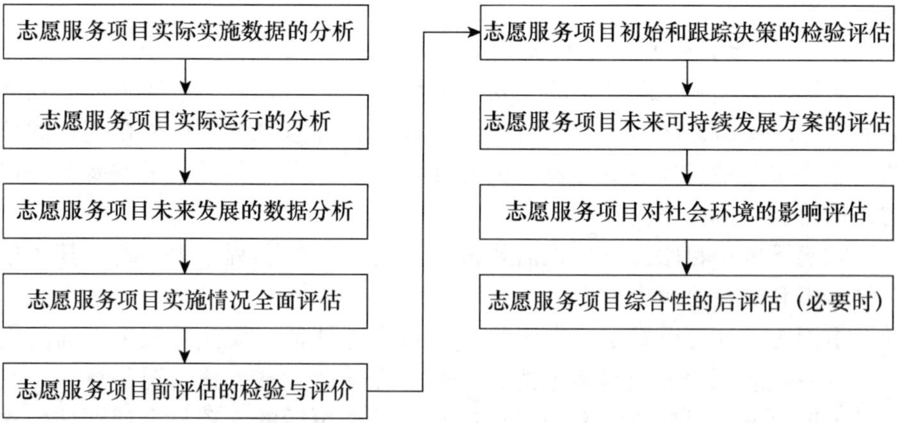

图 11-4　志愿服务项目的后评估流程

图 11－4 是志愿服务项目的后评估的主要过程，但是不同项目的后评估并不是都需要开展图中全部的项目后评估内容，而是要根据项目的周期长短和项目的影响情况以及企业或组织的管理需要去选择项目后评估的内容。

四、志愿服务项目评估的方法与工具

从方法论上来讲，志愿服务项目评估的方法主要包括同行评议法、层次分析法、逻辑框架法、对比分析法、相关分析法、因子分析法、成功度分析法、综合评价法等。

（一）同行评议法

同行评议法常常被科学界用来判断工作程序的正确性，确定结果的可靠性以及对有限资源分配的公认性等。同行评议由参与评议活动的专家和他们用来评价项目的标准构成。同行评议专家的选择要考虑诸多因素，例如他们的专业技术水平、研究领域、分布区域以及个人品质、职业道德等社会因素。为保证同行评议的正常运行，有必要对同行评议专家制定某些约束性的规定。

一般来讲，同行评议专家应具备如下基本条件：有较高的志愿服务学术水平、敏锐的科学洞察力和较强的学术判断能力；熟悉被评议项目的研究内容及相关研究领域的国内外发展情况；学风严谨，办事公正，热心志愿服务事业。

根据专家对志愿服务项目具体情况的了解程度，同行评议大致可以分为单隐、双隐和公开评议三种方式。其表现形式一般为会议评议、信函评议、通讯评议等。该方法虽然被广为应用，但由于它是由参与评估的专家以及专家的判断标准所构成的，所以评估结果也具有主观性、保守性以及对项目成果缺乏隐私保护等不足之处。

同行评议专家应按照志愿服务项目评审标准和要求，充分阐述个人观点，摒弃非客观因素的影响，做到客观公正、遵守保密和知识产权等有关规定。内容过于空泛或明显有失公正的评议，视为无效评议。

（二）层次分析法

层次分析法能把决策过程中定性与定量的因素有机地结合在一起，用一种统一的方式进行处理；既能保证模型的系统性、合理性，又能使决策管理专家充分运用其经验与判断能力。

该方法的优点在于，其分析过程体现了人们决策思维的基本特征及其发展过程，即分解、判断、排序、综合，从而可充分利用人的经验与判断，并采用一定的定量方法来解决一些半结构化决策问题和无结构化决策问题。该方法特别适用于定性的或定性、定量兼有的决策分析，其核心功能是对方案进行排序优选。尽管该方法在社会、经济和军事上都有广泛的应用，但它在应用上也有一定的局限性：该方法的应用主要针对那种大体已确定方案的决策问题。人的主观判断、选择对该分析方法的结果影响较大。由于志愿服务项目的复杂性和社会性，志愿者的实践和经验显得尤为重要，此方法比较适合该类型项目的评估。

层次分析法如图 11－5 所示：

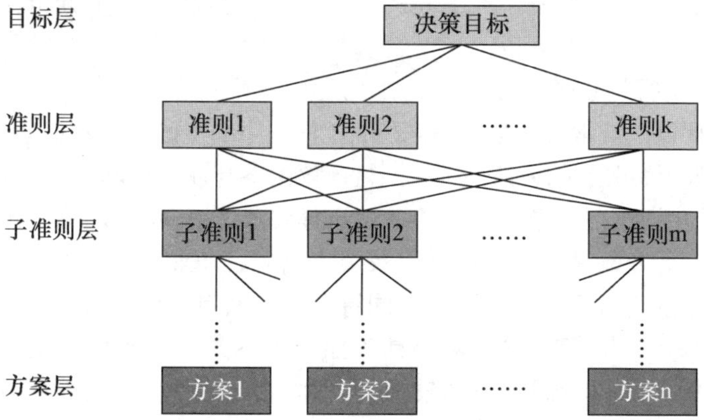

图 11－5　层次分析法

（三）逻辑框架法

逻辑框架法是将几个内容相关、必须同步考虑的动态因素组合起来，通过分析其间的关系，从设计策划到目的、目标等方面来评估一项活动或工作。逻辑框架法为项目计划者和评估者提供了一种分析框架，用以确定工作的范围和任务，并对项目目标和达到目标所需的手段进行逻辑关系分析。

（1）项目目标：体现为企业发展计划、规划、政策方针等对项目提出的目标要求，往往是志愿服务项目决策的整体目标。这个层次的目标要求项目目标必须与国家发展目标、国家社会组织发展政策等要求相联系。项目目标往往需要多个具体目标的完成才能实现。

（2）具体目标：是指“为什么”要实施这个项目，是项目达到的直接效果和作用，是项目后评估的重要依据，一般应考虑项目为企业和社会群体带来的影响。这个层次的目标由项目决策机构和独立的评价机构来评估确定，往往一个项目有多个具体目标。

（3）项目产出：这里的“产出”是指项目“干了些什么”，即项目的服务内容或直接产出物。一般要提供直接的可计量结果，要直截了当地指出项目所完成的实际工作。各项成果是为实现项目目标必须达到的各项具体目标，它们从其效果来看应是合适的、必要的、足够的。

（4）投入活动：是指项目的实施过程及内容，包括人、财、物和时间等的投入。投入活动要详细到可以具体运作的程度，要做到可行性和可信度的结合。

逻辑框架法的具体示例如图 11－6 所示：

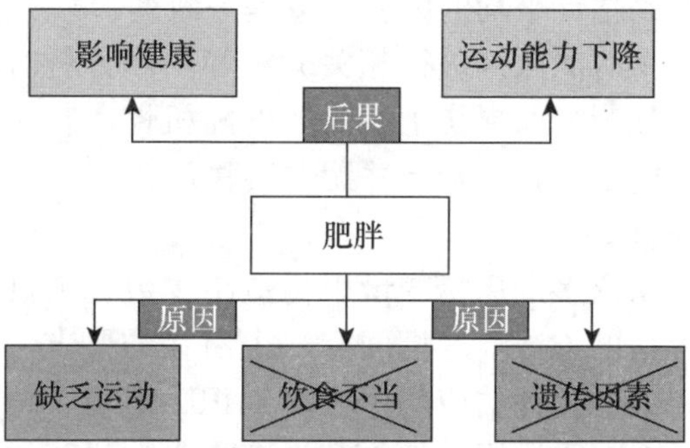

图 11－6　逻辑框架法示例

（四）对比分析法

对比分析法分为前后对比法、有无对比法两种。

前后对比法：前后对比法是指将项目实施前与项目实施后的实际情况加以对比，测定该项目的效益和影响。在项目后评估中是将项目前期阶段，即项目立项研究与前评估阶段所预测的项目成果、项目目标和效率、效果和影响，与项目实施后的实际情况相比较，从中找出存在的差别及原因。项目实施完成后，以原预测指标数为基准，评定各指标的实际实现指标数值。变化和差距等于实际实现指标减去原预测指标。

有无对比法：有无对比法是指在项目实施区域内，将项目实施后的实际效果和影响，同如果没有这个项目可能发生的情况进行对比分析。由于项目所在地区的影响不只是项目本身所带来的作用，而且还有项目以外的许多其他因素的作用。因此，这种对比的重点是要分清这些影响中项目的作用和项目以外的作用，评估项目的增量效益和社会机会成本。项目的有无对比不是前后对比，也不是项目实际效果与预测效果的对比，而是项目实际效果与若无此项目实际或可能产生的效果的对比。

（五）相关分析法

在进行项目评估时，研究对象变量之间关系的紧密程度，并用相关系数或相关指数来反映的方法称为相关分析法。通常做的相关分析有直线相关、等级相关。直线相关分析用于反映两个变量之间的线性联系程度。等级相关把数量标志或品质标志的具体表现按等级次序排列，再测定标志等级之间的相关程度。

在具体应用相关分析法时，应注意其与回归分析的两个问题：(1) 在资料上，相关分析要求两个变量都必须是随机的；回归分析要求因变量必须是随机的，自变量则不能是随机的，而是规定的值，这与在回归方程中用给定的自变量值来估计平均的因变量值是一致的。(2) 防止虚假相关和虚假回归。在对两个时间数列进行相关分析和回归分析时，常因各期指标值受时间因素的强烈影响而损伤了所需要的随机性；有时两个时间数列表面上似有同升同降的变动，实际上并无本质联系。

(六) 因子分析法

因子分析法是从众多的原始变量中构造出少数几个具有代表性的因子变量对项目进行评估的方法，这里面有一个潜在的要求，即原有变量之间要具有比较强的相关性。评估应集中在对知识、态度、价值观念和技能的传授水平上，它们会对志愿服务工作产生直接影响。其评估手段主要包括问卷调查、参与式观察、项目评估、自我评估、志愿者访谈、情境分析、角色表演、专家评定等。

(七) 成功度分析法

成功度分析法（打分法）是对项目实现预期目标的成败程度给出一个定性的结论。成功度就是对成败程度的衡量标准。一般来说，成功度可分为五个等级：

(1) 完全成功的。用 AA 来表示，表明项目的各项目标都已全部实现或超过预期；相对成本而言，项目取得了很大的效益和影响。

(2) 成功的。用 A 来表示，表明项目的各项目标都已全部实现；相对成本而言，项目达到了预期的效益和影响。

(3) 部分成功的。用 B 来表示，表明项目实现了原定的部分目标；相对成本而言，项目取得了一定的效益和影响。

(4) 不成功的。用 C 来表示，表明项目实现的目标非常有限；相对成本而言，项目几乎没有取得什么效益和影响。

(5) 失败的。用 D 来表示，表明项目的目标是不现实的，根本无法实现；相对成本而言，项目不得不终止。

在测定各项指标时，采用打分制，按评定等级标准 A、B、C、D 四个等级来表示。通过指标重要性分析和单项成功度结论的综合，可以得到整个项目成功度指标，也用 A、B、C、D 表示，填在表的最后一行。

（八）综合评价法

志愿服务项目中的综合评价法是对志愿服务项目中多种因素所影响的事物或现象进行总的评价。它的基本思想是根据综合评价的目标，对客观事物的影响因素进行分解，以构造不同层次的统计指标体系，然后对这些指标进行指标赋值并确定其权重系数，最后采用综合评价模型进行综合，得到综合评价值，以此进行排序和评价。指标赋值和指标权重系数的确定构成了综合评价方法的两大内容。在指标体系构成以后，指标赋值用于将量纲不同、单位不一致、对总目标作用大小不一、不能直接相加的指标值过渡到可直接相加汇总的指标值。指标权重系数依据各层指标对总目标评价贡献份额的大小来确定。这对于把握志愿服务工作的弱点和优点很有帮助。

该方法是根据评估各项指标的评价结果对计划、项目或政策做出一个最终的评价结论，即通常所说的综合评分法。这种方法对于志愿服务项目整体评估有较大的启发。

第二节　志愿服务项目评估的内容

案　例

北京市志愿服务联合会小微项目评估指标

北京市志愿服务联合会小微项目的评估指标主要包含以下内容：

项目基本情况	基本信息
	项目团队（包括执行团队与分工、团队成长性）
项目执行情况	项目背景（必要性、迫切性）
	项目完成情况
项目成效	项目产出及结果
	项目社会效益
	项目实践创新
	项目规范性
思考与展望	项目执行中存在的问题、困难与解决措施
	项目经验总结与模式研究
	未来展望

资料来源：和众泽益志愿服务中心的项目案例。

【点评】

志愿服务项目的评估，除要考虑项目的完成情况外，还要考虑项目管理的规范性、项目的社会效益、项目的实践创新等指标，要对项目进行全面的评价。

志愿服务评估无论是前评估、跟踪评估还是后评估，都会涵盖一些基础的评估要素。

一、志愿服务项目的团队评估

随着志愿服务的快速发展，项目团队越来越重要，特别是在志愿服务项目整体绩效评估中的作用变得越来越重要。一个高效的志愿服务项目团队对所要达到的目标有清楚的了解，并坚信这一目标包含着重大的意义和价值。而且，这种目标的重要性还激励着团队成员把个人目标升华到群体目标中去。在有效的项目团队中，成员愿意为团队目标做出承诺，而且清楚地知道团队希望他们做什么工作以及他们怎样共同工作以完成任务。

志愿服务项目团队评估包括评估项目团队成员数量是否足够，团队人员结构配置是否合理，团队成员的能力素质是高是低，团队工作效率如何，团队内部能否妥善合作，成员工作的主动性、学习性以及成长力是否积极等方面。在项目团队中，还应具备共同的工作氛围和工作条件，志愿服务项目团队带头人要具有战略眼光和很强的组织协调能力，团队成员要有很强的学习能力，能够很好地进行能力优势互补。

志愿服务项目团队评估的目的是对项目团队所有活动过程中的整体条件和水平进行衡量，以促使团队成员按照项目利益相关方的要求完成项目任务，并将项目成果及时交付给他们。具体而言，团队评估的目的主要包括以下几个方面：

一是判断项目团队是否有能力执行项目。在项目评估的各个环节，包括前评估、跟踪评估和后评估阶段，都应该对项目团队的胜任能力进行评估。不管项目的策划和设计如何创新，没有一个优秀的项目团队就无法保证项目的成功落地。由于志愿服务项目团队多是临时性组合的团队，成员大多是基于自愿、不为报酬来参与志愿服务的，成员之间各自的背景、知识技能和经验也可能有很大差异，因此，评估具有两方面意义：一方面通过对志愿服务项目团队进行评估，分析项目团队成员的实力，判断项目团队与项目的契合度，以确定团队是否满足项目的需求。特别是在项目立项评估的时候，如果项目团队的经验和执行力不够，一般是不建议通过立项评估的。另一方面，通过评估为团队的构建提出建议，并要求项目团队优化和改进团队成员组成，以保障项目目标的实现。判断项目团队成员的实力具体可以从团队成员是否具备所需的能力素质或技能、团队的人员结构是否合理、团队成员是否有准入行为（如面试筛选）等方面进行评估。

二是增进团队沟通交流。通过项目团队评估，可以对项目工作进行总结，突出团队在项目运作过程中的作用，对工作进行阶段性调整，以确保项目团队工作始终朝着一个正确的方向迈进；对项目团队先进的工作方式进行激励，以改善整个团队的运作方式，积极鼓励团队成员的成长和进步；对项目团队前期的工作失误进行经验分析及修正，为管理决策提供数据支持。

三是加强团队自身建设。通过项目团队评估，可以向机构、资助者或社会显示和证明项目团队工作的能力，有效监控项目团队的执行状况，辨明问题并及时修正，加强项目团体的自身建设，促进项目团体的自我管理和自我完善。有利于增加项目团队工作的透明度，强化社会监督，提高志愿服务组织或团队的社会公信力。

四是提高团队工作绩效。通过项目团队评估，可以从整体上了解项目进展是否达到项目团队预定的目标，检查项目团队的目标达成状况，让成员了解项目工作进展情况以及明确要做的工作，调动项目成员的积极性和工作责任感，鼓励成员提高能力并保持进步，促进成员之间的交流，纠正行动上的偏差，培养项目团队成员的主人翁责任感。

志愿服务项目团队评估一般包含如下内容：

1. 团队负责人的经验和能力

在志愿服务项目团队中，团队负责人（通常称为项目经理，有的由机构负责人担任）发挥着至关重要的团队管理作用。团队负责人的知识背景至少应具备项目管理、团队管理和专业知识技能三项技能。一名合格或优秀的团队负责人必须深刻理解项目，熟悉项目管理的相关能力，明确项目目标，把握项目方向，及时反馈项目进展并调整项目方向。项目团队成员会影响项目的进度与效率，团队成员越多越需要科学的工作流程和协作方法。一名合格或优秀的团队负责人必须了解自己的团队，熟悉成员的优缺点，并对所有成员合理配置与分工，以达到效益最大化。团队负责人作为项目团队的组织者和领导者，其地位和作用是极其重要的，其专业知识与技能构成往往在很大程度上决定了团队项目的完成水平。在这里强调一点，在专业技能方面，项目团队负责人不一定是最强的，比如一些助老的志愿服务项目，可能团队负责人并不一定了解，但是团队负责人可以负责协调资源，动员社会力量。管理方面的能力也是一名合格的团队负责人所必须具备的能力，如遇到一些大型项目，也可以适当地评估团队负责人的协调能力和领导力等。

案　例

中国好人——李森

李森，男，1976 年 6 月出生，广州青年志愿者协会启智服务总队队长、广州天河区启智社会工作服务中心党支部书记。10 年来累计志愿服务超 1.5 万小时，引导 3 万多名市民参加志愿服务。他所带领的启智服务总队提供志愿服务时数超过 50 万小时，个人经费投入超过 5 万元，以自己的真心付出为城市添彩。曾获得中国志愿服务金奖奖章、中国青年五四奖章、全国优秀志愿者和广州市十大杰出青年等多项荣誉，入选中国文明网“中国好人榜”。

资料来源：http://dangjian.people.com.cn/n1/2016/0630/c117092－28513417.html.

【点评】

作为一名优秀的项目负责人或团队负责人，除具有志愿服务的热情外，还需要长时间地积累工作经验，努力提升工作能力。

2. 项目团队配置情况

志愿服务项目的成功不能仅靠领导人，毕竟一个人的时间和能力有限。只有项目团队才能保证项目的顺利落地实施。这里的项目团队更多指的是项目的全职工作人员。

（1）与项目匹配的团队人数。

项目的成功与人力的投入在某种程度呈正相关，投入的人力足够多对于项目的成功是基础的保障。在现实中，很多志愿服务项目由于管理经费的限制，在项目核心团队投入方面明显不足，或者是缺乏足够的人力，或者是同时要进行几个项目。抛开一些客观的因素，比如项目经费不能充分保障的情况，评估者必须站在确保项目顺利实施的角度开展评估，因此必须要求项目团队配备足够数量的人手。

（2）与项目匹配的团队能力和构成。

没有足够的能力和经验，就算配备足够的人手也是不够的。因此根据项目的要求，在团队的配置方面，要充分考虑团队的技能构成，比如助老项目需要有一些具有助老方面经验的工作人员，在应急志愿服务方面需要有一些具有应急方面经验的志愿者。

同时也要考虑到团队的分层，如果是一个大项目，可能需要项目经理和项目主管、项目专员等不同类型的构成，以保证项目的顺利落地。

（3）团队稳定性。

志愿服务项目团队的流动性一般都比较大，如果不能保证团队的稳定性，那么，项目的质量和持续性的要求就很难达到。因此必须评估团队的稳定性，或者要求项目团队做出相应的承诺。

3．志愿者配置情况和管理的规范性

在志愿服务项目立项评估、过程评估和后评估中，志愿者团队的整体评估是志愿服务项目评估的特点之一。进行志愿者评估是对志愿者工作的考核与认可，也是志愿者有效的激励手段之一。志愿服务项目的重要特征之一就是志愿者的广泛参与和支持，志愿者的服务成效直接关系到志愿服务项目的成败。团中央 2016 年发起的志愿服务项目大赛的评审标准，明确要求“执行人员中志愿者的比例不低于 70%”，充分说明志愿者是志愿服务项目团队评估中的重要组成部分，也是组织对志愿服务项目的重要投入。

下面重点从志愿者配置与分工、志愿者能力素质、志愿者培训的保障情况、志愿者团队的稳定性、志愿者管理的规范性五个方面来详细阐述志愿者评估的内容。

（1）志愿者配置的数量与分工评估。

志愿者的配置与分工是根据项目策划的需求及志愿者的供给状况，将志愿者分配到各个岗位上，并随着项目的实际工作需要，对不同项目岗位的志愿者进行重新分配使用，以保证各项项目顺利开展。首先，需要评估志愿者的配置是否能满足项目的需求；其次在志愿者的使用过程中，分工明确、优势互补、团队协作是衡量志愿服务项目团队的重要指标。志愿者配置与分工得当，能够保证整个项目形成一种大于个体分立之和的整合力，满足项目的需要并实现项目的目标。若配置不当或分工无效，志愿者将会与自己的岗位不匹配，资源得不到合理配置甚至是浪费，项目活动难以达到预期效果。针对每个志愿者的专业特长进行分工，才能最大地优化资源，利用资源。

（2）志愿者能力素质。

作为项目团队成员，志愿者能力素质是指以完成团队任务为目标，以在组织内挑选合适志愿者组成的项目团队为主体，通过一定的流程和机制对项目团队的结构、目标、志愿者个人素质等进行整合和优化后，对志愿者团队的人力资源素质进行的综合评价和考量。

志愿者团队能力素质对志愿服务项目团队来说尤为重要，它在很大程度上决定了志愿服务项目的成败。能力素质高的志愿服务团队在完成服务项目目标、保证服务项目质量、提升服务项目效率上有更多的优势。一个项目团队不是看项目团队成员的个体能力，而主要是看项目团队是否能将团队成员整合起来，分工合作、协调配合完成项目团队任务的能力。对于志愿服务项目而言，它是由一群有爱心、激情和责任的志愿者组成的项目团队来运作的，要充分考虑志愿者的流动性和不稳定性。每个志愿者都是不同的单独个体，大家能聚集到一起，除共同的信念、相同的兴趣爱好外，良好的组织凝聚力以及协调的组织氛围也是十分重要的因素。

（3）志愿者培训的保障情况。

志愿者的培训是保证志愿者胜任岗位的必要条件，也可以作为志愿者评估的重要组成部分。通过不断培训，能够为志愿者提供从事志愿服务活动所需的专业培训和岗位培训，提高志愿者的服务水平。评估的目的就是要检查志愿服务项目是否有志愿者培训的规划、是否开展了志愿者的培训及是否有能力开展志愿者的培训等。

（4）志愿者团队的稳定性。

志愿者团队的稳定性是一个现实问题，许多志愿者加入团队后，往往会出现激情逐渐消退的情况，一段时间后一些志愿者的参与积极性会锐减，甚至成为“沉默一族”。因此进行志愿服务项目评估时对志愿者团队的稳定性进行评估也很重要。一个志愿者团队从形成到运行到最终解散，这个过程就像一个生命从孕育到生长，到消亡，会经历不同的发展阶段。每个阶段有其不同的特点，在志愿者团队绩效、成员行为以及领导者领导方式和风格的选择上都可以进行分解[①]。如果志愿者团队不稳定，很容易造成工作延误、差错，给受助对象、爱心机构或人士、社会公众留下不好的印象，进而损害志愿服务组织的形象和公信力。因此，通过评估志愿者团队的稳定性，找出并深入分析志愿者流动的原因，分析究竟是志愿者岗

① 民政部社会工作司．志愿者管理手册．北京：中国社会出版社，2014：175.

位设置的问题，还是志愿服务组织对志愿者关心不够，或者是缺乏有效的志愿者激励评价机制，从而对症下药，提升志愿者团队的积极性、稳定性。

（5）志愿者管理的规范性。

《中华人民共和国慈善法》第六十四条、第六十五条和第六十八条规定：

1）慈善组织招募志愿者参与慈善服务，应当公示与慈善服务有关的全部信息，告知服务过程中可能发生的风险。慈善组织根据需要可以与志愿者签订协议，明确双方权利义务，约定服务的内容、方式和时间等。

2）慈善组织应当对志愿者实名登记，记录志愿者的服务时间、内容、评价等信息。根据志愿者的要求，慈善组织应当无偿、如实出具志愿服务记录证明。

3）慈善组织应当为志愿者参与慈善服务提供必要条件，保障志愿者的合法权益。慈善组织安排志愿者参与可能发生人身危险的慈善服务前，应当为志愿者购买相应的人身意外伤害保险。

4. 项目团队和志愿者同类项目的经验

在进行志愿服务项目团队评估时，团队同类项目的经验也很重要。如果项目团队拥有实施志愿服务项目活动所需要的相关经验，并有较高的执行能力，那么项目的执行可能就会非常顺畅。反之，如果项目团队没有一些同类志愿服务项目在经验，那么志愿服务项目在执行过程中遇到的困难可能会更多一些。是否具备相关的工作经验是评估一个团队是否成熟的重要依据。

对于项目团队同类项目的经验，重点关注以下三个方面：一是项目团队成员是否有做过志愿者的经历？二是项目团队成员具体做过哪些志愿服务项目？项目成员所从事的志愿服务项目与目前要执行的志愿服务项目是否具有相似性？有哪些可以借鉴参考的地方？三是项目成员过往在执行志愿服务项目中表现如何？项目成员过往的志愿服务项目取得了什么样的成效？

在评估过程中，要求项目团队提供相关项目情况说明。一般在同等条件下，具备相关经验的团队的项目可行性更高，在立项评估的时候应给予更多的认可。

5. 项目团队的管理水平

项目团队的高效运作离不开内部良好的管理制度。这里的团队既包括全职的项目团队，也包括志愿者团队。例如，在北京购买社会组织服务方面，每个项目都必须提供相关的项目管理制度，其实就是为了保证项目效果的实现。项目管理制度与机构的管理制度可以是一致的，也可以根据项目的情况自行制定相关的制度。

（1）项目管理的规章制度和工作流程。

规章制度和工作流程保证了内部分工的顺利运行，明确了不同项目人员的岗位职责和工作规范，可以有效提升工作效率。同时，规章制度可以明确项目申请人对项目的责任。

（2）项目的档案制度。

良好的项目档案留存是保证项目过程评估和后评估的基础，如果没有做好相关的项目档案留存工作，过程评估和后评估是无法开展的，也无法认定项目是否成功。因此要求项目团队必须有完整的项目档案制度。

案　例

北京市小微志愿服务支持项目的项目管理标准评估

北京市小微志愿服务支持项目评审标准中对于项目管理的要求和评估指标如下（百分制，项目管理标准占20分）：

项目管理标准	20分	制度建立情况	5分	建立健全与项目实施相适应的一系列管理服务制度
		规范管理情况	5分	落实志愿者实名注册、项目发布、志愿服务计时、星级评定、业务培训、激励保障等工作
		团队合作情况	5分	项目实施团队相对稳定，能积极参与服务决策
		项目报告完成情况	5分	按时完成月度报告、中期报告与绩效考核等报告

资料来源：和众泽益志愿服务中心的项目案例。

【点评】

明确的项目管理制度是项目实施的成功保障。通过明确项目管理评估标准，北京市小微志愿服务支持项目可以有效把控项目质量，确保项目顺利实施。

6. 团队的志愿服务热情

很多志愿者团队可能缺乏相关的项目经验，但这并不影响他们创造一个个具有良好社会影响的志愿服务项目。究其原因，就是项目团队和志愿者热爱志愿服务事业，愿意利用自己的业余时间长年累月地坚持。因此在评估志愿者团队的时候，一定要评估团队开展此项目的决心、信心和热情。在评估团队的志愿服务热情时，一般可以考虑：

(1) 团队的持久性。很多刚刚创建的志愿者团队并不了解志愿服务项目开展的难度，刚开始热情很高，但是对困难准备不足，导致项目很难继续。因此，一般而言，团队创建越久相对而言越有稳定性。

(2) 团队的向心力和凝聚力。通过说明团队的工作意义和价值，可以充分调动大家的积极性。很多困难可以通过团队的力量解决。

7. 获得的奖励与荣誉

项目团队的奖励与荣誉是对整个团队成员的能力与获得成果的一种肯定，更是一种正面激励。对于项目团队获得的奖励与荣誉，重点关注以下方面：一是项目团队是否获得过志愿服务项目的奖励与荣誉？二是项目团队所获得的志愿服务项目奖励与荣誉是什么级别的？如果项目团队获得过一些有分量的奖项，比如团中央等部委举办的中国青年志愿服务项目大赛金奖，那么可以说明项目团队运作志愿服务项目的能力素质比较好，有助于当前志愿服务项目的执行。

二、志愿服务项目的财务评估

财务评估是项目评估中的一项重要内容，不管是项目前评估还是项目后评估都需要项目财务评估，即指从项目投资人的角度去考虑项目的成本与收益问题。项目财务评估，是指在财务效益与费用的估算以及编制财务辅助报表的基础上，编制财务报表，计算财务分析指标，考察和分析项目的盈利能力和财务生存能力，判断项目的财务可行性的活动。财务评估可从财务基础数据估算、财务效益评估两方面着手。

财务基础数据估算是进行财务评估和开展经济评估的前提和基础。财务基础数据估算分析的主要对象是成本和收益，通过两者的比较说明项目效益的好坏，其主要包括项目总投资及资金来源与筹措、总成本费用估算、销售收入估算、税金及附加估算、利润与分配估算等。

财务效益评估是项目评估的重要组成部分，它分析计算项目直接发生的财务效益和费用，编制财务报表、计算评估指标、考察项目赢利能力、项目清偿能力以及外汇平衡等财务状况，据以判断项目的财务可行性，以为项目的投资决策提供科学依据。一般财务基础数据估算可以为财务效益评估提供客观准确的基础数据，而财务效益评估是在此基础上来评估项目是否具有可行性。

任何项目的财务评估都是必不可少的，其结果对项目的决策、实施和运行产生着重大的影响。近年来，公益事业在社会中的影响越来越广泛，在公益事业蓬勃发展的同时，公众对公益组织财务情况的监督和要求也越来越高。特别是“郭美美事件”使公益慈善组织的公信力受到很大的影响，建立规范、公开、透明的运行机制非常重要，而财务评估则是对公益组织加强信息披露、编制财务报表和监管重大活动的重要保障。

没有细致的财务规划和预算，任何机构都不能正常运作。那些在社会组织中担任管理角色的人，大多数是根据这些财务测量指标来评估自己的绩效及其机构的功效的①。由于志愿服务项目的特殊性，志愿服务项目财务评估与一般项目的财务评估不同。志愿服务项目资金多来源于政府采购、企业捐赠、基金会以及社会公众捐赠，不以经济效益为第一目标而是以社会效益为第一目标，主要为全社会提供使用价值和其他效益。因此，它的效益不直接体现在项目是否盈利层面，而是更多地体现在项目的社会效益上，即努力为社会创造更大的社会效益。虽然志愿服务具有非营利性的特征，但这并不意味着它不必关注自身的财务状况，良好的财务状况是志愿服务组织正常运作的基础，资金也是各个志愿服务组织能够顺利开展志愿服务的一大保障。

志愿服务项目财务评估是指在国家现行财税法规和制度下，从项目财务角度出发，对项目整个生命周期的财务总体情况进行评估，考量项目资金使用的合规性和合理性，为判断项目的资金使用效率和长期可行性提供可靠依据。与一般项目不一样的是，志愿服务项目并不以营利为目的，通常情况下并不需要评估销售收入、利润与分配等常用的经济效益指标。项目财务评估是一个定性分析和定量分析相结合的过程，但是以定量分析为主。主要是通过对项目财务收支的识别，考量项目资金使用的合规性和合理性，然后结合项目财务报表的编制进行项目财务评估指标的计算，最终通过对这些数据的分析确定项目财务可行性。志愿服务项目财务评估的关键节点主要包括：收集财务数据、分析财务数据、编制财务评估表、分析财务指标、财务评估结果反馈。

单从财务评估来看，虽然志愿服务组织不以营利为目的，但是志愿服务活动和项目的开展都离不开资金的支持，其资金的筹集和使用更应该接

① GINSBERG L H. 社会工作评估：原理与方法. 上海：华东理工大学出版社，2013：63.

受严格的监督。所以，在对志愿服务项目进行财务评估的时候，必须考察其资金使用效率，促使其积极寻找提高资金使用效率的途径。志愿服务项目财务评估的作用主要有以下几方面：

一是可以让利益相关方了解项目整体财务状况，树立公信力。目前我国公益组织的发展面临着许多制约因素，其中公益组织的社会公众信任度不高导致其筹资困难的问题尤为严重，重要原因之一是公益组织财务不透明，这也是公益组织可持续发展的瓶颈。规范而专业的财务评估有利于提升财务资金使用的透明度，促使志愿服务组织承担起对利益相关方捐赠的问责义务，帮助志愿服务组织快速提高财务管理能力，并获取更多的公众支持和更高的社会信任度。

二是可以为项目的重要决策提供依据。对志愿服务的评估应从多角度、多方面进行，无论是对其进行前评估、跟踪评估还是后评估，财务评估都是必不可少的重要内容。在志愿服务项目的各个阶段中，无论是立项申请、中期实施进展报告，还是终期实施总结报告，财务评估都是重要的决策依据之一。志愿服务项目做出是否发起、是否立项、是否继续支持、是否进一步推进的决策依然要在很大程度上依靠财务评估的结果。

三是可以提高项目资金使用效率。目前，志愿服务项目资金来源逐渐多元化，志愿服务项目、组织间存在着多种形式的合作方式，在酝酿资金、人员、设施等合作的过程中，规范的财务管理和财务评估会成为各方谈判的有力助手。从横向上看，在评估时可以考察志愿服务项目内部管理费用占总费用的比例，目的在于督促志愿服务组织降低管理成本，提高志愿服务资金的实际运行效率。从纵向上看，可以把志愿服务项目上一年度的费用与本年度的费用进行对比，从而督促志愿服务组织主动降低费用，追求效率。

志愿服务项目财务评估一般包括以下的主要内容：

1. 项目资金支出的合规性

志愿服务项目资金的来源多种多样，主要包括志愿服务组织发起人出资、政府财政拨付、基金会资助、其他公益组织资助、个人赞助以及其他来源等。项目资金支出的合规性评估主要是对项目资金支出的合规、合法性进行监督检查。由于志愿服务项目是非营利性的，对于政府财政资金支持的志愿服务项目基本上可以参照《民间非营利组织会计制度》的要求执行。该制度被认为是我国会计改革中取得的又一项重要成果，它在规范民间非营利组织的会计工作方面具有非常积极的作用。因此，志愿服务项目资金支出符合我国相关法律法规规定及项目计划书的预算安排是很重要的。

（1）项目资金预算的合规性。

项目批准立项后即可按项目计划开始执行，被批准的项目预算也将严格执行。在项目执行过程中，都要进行预算监控以及对出现的差异进行调整。项目预算资金的合规性评估的主要内容如下：一是项目资金执行进度与预算执行进度是否匹配。在项目实施过程中，应严格按照批准的项目申报书和项目预算执行。一般不得随意变更或者终止项目预算。二是将项目支出控制在预算金额内。志愿服务项目在实施过程中，因计划不周或物价波动等原因，致使项目内容发生变化，必须进行项目预算调整的，应及时提出书面申请，并按照批复意见进行调整。擅自调整项目预算内容的，视情况责令整改，直至停拨或收回资金。三是严禁列支预算外支出。志愿服务项目专项资金原则上收支平衡，项目结算后，如果资金有结余，资金拨付机关将按原出资渠道予以收回。由于客观原因导致未遵循上述三条的，志愿服务组织应及时与资助方沟通进行预算调整。

票据方面可能存在的问题：1）有发票，无小票。如采购日常用品的发票，无小票；专家劳务无合同、纳税证明等。2）一些非合法票据（白条），并且没有收款人信息，无法复核。3）与活动不相关的替代发票，未保留真实原始票据，无法证明费用与项目活动的相关性。

账面方面可能存在的问题：1）一张记账凭证汇总多个项目的支出，无法体现出对应性。2）用企业、事业单位会计制度作为核算制度。3）没有提供独立的项目报告（项目未独立核算）。

（2）项目资金使用范围的合理性。

1）业务活动费。

为了实现项目目标而开展项目活动或提供项目服务所发生的费用。主要包括人员劳务成本和项目活动经费等。

2）人员劳务成本。

按人员实际工作时间及项目执行地的物价水平，在预算范围内据实发放和列支。包括邀请专家督导、志愿服务工作人员等进行项目支持所支出的劳务费以及招募社会志愿者参与项目所支出的补贴。人员劳务费应不超过项目资金总额的一定比例，具体比例区域之间有差异，有的地区规定为60%，有的地区规定为70%。项目执行单位应当保留工作内容和时间记录、劳务费支付表等。劳务费支付表应列明领取人姓名、身份证号码、工作时间、劳务费金额、领取人员签字等内容。

3）项目活动经费。

开展项目服务活动的各项费用，包括开展服务活动的支出、拨付受益对象的款物等。项目执行单位应以开展志愿服务的受益对象或志愿服务活动的种类为基础编列志愿服务支出预算，并列明受益人数和费用标准。比如，有的地区明确规定仅限列支场租费、交通费、宣传费、专家及志愿者简要餐费和项目活动材料物品费。

4）项目管理费。

在实施项目过程中发生的管理费用，主要包括行政和项目管理人员劳务费用、办公费、水电费、邮电费、物业管理费、差旅费、折旧费、修理费等。政府采购的志愿服务项目对管理费要求比较严格，例如，有些区县对志愿服务项目管理费的规定是原则上不超过项目活动费用总支出的2%。

5）其他费用。

无法归属到上述业务活动费和项目管理费中的费用。应本着经济、节约、合理的原则，在预算规定的范围内据实列支。超出以上使用范围的，皆为不合理使用项目资金。

（3）项目资金使用审批的合规性。

1）原始票据列支。所有项目支出应取得有效原始票据，有效原始票据的内容包括项目名称、单位名称、内容、数量、单价和金额等要素。列支应经财务复核，并且应当有经办人、证明人、批准人签名的审批手续。严禁列支各类购物消费卡的票据和业务内容“模糊”的票据。费用报销要严格按照预算内容、标准和用途，采用实报实销原则。

2）明细购物清单。购买物品要附明细购物清单。物品购买列支时，要注明其在项目具体活动中的用途，并有经办人、验收人、批准人签名列支的审批手续。物品要有专人登记管理，对于经常出入或数量金额较大的物品，要办理出入库手续。

3）人员劳务成本。人员劳务成本的发放要制表造册，并有领取人、经办人和审核人签名的手续，领取人必须进行实名签字。列支时要附费用发放依据，包括专家或教师培训上课考勤登记表、志愿者服务记录单、服务对象的回馈记录单、主题活动举办小结记录等。

专家咨询费。项目执行过程中必须发生的、支付给临时聘请的咨询专家的劳务费用，项目执行单位不得向参与项目执行与管理的本机构（单位）工作人员支付专家咨询费。项目执行单位应当保留能证明专家身份及能力的资料及领款人签字的专家咨询费签收单。专家咨询费签收单应包括姓名、身份证号码、工作内容和时间记录、专家咨询费金额、领取人员签字等内容。

志愿者补贴。项目执行单位应招募项目所在地附近的志愿者开展志愿服务，凭票据实际补贴交通费和午餐费。有的地方规定志愿者原则上每人每天不超过50元，志愿者补贴的总金额不超过项目资金总额的10%。项目执行单位应当保留志愿者服务内容、时间记录和补贴支付表。补贴支付表应列明领取人姓名、身份证号码、服务时间、补贴金额、相关票据、领取人员签字等内容。2016年10月，民政部、财政部、国家税务总局关于印发《关于慈善组织开展慈善活动年度支出和管理费用的规定》的通知中规定，“为提供慈善服务和实施慈善项目发生的人员报酬、志愿者补贴和保险，以及使用房屋、设备、物资发生的相关费用”属于慈善活动支出，这对于社会上一直争议的“志愿者到底该不该拿补贴”这一问题实际上是最好的回答。

4）重大或较大项目列支。项目合作费（与其他单位合作共同完成的项目部分）、举办活动租用场地和购买演出服等重要或较大业务活动费支出，事先应签订协议，约定费用和工作内容。列支要附协议。

2. 项目配套资金的落实

项目配套资金是指为了志愿服务项目顺利实施，项目承接方承诺提供或募集到的场地、设备、人力、物力和资金支持等，配套资金原则上需制订时间表并列入项目总体预算。项目执行过程中，应确保配套资金及时到位且适用项目的财务评估要求。

目前，大量的志愿服务项目不对配套资金进行评估，严格意义上来看，配套资金的落实应该是项目财务评估的重要组成部分。

3. 项目财务状况

尽管志愿服务项目并不需要考虑项目的经济效益，但并不意味着项目不需要计算财务效益。志愿服务项目进行财务状况评估时要依据项目执行过程中的财务管理状况和结项时的财务预决算状况综合评判。执行过程中的财务管理状况评估内容通常包括：项目执行进度与预算执行进度是否匹配？项目支出是否控制在预算金额内？是否有列支预算外支出？财务风险管理措施是否到位？结项时的财务预决算评估内容通常包括：资产和债务状况，收入、支出、节余或超支状况，资金流入和流出状况。

案　例

2011 年广州市羊城志愿服务基金会资助项目
终期检查考核经费管理评估指标

评估考核细则	评估考核方式	评估考核标准			分值
		资助项目	市级重点项目	市级示范项目	
项目经费使用明细社会公开情况	材料审核	根据项目经费面向社会公开情况进行评估，最高计 5 分，最低计 0 分			5
项目经费使用情况	材料审核	根据项目经费是否严格按照编制的预算方向使用进行评估，最高计 15 分，最低计 0 分			15

资料来源：关于印发《2011 年广州市羊城志愿服务基金会资助项目评估考核办法》的通知，广州市羊城志愿服务基金会文件，广州市羊城志愿服务基金会，2011-10-13。

【点评】

上述案例对项目经费管理的评估考核细则、评估考核方式以及评估考核标准进行了详细的规定，并对指标规定了分值，有助于科学评估项目的实际效果。

4. 项目会计资料

志愿服务项目会计资料评估主要包括真实性、合法性、完整性三个方面的评估。会计资料的真实性，也称会计资料的可靠性、客观性，是指会计核算的各个阶段应当以实际发生的经济活动为依据，如实地反映项目的财务状况和成果。会计资料的合法性是指项目各项活动、财务收支和会计核算必须符合国家的相关法律法规和内部管理制度，比如《民间非营利组织会计制度》和相关的财务会计制度。会计资料的完整性是指项目各项活动、财务收支和会计核算的资料必须连续、系统、全面，既不会出现疏漏，又不会发生以偏概全的现象。

从志愿服务项目设计之初，项目团队就应该为中后期的项目评估积累全面的资料，包括项目会计资料，这样可以为评估人员较快进入项目并提出准确有效的评估方案提供足够的信息支撑。项目执行机构的财务会计部门应当按照有关文件的规定，认真做好项目收入支出的核算，确保提供正确有效的财务会计信息。

三、志愿服务项目的绩效评估

绩效评估是一种人力资源管理方法，在企业管理中应用非常普遍。它是指评定者运用科学的方法、标准和程序，对行为主体与评定任务有关的绩效信息（业绩、成就和实际作为等）进行观察、收集、组织、贮存、提取、整合，并尽可能做出准确评价的过程。作为项目评估全过程的最后一环，志愿服务项目绩效评估体现着项目的专业性和完整性，是推动志愿服务水平提升的重要手段。在志愿服务相对发达的美国，对志愿服务项目进行绩效评估始于20世纪70年代①。最初，对志愿服务项目的评估只涉及预算评估，之后逐步包含项目投入和产出评估、服务对象的满意度评估以及项目评估测量工具的研究和使用等。经过40多年的发展，志愿服务项目的绩效评估形成了一套完整的评估理念和方法，极大地推动了美国志愿服务活动的积极、健康发展，并逐渐成为志愿服务项目信息公开的一个重要方式，体现着对志愿服务项目相关方负责的理念。

志愿服务项目的绩效评估可以在两个方向上发挥作用。一方面，作为项目的最后一个环节，绩效评估发挥着“盖棺定论”的作用。绩效评估是对项目方工作情况的验收，常常作为资方拨付尾款的依据，也影响着双方后续合作的展开。另一方面，绩效评估也延续着志愿服务项目的“生命”，推动单个志愿服务项目发挥超出其设定目标的作用。对志愿服务组织来说，绩效评估能够促使其有效反思自身的组织管理工作，推动组织的专业化、规范化建设，提高工作效率；对志愿服务项目来说，绩效评估通过结果反观项目设计和项目执行过程，对同类型志愿服务项目提供参考经验；对志愿服务这种服务类型来说，可以从单个志愿服务中提炼出一些有价值的意见和建议，甚至可能发现项目设计中的某些误区，来修正和完善志愿服务项目设计的相关理论，促进志愿服务水平的提升。

对志愿服务项目进行绩效评估可能是来自项目资助方的要求，也可能是项目实施方自行开展的。无论是资助方的要求，还是项目实施方自行开展，其目的都是了解志愿服务项目的实施成效，以便做出下一步决策。具体来说，志愿服务项目绩效评估主要有以下几个目标：

第一，评估志愿服务项目目标的实现程度、服务效果及项目资金的使用情况，并将其作为志愿服务项目的结项依据。

---

① 陈秀红，张登国．志愿服务项目成效评估指标体系研究：基于AHP法和模糊区间评价．广西社会科学，2015（1）．

第二，为项目资助方是否继续与项目承接方合作开展志愿服务项目提供依据。

第三，总结志愿服务项目经验，提炼志愿服务组织管理技巧和方法，提升志愿服务水平。

第四，作为信息披露的重要工具，体现志愿服务项目的公开透明，保障项目相关方的知情权。

案 例

“学习雷锋”青年志愿服务项目过程评估

中国石油天然气运输公司成立于1953年，是中国石油天然气集团公司直属的大型专业化运输物流企业，总部在新疆维吾尔自治区乌鲁木齐市，在全国31个省市自治区成立了分公司。运输公司每年都会组织开展“学习雷锋”青年志愿者活动。例如，2013年运输公司开设了医疗诊询、测血压、义务理发、按摩推拿、磨刀具、擦皮鞋、维修电脑、安全常识宣传、小区环境清扫、陪老人聊天等50余项便民服务项目，2 000余名青年志愿者累计服务时间3 100余小时，服务社区居民7 300余人次，上门服务行动不便的老人120余户。制作发放安全环保、天然气维护、养生健康、电脑系统维护等宣传单4 000余份。制作专题板报80余块，悬挂宣传横幅50余条。每个分公司都结合自身的实际情况举办了丰富多彩的志愿者服务活动，这些活动增进了员工之间的感情，激发了员工的奉献精神。当然，“学习雷锋”青年志愿者活动开展过程中也存在一些问题，例如志愿服务具有很强的突击性、没有项目管理的意识、青年志愿者的专业性不够、参与度低、没有考虑到青年志愿者的参与意愿等。

为科学评估项目效果，公司制定了四个方面的具体评估指标框架。

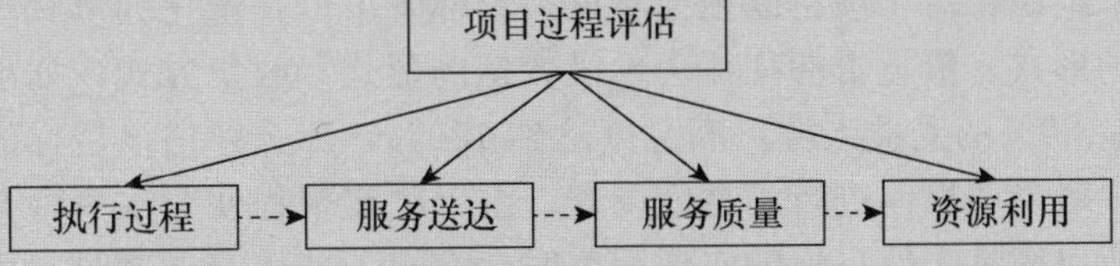

根据过程评估指标体系建构的总体思路和过程评估框架，在掌握项目过程评估指标体系设计原则的基础上，构建“学习雷锋”青年志愿服

务项目过程评估指标体系如下：

评估维度	指标	指标释义
项目执行情况	实施工作	项目的开展做了哪些方面的工作，这些工作对于项目顺利实施是否完整？
	目标达成	目标人群知不知道该项计划，在多大程度上达到了项目目标？
服务送达情况	完整性	项目提供的服务是否都是计划内的服务？
	准确性	那些正式接受服务的人是预期的目标人群吗？
	及时性	项目服务对服务对象而言是否是及时必要的？
服务送达质量	管理质量	项目人员的数量和与必须执行的功能相当的能力都有吗？
		项目的管理制度能否保证项目的顺利有效开展？
	满意与否	参与者对其接受的服务满意吗？
	发挥功能	方案运作体系是否发挥其应有的功能？
		服务单位有没有针对申请者做后续追踪及服务？
项目资源利用	资源利用	项目资源、人员和资金足够维持重要的项目功能吗？
	有效利用	项目资源得到了有效和充分的使用了吗？
	资源分析	项目还有哪些可以利用但还未利用的潜在资源？

【点评】

“学习雷锋”青年志愿服务项目过程评估主要从“项目执行情况”“服务送达情况”“服务送达质量”“项目资源利用”四个方面构建了志愿服务项目评估过程的评估指标体系。

志愿服务项目绩效评估一般包括以下内容：

1. 项目目标实现程度

项目目标是项目活动预期要达到的目标，这些预定目标的实现程度集中反映了组织者对于项目的把控程度。目标既可以是量化的形式，也可以是定性的形式。量化目标往往会预设数据的形式和收集方式，如项目的一个目标是80%的受益人群，满意度达到100%，那么评估该目标的实现程度时需要对受益群体进行满意度调查；由于“实现程度”本身含有量化的意思，所以衡量定性目标的实现程度时会存在一些困难。这时，可以通过分解，找出定性目标中的可量化指标，通过分解后的量化指标来衡量该定性目标的实现程度。如一个志愿服务项目希望通过制作故事绘本，提高老年人动手动脑能力。老年人动手动脑能力的提高是一个定性目标，要衡量这个目标的实现程度，可以使用专业的问卷进行前后对比，看老年人项目前后动手动脑能力的变化程度，也可以使用完成绘本制作的服务对象的比例来衡量。

2. 项目成果产出

项目成果产出指项目开展的活动给项目目标人群或受益人带来的直接影响，包括知识和技能的更新、态度的转变、行为上的变化等。在考查项目的成果和产出时，可以通过回答以下问题来梳理：有多少人直接从活动中受益，项目管理人员、志愿者管理者、志愿者和志愿服务的服务对象在个人的知识、技能、态度等方面有哪些增长和改变，组织的政策、制度和工作方式是否有了改变，项目最终服务对象的生活状况和生活质量是否有了改变等。

除了与预定目标相符的改变，还会发现某些超出预期的成果。如某项目原定目标是减轻艾滋病病人的心理压力，但在项目执行过程中，某个案例成为新闻事件，产生了广泛的影响，导致社区中对艾滋病人的偏见减少了，这就是超出预期的成果。可以将导致项目产出与项目目标不同的原因归纳为以下三点：可能是实施过程中的一些不确定因素改变了预定的项目过程，从而导致超出预定目标的结果出现，如偶然的媒体报道、项目投入资金增加等；也可能是在项目实施过程中，组织者或志愿者根据实际情况调整了项目内容，主动使项目产出偏离预定目标；还可能是对项目所要解决的社会问题（或需求）分析不足，在界定衡量指标时不全面、不彻底，这是由于项目设计能力不足导致的意外。

3. 项目效果

项目效果评估是将项目所要回应的社会问题（或需求）与项目实际成果并置，根据项目完成后的实际情况，反思项目设计是否真的有助于解决该问题（或需求），以及在多大程度上解决了该问题（或需求）。效果评估是实践之后对项目设计时所依据的理论、逻辑、经验进行反思的过程，这是促进志愿服务理论进步、推动项目经验积累的关键步骤，也是最为有力的延续单个志愿服务项目效果的手段。

4. 项目效率

项目效率评估包括成本效益评估和成本收益评估两类①，成本效益评估是将项目的成本与其主要成果或收益相关联，成本收益评估则试图将项

① 民政部社会工作司. 志愿者管理手册. 北京：中国社会出版社，2014：213.

目成本与项目的多个收益的全部或部分的货币价值相比较。可以在计算方式上看出两者的不同：

成本效益＝每项干预的成功率/每项干预的成本

成本收益＝全部收益－全部成本

降低成本、提高成功率和项目收益是提高项目效率的基本途径。在项目成本一定的情况下，项目收益主要取决于合理的项目设计和有效的项目管理方式；在项目设计完成的情况下，有效的管理手段则是降低项目成本、提高项目效益和成功率的关键。志愿服务项目往往涉及更多的角色，如志愿活动组织者、志愿者管理者、志愿者、最终服务对象等，这对管理提出了很高的专业要求，志愿服务组织和志愿者都需要对活动过程进行有效的规划、组织与控制，保证整个团队拥有统一的公益目标，并注意协调彼此的行动。

5．项目受益对象

项目应当具有明确的受益对象、受益范围，且项目目标符合受益对象需求。项目绩效评估时不仅要关注受益对象的数量和为受益对象提供了多少服务，还要关注受益对象的满意程度，项目究竟给受益对象带来了哪些改变，比如受益对象及其相关人员对本次项目服务的满意度如何？受益对象是否获得了新知识、新技能？受益对象的心态是否发生了改变？观念是否发生了改变？行为是否发生了改变？

6．项目创新性

立项评估的创新性评估主要是对项目创新方式和创新效果的预测，但具体做得怎么样还需要进行检验。而志愿服务项目绩效评估的创新性评估则是对已完成项目创新方式和创新效果的检验。项目创新性评估主要体现在项目设计的理念是否新颖、项目实施及运作方式是否有特色等方面。

7．项目可持续性

项目的可持续性是评价志愿服务项目价值的重要方面。一般志愿服务项目都有一定的周期，但其回应的社会问题（或需求）很难在项目周期内得到彻底解决。因此如果一个项目在解决社会问题（或需求）上是行之有效的，那么就有继续实施下去的价值。项目可持续性评估主要可以从以下方面考虑：资源建设的延展性、团队内部的传承性、项目的可复制性等。

四、志愿服务项目的影响评估

近年来，公益项目的影响评估越来越引起国际社会的普遍关注。一个流行的趋向是，在公益项目的评估中，除注重传统的经济、效率、效果评估外，人们也越来越重视项目的社会影响评估。甚至有人认为社会影响评估是公益项目或投资公益项目评估的真正核心所在①。与公益项目相类似，由于志愿服务解决的是社会问题，是为了改善社会服务、促进社会进步而进行的，因此，志愿服务项目评估对社会影响的关注也越来越多。

在探讨某一社会活动或事件的社会影响时，始终无法回避的就是这一社会活动或事件导致了某些个体或团体的道德观念、价值观以及信仰认知等方面的改变。从理论上讲，所有项目给社会造成的影响都属于项目社会影响评估的对象和范畴。但是这样评估的对象和范畴会过于宽泛，所以项目影响评估聚焦在了项目对社会公平、社会资源利用和社会发展贡献等方面的影响，具体涉及项目对贫困、民族、群体、文化、艺术、教育、卫生等各方面的贡献或造成的损失。所以这种评估的主要内容是评估项目对社会发展的有利影响与不利影响，包括项目对社会的直接影响和间接影响以及近期影响与远期影响等。

志愿服务项目作为公益慈善领域发挥志愿者资源优势的重要服务载体之一，尤其是那些志愿者参与量大，项目覆盖面广的大型、持续性的志愿服务项目，经过一定周期的实施之后也会对项目实施地的经济状况、政策环境、文化氛围、思想观念等产生深远的影响。因此，为了更好地评判志愿服务项目社会影响的优劣，有必要运用专业的方法对志愿服务项目实施后产生的影响开展一系列的评估工作，即志愿服务项目影响评估。

总体而言，志愿服务项目影响评估与志愿服务的成果转化息息相关。所谓志愿服务项目的成果转化是指将志愿服务中的专业内容转化成在更大地域范围和人群中可复制推广的服务模式。借助评估，可以清晰地确认志愿服务的项目成果是否得到了转化。毫无疑问，影响良好的志愿服务项目更容易为服务对象所接纳，可持续发展的生命力也会更强，品牌传播的社会效果也会更好。

志愿服务项目影响评估的目标是促成一个在生态、社会、文化和环境上可持续和公平的环境。志愿服务项目影响评估关注的焦点，是实施前的预警

---

① 邓国胜. 公益项目评估——以“幸福工程”为案例. 北京：社会科学文献出版社，2003：48.

和更好的实施结果，而不仅仅是识别或者改善不利或者预期之外的结果，确认发展目标、实现效益的最大化，比将负面影响降至最低更为重要。

志愿服务项目的影响评估一般为事后评估，主要目标是判断和知晓志愿服务项目实施之后对于志愿服务文化建设、志愿服务氛围及意识、志愿服务政策制度以及社区共治与居民自治等基层治理创新有哪些促进作用。

一般而言，志愿服务项目社会影响评估的指标设定可以参照表 11－1 进行进一步的细化和优化。

表 11－1　　志愿服务项目社会影响评估指标体系

评估维度	评估问题	评估指标（KPI）	数据收集方法	验证依据
志愿服务经济价值	志愿服务对项目地社会经济发展的贡献有多大	①志愿服务项目社会投资回报（SROI） ②志愿者每小时服务折算成人民币的金额	文献查阅	志愿服务项目方案、预算、当地平均工资
志愿服务政策制度建设	志愿服务项目实施前后，当地促进志愿服务发展的政策制度有哪些积极的变化	志愿服务项目实施后，新增政策制度的数量	①文献查阅 ②关键人物访谈	当地文明办、民政局、团委、志愿者协会等提供的政策、制度文本或相关人员访谈记录
社区人际关系网络重构	志愿服务项目实施前后，社区居民之间的邻里关系是否得到改善	项目实施前后，社区中邻里互助的事件增加的比率	①问卷调研 ②焦点小组访谈	①受益对象、志愿者问卷调研报告 ②社区居民焦点小组访谈记录
社区组织发育	项目实施社区志愿服务组织或社区志愿团队发展状况如何	项目实施前后，社区志愿服务组织或社区志愿团队增量	文献查阅	项目实施地社区志愿服务组织或志愿服务团队统计表
志愿服务文化建设	项目实施地项目实施前后居民志愿服务意识改变情况	项目实施地志愿云系统志愿者增量	文献查阅	当地志愿者协会、志愿服务中心志愿云数据统计
	项目实施地项目实施前后志愿服务精神、理念的普及状况有何改变	项目实施地社区居民志愿服务精神、基本理念知晓率	问卷调研	居民志愿服务理念问卷调研报告

续前表

评估维度	评估问题	评估指标（KPI）	数据收集方法	验证依据
社区自治	①项目实施前后，居民参与社区事务的途径是否增加 ②项目实施前后，居民对社区事务自我决策、自我服务的意识是否增强	①社区居民参与社区事务的途径数量 ②社区居民借助社区组织自我决策自我服务的频次	①文献查阅 ②关键人访谈	①社区自治办工作报告 ②居委会或志愿服务站管理人员访谈记录

思考与讨论

1. 志愿服务项目评估的作用有哪些？
2. 志愿服务项目评估的方法和工具有哪些？
3. 为什么要进行志愿服务影响评估？
4. 志愿服务项目社会影响评估的指标有哪些？
5. 志愿服务项目财务评估有什么作用？

第十二章
志愿服务项目的风险管理

引 例

服务不仅需要热情，还需要安全

谈到志愿服务项目的风险管理，就不得不谈根据真实故事拍摄的纪实电影《可可西里》，这是一部描写可可西里藏羚羊保护区一群志愿者巡山队的生活和命运的电影。在这部影片中，有着太多令人震惊的痛：淋漓的鲜血、恶劣的环境、志愿巡山队员绝望的呼喊、偷猎者的麻木以及志愿者的牺牲。人性、环境保护、志愿者的安全……这些都是志愿者必须直面的现实。

对于志愿组织而言，在行动之前必须考虑到志愿服务的风险问题。就像《可可西里》所讲述的故事那样，在开展志愿服务项目的过程中，志愿者的人身安全、服务对象的权益、志愿项目的推进都可能受到不确定因素的威胁。

在志愿服务项目中，风险是如何被定义的？在志愿服务项目中都存在着哪些风险？志愿服务项目中的风险如何得到保障与监督？本章会针对以上问题进行探讨。

第一节　志愿服务项目风险概述

案　例

风险管理可降低多方伤害与风险

2017 年，某志愿服务组织举办了一场 20 公里户外长跑活动，整体活动参与者达到 500 人，所有参与运动项目的人员均是来自社会各界的志愿者。在项目进行中，由于该组织在志愿者招募时对参与的志愿者身体素质没有进行严格要求，未对志愿者进行相关注意事项的培训说明，导致活动结束时，一位志愿者由于运动量过大，出现短暂晕迷状态，经过医院紧急救治才脱离生命危险，经医院检查，该志愿者由于运动过量，身体透支严重，多处器官功能出现退化现象。

事后，志愿者家属找到志愿服务组织寻求赔偿，志愿服务组织以该活动属于自由参与，并已给志愿者购买人身意外保险为由拒绝赔偿，最终医疗及康复费用全部由志愿者个人承担。

【点评】

在做志愿服务项目时，志愿服务组织如果对于风险管理没有概念，没有风险管理意识及管理机制，如何确保一场志愿服务项目成功完成？活动中出现风险事故不仅使志愿者本身受到伤害及经济损失，同时志愿服务组织的管理水平和公信力也会受到较大的影响。

一、志愿服务项目风险的概念

（一）风险的定义

风险管理通常被众多志愿服务组织的管理者所忽视。很多管理者组织招募志愿者、规划志愿者项目时几乎从未考虑过进行必要的风险预测和评估，在组织志愿服务活动的过程中，也没有起码的规避风险的意识，常常是在风险发生后才追悔莫及。

实际上，任何志愿服务项目、活动在开展过程中都会存在风险。所谓风险，指在特定的客观情况下，在特定的时间内，某种损失发生的可能性。它是一种客观存在，是不以人的意志为转移的，它的存在与客观环境及一定的时空条件有关，并伴随着人类活动的开展而存在。由于志愿服务活动参与主体多、涉及面广、影响因素多、组织管理过程复杂，所以在项目、活动实施过程中，不可避免地会遇到一些对志愿服务项目、活动可能产生负面影响的不确定因素。例如，在服务过程中，志愿者可能面临生理和心理伤害，志愿者的财产有被偷、被乱用或者被损害的可能；志愿服务项目可能因为不恰当的操作、设计或者管理，产生消极后果，不能达到预期目标；志愿服务组织可能会被谣言伤害或者因为某次意想不到的失误而引起服务对象的不满，甚至激怒志愿服务组织内的员工和志愿者，造成志愿者的流失，引来社会舆论的指责，严重影响志愿服务组织的社会声誉。

按照有关理论，风险可以分为两类："已知-未知"型和"未知-未知"型。所谓"已知-未知"型风险，是指在志愿服务项目、活动实施过程中，已知有些风险可能发生，但何时发生、可能造成何种影响是人们所不知道的，由于这类风险是可以被预见的，所以也把这类风险称为可预见性风险；所谓"未知-未知"型风险，是指那些既不知道这类风险的存在，也不知道这类风险发生的时间和影响的风险，例如，多数情况下，人们事先根本不知道本地会有地震发生，也不知道地震发生的时间和烈度，这种风险是难以控制和防范的。

（二）志愿服务风险管理定义

在我国，关于志愿者管理的理论和实践研究刚刚起步，志愿者管理机制正处于不断的发展中，科学有效的管理模式较为缺乏，尤其是缺乏相应的风险管理体系。作为参与社会服务的重要人力资源志愿者，在无偿为社会、为他人提供志愿服务的同时，更加注重个人价值的实现：志愿者追求的价值既不是物质上的也不是金钱上的，而是精神层面需求的实现和满足。因此如何有效管理和激励志愿者、规避志愿服务中存在的风险、更好地维护志愿服务中各方的利益、促进志愿服务的长久发展，已成为亟待解决的议题。

将风险管理应用于志愿服务领域，则可将志愿服务风险管理定义为：志愿服务相关组织机构为避免对志愿者可能造成的伤害，通过对可能面临的各种风险的识别、衡量、预测和分析，准确把握志愿服务开展过程中的种种不确定性，采取恰当的管理方法，以最低的成本使志愿者获得最多的安全保障，或使损失降至最低水平的过程。也就是在各类志愿者服务项目中对可能出现的风险进行全面防范、减少及应变处理的一系列行之有效的管理活动。

二、志愿服务项目风险的内容与分类

与一般项目相比，志愿服务项目的风险管理过程具有其特殊的时空结构。从时间上讲，在志愿服务项目开展的前、中、后期三个阶段都有可能出现风险；从空间上讲，在志愿服务项目的招募、培训、运行等场所也可能出现各种风险。因此，要加强各环节的风险管理与控制，避免可能出现的风险对志愿服务项目产生不利影响。志愿服务项目风险管理的每一个环节都有不同的内容，并且可能出现不同的风险，这就要求志愿服务项目组织者在项目管理的过程中采取各种积极的措施，尽量避免风险的发生；在风险发生后，也要采取各种措施化解风险，尽量减小风险的影响和危害。下面介绍在志愿服务项目中可能会遇到的各类风险。

（一）志愿服务项目服务本身可能存在的风险

每个志愿服务组织都有义务和责任保证自己所从事的志愿服务活动能安全和健康地进行。但实际情况是，志愿服务组织面对和处理的多是那些困难、危险的社会问题。例如，深入艾滋病高发地带宣传、调研，甚至义务服务；深入条件恶劣的地区保护环境、保护动物；致力于身体和心理残疾儿童的教育，千方百计地为他们提供培训和服务。志愿服务组织的使命始终与战胜贫困、消除疾病、保护生态环境、消除歧视、预防犯罪等紧密地联系在一起，在这些工作中，风险是志愿服务项目的一部分。

（二）志愿者受到伤害的风险

目前，志愿者遭伤害事件被公认是最常发生的风险事件。除了可可西里志愿者牺牲的事件外，也存在传统志愿服务项目如“西部计划”的大学生志愿者受伤等事件发生。一方面，志愿者的人身安全可能会受到威胁，如四川雅安地震，一名志愿者在向芦山灾区运送药品途中，在芦山县境内被坠石砸中，抢救无效，不幸去世；另一方面，志愿者的合法权益得不到保证，有些活动简单地把志愿者当作廉价劳动力，没有很好地发挥志愿者的作用，还有一些商业运作活动，靠使用志愿者节省成本从而盈利等。

（三）志愿者对他人造成伤害的风险

人们往往能注意到志愿者会受到他人的伤害，并采取相应的应对措施，但却很少意识到志愿者也可能会引发一些意外的事故，对他人尤其是对服务对象造成伤害，这特别集中在那些帮助、关爱弱势群体的领域。例如，国内某家为智障儿童提供特殊教育的志愿服务组织由于看护不到位，造成一位智障儿童受到伤害，惹来刑事附带民事纠纷，极大地损害了该志愿服务组织的声誉。实际上，志愿者对服务对象的伤害也多有存在，结果也更糟糕，它可能影响到志愿服务组织的声誉以及资金的筹措。

（四）志愿者流失的风险

志愿者流失现象严重，这是令很多志愿服务组织管理人员头痛的事情，在许多大学生志愿服务组织中这种现象更为突出。虽然目前没有全国的统计数据，但部分地区的统计数字可说明部分问题。如某省75%的志愿者从事志愿服务时间不够承诺服务时间的一半，部分地区志愿者流失率高达40%。引起志愿者流失的原因有很多，包括未及时做好与志愿者的沟通工作、对志愿者提出的相关问题没有及时解答、志愿者激励措施不足、志愿者考核和选拔机制不合理、志愿者对项目失去兴趣等。对此，应该采取一系列激励措施进行有效补救。

（五）财务方面的风险

目前，志愿服务组织的资金来源主要由政府拨款、社会捐助和会员缴费三大部分组成。在我国，得到政府支持并在民政部门登记注册的志愿服务组织相对于民间自发形成的、专业性强的、没有登记注册的志愿服务组织更容易获得政府的财政支持。尽管越来越多的公民和组织开始具有志愿服务的观念和想法，但是社会力量对志愿服务组织的捐助仍然有限。为此，志愿服务组织的资金是否充足而持续也可能会对志愿服务项目的实施和推进带来极大影响，甚至会影响项目的成败。

三、志愿服务项目的风险管理

志愿服务项目在运行开展过程中可能面临各种各样的风险，这些风险会影响志愿服务项目的顺利开展和效果呈现，严重的可能会影响志愿服务组织的发展和运营。因此，为了保证志愿服务组织的良好发展以及志愿服务项目的顺利开展，进行风险管理很有必要。对志愿服务项目可能出现的风险进行预估和管理可以有效帮助志愿服务组织和项目降低或规避风险带来的不利影响。

志愿服务项目及志愿者的风险管理工作已上升到国家政策层面。2016年9月1日正式实施的《中华人民共和国慈善法》第六十八条明确指出："慈善组织应当为志愿者参与慈善服务提供必要条件，保障志愿者的合法权益。慈善组织安排志愿者参与可能发生人身危险的慈善服务前，应当为志愿者购买相应的人身意外伤害保险。"2017年12月1日正式实施的《志愿服务条例》第十七条指出："志愿服务组织安排志愿者参与可能发生人身危险的志愿服务活动前，应当为志愿者购买相应的人身意外伤害保险。"

第二节 志愿服务项目风险管理的流程与方法

案 例

服务要安全，被服务同样需要安全

某志愿服务组织招募组建交通疏导志愿者服务小队，安排志愿者身穿制服走上街头，协助交通指挥人员疏导交通。一般而言，交通指挥是交警的“技术活”，需要经过严格的技能培训才能上岗，让仅仅通过简单培训毫无指挥经验的志愿者从事交通指挥，无疑具有很大风险。其一，威胁志愿者自身的生命安全，人来车往的马路向来就是事故多发地带。其二，给马路上的行人带来不安全因素。交通指挥需要实践经验的积累，志愿者的指挥经验欠缺，失误在所难免，任何一次失误都可能危及行人的生命安全。

【点评】

志愿服务组织方应尽力保障志愿者、服务对象的安全。项目的组织方要统筹安排，合理调配志愿者的服务领域，志愿者应在安全的工作环境中从事自己擅长且具有实践经验的工作，尽量减少有危险性的志愿活动，志愿服务组织应为从事风险性活动的志愿者提供基本的安全保障措施。

一、志愿服务项目风险管理的流程

风险管理就是各经济、社会单位在对其生产、生活中的风险进行识别、评估、分析的基础上，优化组合各种风险管理技术，对风险实施有效的控制，妥善处理风险所致的结果，以期以最小的成本达到最大的安全保障的管理活动。如图 12－1 所示，按照风险管理的相关理论，项目风险管理流程由以下四部分组成：风险辨识、风险评估、风险分析和风险控制。

（1）风险辨识是指找出影响项目质量、工期、成本等目标顺利实现的主要风险，确认具有不确定性的客观存在，建立风险清单，进行风险分类。

(2) 风险评估是指采取科学方法将辨识出并经分类的风险，根据其权重大小予以排队，为有针对性、有重点地管理好风险提供科学依据。

(3) 风险分析是指为了深入了解风险，尤其是对项目影响巨大的风险、尚未识别出的风险的准确情况和确切根源进行深刻分析的过程。

(4) 风险控制是指风险管理者采取各种措施和方法，消灭或减少风险事件发生的各种可能性，或者减少风险事件发生时造成的损失的活动。

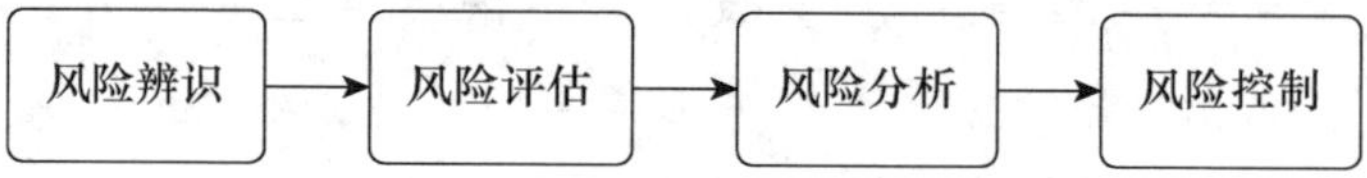

图 12-1　志愿服务项目风险管理的流程

二、志愿服务项目风险管理的方法及工具

良好的风险管理意识有助于更好地防范和化解志愿服务项目运行过程中的各种风险。一般地，志愿服务项目的风险管理办法如下：

在项目启动前，成立专门的风险管理机构或部门，负责项目从筹备到实施各个阶段的全部风险管理实务；根据实际需要成立风险咨询机构，聘请有关专家咨询组为风险管理提供决策建议，必要时请他们参加突发事件的应急处置工作。

项目正式启动以后，在志愿服务组织、项目发起人和风险管理专家的参与下，全面分析、了解志愿服务项目所面临的内外环境，运用科学方法对项目风险进行识别、评估，确立风险应对策略，在此基础上制订项目风险管理计划、管理作业流程和标准。

以项目风险管理计划为依据，在项目推进的各个阶段监控风险的发生情况，以及风险规避措施的落实情况，根据项目推进情况随时识别、评估新情况下可能出现的各种风险，并根据实际情况对志愿者项目风险管理计划进行补充或修订，最终达到以最小成本获得最大安全保障的目的。

应该强调的是，志愿服务所处环境的不断变化，使得项目的整个生命周期都存在风险。同时，志愿服务项目特有的生命周期及其与同类项目实施中存在的规律性，使风险的发生和影响也有一定的规律性，是可以进行预测的。因此，志愿服务组织的管理者要具备良好的风险意识，重视风险，并对风险进行全面的管理，要牢固树立“以防为主”的意识，全面做好风险的防范工作。在志愿者项目运行过程中，可以根据风险预测情况，征求风险咨询专家的意见，在项目各环节开展相关的风险防范工作。例如，在招募、选拔志愿者过程中，尽量招募身体条件、心理素质好，有较强问题处理能力和自我保护能力，性别比例适当的志愿者；在培训过程中，加强志愿者安全风险防范、媒体应对、心理健康、沟通技巧等方面的培训教育；在日常管理过程中，通过情景模拟、实际问题处理等方式，增强志愿者和志愿者工作团队风险管理的能力。

志愿服务组织是天然的风险承担者，风险管理是组织管理必备的要素。

（一）志愿服务项目风险管理的方法

一般来讲，控制风险的方法有风险规避、风险降低、风险转移和风险自留四种方法：

（1）风险规避法：风险规避是指风险存在和发生的可能性较大时，主动放弃或改变某项可能引起风险或损失的活动，以避免可能产生的风险或损失的一种控制风险的方法。风险规避是最彻底的风险管理措施，它使得风险降为零。这种方法适用于易产生严重后果并且发生频率较高的风险类型中。但具体到志愿服务中，由于服务工作的特殊性，通过风险规避来规避志愿风险很难做到。

（2）风险降低法：风险降低就是通过一定的方法和手段减轻风险，将风险概率或风险影响降低至可接受水平。

（3）风险转移法：风险转移是指转移风险（损失）承担者，如奥运志愿者组织部门为避免承担风险或损失，根据可能预见到的风险类型，向有资质的保险公司投保，一旦发生风险并造成损失，将由保险公司予以理赔，它是将风险尽可能转移给其他组织与个人的一种风险管理模式。

（4）风险自留法：顾名思义就是决定接受这种可能发生的风险。它是由经历风险的单位自己承担风险事故所致损失的一种方法，通过主办者内部资金的融通来弥补损失，通常是一些频率高但损失幅度很小的风险。如志愿者组织部门将风险可能造成的损失，全部或部分留由风险主体自身进行承担。自留有主动自留和被动自留之分，一般来说，在风险所致损失频率和幅度低、损失短期内可预测以及最大损失不足以影响自己的财物利益稳定时，宜采用自留方法。

除此之外，与志愿者签署服务协议、为志愿者购买保险是常用且行之有效的项目风险管理方法。

（1）签订志愿者服务协议。这是合理控制志愿者服务项目开展过程中组织方和志愿者各类主客观风险的有效方式，下面提供《志愿者服务协议》（模板）供参考。

志愿者服务协议（模板）

甲方全称：　　　　　　　　　　　　　　乙方姓名：
联系电话：　　　　　　　　　　　　　　联系电话：
办公地址：　　　　　　　　　　　　　　证件类型及号码：

经甲方与乙方协商，乙方自愿作为志愿者，为甲方提供无报酬的志愿服务活动。为保障双方目标顺利实现和达成，现依据《中华人民共和国合同法》等相关法律法规，甲乙双方经平等协商同意，在自愿、平等、诚信、合法原则下，达成以下一致条款，以资共同遵守执行。

1. 服务条件

乙方承诺具备以下志愿者服务条件：

（1）年满18周岁，具备完全的民事行为能力；或在具有民事监督能力人员带领下服务则不受年龄限制。

（2）具备相关的服务技能（区别不同的志愿者类型而定），并自愿参加志愿服务。

2. 服务内容

2.1　为弘扬奉献、友爱、互助、进步的志愿服务精神，乙方现自愿申请作为甲方的志愿者，无偿为甲方提供志愿服务；甲方经审核确认乙方符合从事志愿服务的条件，同意接受乙方申请。现结合甲方自身现实需求及乙方申请、自身专长及服务能力等服务条件，乙方应确认以下内容：

（1）服从本项目管理组的安排，自觉到指定的服务地点提供志愿者服务；

（2）秉承自愿、负责的精神，确保及时、高效、优质地完成志愿服务。

2.2　具体的服务内容，依据志愿者类型的不同，由甲乙双方以补充协议的形式另行具体约定。

3. 服务期限

自____年__月__日至____年__月__日，每日__小时。

4. 服务地点

4.1　甲方要求的、出于执行公益活动需要的活动场所。乙方自愿选择______作为自己的服务地点。

4.2　出于确保团队整体利益和确保公益活动有效实施的需要，甲方保留对乙方服务地点做出必要调整的权利。

5. 甲方权利与义务：

5.1　权利：

（1）有权按照自身需求和选用标准对乙方资质、服务能力及是否有适合在甲方从事志愿服务活动的资质进行遴选和考查；

(2) 有权要求乙方提供真实的身份资料、证件及学历、专长等资以证明其服务能力和水平的个人信息文件和证书；

(3) 有权按照志愿服务的内容和乙方的相关能力，对乙方进行必要的调配和管理；

(4) 有权根据乙方的服务情况，对其服务进行评估。如不符合甲方要求的能力、服务测试未能达标者予以劝退，终止志愿服务；或因其行为严重违反甲方声誉、利益，已明显不适合作为甲方志愿者时对其予以除名。

5.2　义务：

(1) 有义务应乙方要求将其作为志愿者进行登记，并向乙方告知与志愿服务内容相关的背景、目标等真实、准确、完整的信息及从事志愿服务活动可能存在的风险；

(2) 有义务在本协议约定的志愿服务范围内为乙方从事志愿服务提供相应的工作条件；

(3) 有义务对乙方进行必要的培训和指导，并及时协助乙方解决在志愿服务活动中遇到的客观困难；

(4) 在特定情况下有义务为乙方提供一定的用餐、交通等必要津贴补助。

6. 乙方权利和义务

6.1　权利：

(1) 有权得知与志愿服务内容相关的背景、目标等真实、准确、完整的信息及从事志愿服务活动可能存在的风险；

(2) 有权要求作为志愿者在甲方登记；

(3) 有权要求参加甲方基于志愿服务所进行的必要教育和培训；

(4) 有权要求甲方提供从事志愿服务的必要条件和安全保障，并可请求甲方协助解决在志愿服务活动中遇到的实际问题和困难；

(5) 有权就志愿服务工作对甲方提出意见和建议；

(6) 有权获得志愿者服务过程中必要的用餐、交通等必要津贴补助。

6.2　义务：

(1) 有责任配合甲方就志愿服务进行资格审查和能力检测；按甲方要求进行登记；

(2) 有责任遵照协议约定，履行志愿服务承诺，按照甲方统一要求和规范参加志愿服务活动，为甲方提供专业、合格的志愿服务而无报酬要求和任何营利性目的，不以志愿者的身份或者志愿服务的名义从事任何以营利为目的或者违背社会公德的活动；

(3) 有责任遵守甲方相关规章制度，服从甲方基于志愿服务活动而进行的统一管理、安排和部署；

(4) 有责任按照甲方要求，参加甲方提供的相关教育、培训及活动，并达到甲方服务要求；

(5) 有责任诚信对待其所参与的志愿服务活动，在服务期内连续不间断地完成承诺的志愿服务工作；

(6) 有责任在志愿活动中不侵害第三方合法权益，自觉维护甲方、志愿者身份及所从事的志愿服务活动对外的声誉，不做任何与此相悖的事情。

7. 服务津贴及补助

在本协议约定的志愿服务期间，甲方为乙方统一安排交通和用餐，不另行给予服务津贴及补助。

8. 教育与技能培训

在乙方志愿者服务之前，甲方负责对乙方进行相关的技能培训和教育，保证志愿者达到相关的服务水平。

9. 不可抗力与责任免除

9.1 不可抗力：

乙方作为志愿者参加甲方组织、安排的志愿活动中，按照甲方统一要求，在正常情况下提供无偿志愿服务期间，因地震、台风、水灾、暴风雪、瘟疫、政治动乱、暴乱、战争及其他不能预见并且对其发生和后果不能避免也不能克服的不可抗力事件，导致本协议无法继续履行或者无法完全履行的，本协议自动解除。双方可根据不可抗力事件对履行协议的影响程度，决定是否延期履行、免除或者部分免除解除协议的责任。

9.2 其他免责事由：

(1) 基于志愿服务的质量要求与服务对象的现实需求，甲方根据统一部署及服务对象反馈，无须乙方继续提供志愿服务时，甲方应至少提前______日向乙方书面提出说明，本协议即行终止履行，甲方不承担违约责任；

(2) 基于志愿服务的自愿原则，乙方因个人原因无法继续提供志愿服务时，应至少提前______日向甲方书面提出说明，本协议即行终止履行，乙方不承担违约责任；但乙方应妥善处理完毕其当次志愿服务相关工作，不致因此给甲方或服务对象带来不必要的损失。如果因为一方未提前告知，而导致甲方正常的志愿服务活动难以开展，乙方应承担违约责任。

10. 协议变更

10.1　本协议履行中，根据乙方的年龄、身体、相关知识技能条件及个人兴趣，经甲、乙双方协商一致可以就志愿服务内容、时间和方式予以调整和变更，双方通过签订补充协议予以确认，补充协议与本协议具有同等法律效力。

10.2　未经甲、乙双方协商一致，任何一方不得对本协议约定的内容进行单方擅自变更，否则即构成违约。

11. 协议解除和终止

(1) 协议履行期间，经甲、乙双方协商一致，本协议可以协议解除。

(2) 甲方有下列情况之一的，乙方有权单方随时解除本协议，而不承担任何违约责任：a 甲方组织乙方参与违反国家法律、法规和国家政策的活动的；b 甲方组织乙方以志愿服务的名义参与任何以营利为目的的活动的；c 甲方违反国家、甲方所在地或者本单位的志愿者管理规定的。

(3) 乙方有下列情况之一的，甲方有权单方随时解除本协议，而无须承担任何违约责任：a 乙方有违反国家法律、法规的行为的或被追究刑事责任的；b 乙方有违反本协议或者甲方相关规章制度的行为，给甲方造成声誉、经济损失的；c 乙方违反本协议约定，不履行志愿服务承诺或其服务在接受甲方评估时，未能通过或达标的；d 乙方以志愿服务的名义开展任何营利为目的的活动，用于为自己或他人谋取利益的；e 乙方其他与志愿者身份、志愿服务性质明显不符的行为，情节严重的。

(4) 本协议履行中，本协议订立时所依据的客观情况发生重大变化或因签订本协议所依据的法律政策变更，致使原协议无法履行，甲、乙双方经协商不能达成一致变更协议的，双方可以协议解除本协议。

(5) 发生下列情形之一的，本协议自动终止：a 本协议约定的期限届满的；b 本协议约定的终止条件出现的；c 甲方因不可抗拒的原因以破产、解散、注销等形式不复存在的。

12. 违约责任

(1) 甲、乙任何一方在履约中，违反本协议约定的义务性规定，或者擅自变更本协议任一条款规定，均构成违约，需向守约方承担违约责任。

(2) 本协议规定的“违约责任”之承担，以赔偿给守约方造成的实际损失为限。

13. 争议解决。甲乙双方因履行本协议所发生之任何争议，在协商无效的前提下，任何一方均有权向人民法院提起诉讼。

14. 适用法律。本协议适用中华人民共和国法律、法规及相关政策规定。

15. 协议文本及效力

15.1 本协议一式两份，甲、乙双方各执一份，具有同等效力。

15.2 本协议自双方签字、盖章之日起生效（双方签字、盖章之日不一致的，以最后签字、盖章的日期为准）；至本协议约定的服务期满时失效。

15.3 本协议履行中，如经甲、乙双方协商一致，对本协议进行了修订或变更，以甲乙双方另行签订的补充协议为准。

甲方：　　　　　　　　　　　　　　乙方：

日期：　　年　月　日　　　　　　　日期：　　年　月　日

（2）为所有参与服务的志愿者购买保险。这是一种降低志愿者人身伤害风险的行之有效、性价比高的操作方式，同时也是避免志愿服务项目风险较之重要的部分。

（3）在高风险志愿服务（如在医院开展的志愿服务、救灾等）中，出具《志愿者服务风险告知书》可以有效地提高志愿者风险防范意识，降低风险发生概率。

志愿者服务风险告知书（以医院为例）

尊敬的志愿者朋友：

您好，为了确保志愿者服务活动的顺利、安全进行，保障您的人身安全及健康，下面将对志愿者服务活动中可能出现的风险及注意事项做以下告知：

1. 患有心脏病、哮喘、癫痫等疾病，不宜过度劳累，如有此类情况，请您及时告知，以便另行安排；

2. 服务活动期间，请密切注意周围环境，以防止行驶车辆、高空坠物、不平路面等情况对您的身体造成损伤；

3. 我院非为传染性疾病的专科收治医院，但不免有少数该类病人误到我院就诊，因此请您避免同服务对象发生过密接触，而且应当注意个人卫生，做到勤洗手等清洁措施；

4. 请避免同服务对象及其他人员发生争执，如果已经发生，请立即向贵校带队人员及我院联系人员反映；

5. 请听从指挥，根据预定目标开展服务活动，不要私自离开志愿服务岗位；

6. 仍有可能存在其他风险没有告知，希望您遵循稳妥、审慎、安全第一的原则，开展志愿服务活动。对活动中出现的问题请在第一时间告知贵校带队人员及我院联系人员。

7. 本告知书一式两份，请您认真学习并妥善保管。

我已阅读并充分理解。

告知人：
志愿者：
日　期：

风险发生并处理后，应对风险管理完整过程进行记录，以吸取教训、总结经验，风险记录表如表 12-1 所示：

表 12-1　　风险记录表

<table>
<tr><td>风险类型</td><td></td><td>发生时间</td><td></td></tr>
<tr><td>相关责任人</td><td colspan="3"></td></tr>
<tr><td colspan="4">风险描述（客观描述风险发生的时间、地点、相关人、内容、未处理时后果）：</td></tr>
<tr><td colspan="4">应对描述（客观描述相关责任人，包括直接责任人和所属领导所采取的应对方式和成效）：</td></tr>
<tr><td>记录人</td><td></td><td>记录时间</td><td></td></tr>
</table>

（二）志愿服务项目风险管理的相关工具

从可操作性、全面性、便捷性角度考虑，建议在志愿服务项目风险管理过程中采用 Keshlaf 和 Hashim 提出的 SoftRisk 模型①。其主要思想是记录并将注意力集中在高可能性和高破坏性的风险上是进行风险管理的有效途径，目标是在有效地减轻风险的破坏性的前提下，节省风险管理过程中的时间成本和人力成本。该模型包括以下步骤：

（1）风险识别：使用多种方法识别出志愿服务过程中可能产生的针对志愿者、服务对象和项目本身的潜在的威胁。

（2）风险发生的可能性和由此造成的损失估计：针对识别出的风险，综合考虑影响风险发生的各个因素，预估风险发生的可能性及相应后果。

① 胡勇，谢康，肖静华．软件项目风险管理的协同过程模型．现代管理科学，2007（3）．

(3) 文档化识别的风险：将风险依据志愿服务类型划分维度和内容，如人身伤害、财产损失、社会声誉等，并对损失程度进行量化（如采用百分比或数字“1～10”表示），从而建立起风险分析图。

(4) 风险评估：依据公式“RE（排序指标）＝风险发生的概率＊风险造成的损失”计算风险等级。

(5) 排序：按照上述公式对风险排序，找出十个或五个重大风险。

(6) 监控：利用图形表示风险的级别、状态，制定风险控制和应对计划。

(7) 控制：实施风险控制计划，如有风险发生，实时启动风险应对计划，并对此风险进行再识别、评估和排序。

(8) 统计操作：根据志愿服务开展情况和风险影响因素变化情况实时对风险进行统计和估计，如果有新的风险出现，则再转到步骤（1）①。

具体内容详见表 12-2：

表 12-2　　风险评估表

分类	内容细化	损失程度	概率	可控性	排序

三、志愿服务项目风险管理的保障与监督

志愿服务组织在系统地评估、规避、应对可能发生的风险的时候，应重点关注三个方面：风险评估、制度保障、过程监督。

(一) 风险评估

所有的志愿服务组织都应该对自己的组织所开展的志愿服务项目进行风险评估，并且要涉及风险可能发生的所有领域，包括一般动作风险、志愿者和员工的风险、合作单位的风险、他人及社会的风险、财产及设备的风险等。

完成风险评估之后，志愿服务组织应该把这些风险列成清单，并对其破坏性或者危害性做适当的预测，形成风险规划书。如果可能的话，志愿服务组织可以安排专人负责风险规划，并定期检查组织的风险规划书是否

① GAZY L，连青松. 管理项目风险. 经理人，2006 (3)：64-65.

符合组织情况。

一般而言，志愿服务组织为某个志愿服务项目制订计划或者战略规划时，都应该考虑项目可能会遇到的风险。例如，对于志愿者招募过程中可能出现的种种风险，应事先进行评估，并制定相应的风险应对措施。如表12－3所示：

表12－3　　志愿者招募过程中可能出现的风险及应对措施

风险识别	风险分析	风险应对措施
计划失效风险		
志愿者需求发生变化	①志愿者需求预测不准确，产生较大误差 ②实际需求发生较大变化，出现人浮于事或者人少事多的情况	与需求部门进行定期沟通，进行滚动预测，及时更新需求信息，明确志愿者的具体数量要求和工作岗位
志愿者供给发生变化	①公众参与热情不高，报名人数无法满足需要 ②志愿者缺乏志愿服务经历 ③志愿者的能力、素质与要求不匹配 ④志愿者服务时间无法确定 ⑤新增志愿者的要求	①加强招募宣传工作，扩大招募范围，吸引更多符合条件的人报名参加 ②组织志愿者参加其他大型活动，通过学习与培训，为其提供日常志愿服务经验 ③确定重点目标人群和领域，对关键岗位志愿者进行严格培训和选拔 ④尽早明确选拔及培训的时间，便于申请人做出相关安排 ⑤定向追加招募数量，加强代表性志愿服务组织管理体系建设
过程风险		
志愿者招募进度滞后	①未及时做好进度安排 ②志愿者的要求未得到满足 ③志愿者无法按照要求参加志愿服务	①加强志愿者招募选拔进度管理，细化里程碑计划，严格按照计划开展招募选拔工作 ②尽早提供明确、具体的岗位需求，允许志愿者申报2～3个服务岗位，尽量满足志愿者的申报志愿 ③按比例招募机动志愿者作为后备力量
志愿者人员流失	①未及时做好与志愿者的沟通联络工作，对志愿者提出的相关问题没有及时解答 ②志愿者激励保障不足 ③考核和选拔机制不合理	①与志愿者保持联系，保持志愿者的报名与服务热情 ②制订有效的志愿者激励保障计划 ③综合运用多种考核方式，严格按照标准流程进行志愿者选拔；面向社会公开选拔方式，接受社会舆论监督

续前表

风险识别	风险分析	风险应对措施
舆论风险	①国内外个别媒体对志愿者招募程序和方式的失实报道和恶意攻击 ②未被录用的志愿者出现不满情绪和消极言论	①向社会公开宣传招募流程和办法，定期召开新闻发布会，对志愿者招募进程进行公布 ③及时做好未录用志愿者的疏导工作，向每一位志愿者发送感谢信或纪念品
安全风险	①入选志愿者存在不良动机 ②招募选拔现场出现意外突发事件	①加强志愿服务精神的正面宣扬 ②制定突发事件应急预案，及时、充分地做好应对工作

（二）制度保障

制定风险管理策略时，除了要为某些具体的风险制定应对措施外，最好能够建立包括志愿服务组织在内的风险应对机制。唯有形成制度层面的保障，志愿服务组织才能在面对突发危机时做到随机应变。

遇到紧急情况或者突发危机时，志愿服务组织必须保证有一套及时的问责机制和有效沟通渠道，让志愿服务组织的管理者、志愿者和社会大众知道如何应对风险。同时，要安排有风险应对知识和经验的督导人员进行指导，使志愿者及相关人员具备危机处理能力。相关人员应遵循指示，做好各项应变工作。

危机发生以后，志愿服务组织的管理者应该采取一系列补救措施，并通过规章制度确定下来：第一，对志愿者或者服务对象进行慰问；第二，尽快向相关保险机构提出申请，减少损失；第三，向上司汇报危机情况和处理方法，并积极征求专家的意见和建议；第四，细心分析风险发生的原因，寻找风险规避方法和预防文案。

另外，要在志愿服务组织的制度建设中渗透风险管理的意识，将风险扼杀在摇篮之中。渗透风险管理意识的举措包括：严格做好志愿者的申请审查和筛选工作，要求提交申请的志愿者提供是否有犯罪记录的证明；向志愿者提供职责和岗位说明手册，并进行相关安全培训；要求志愿者向志愿服务组织提供一份表示他理解有关规定并将执行有关规定的保证书。国内很多志愿服务组织在招募志愿者开展活动之前，都会与志愿者签订服务协议书，为志愿者买保险，并在志愿者招募公告、服务协议书中有所体现。

（三）过程监督

志愿服务组织在开展志愿服务活动的过程中，应该对整个过程进行监督，监督的一个重要作用就是防止危险的发生。例如，很多年轻的父母为了培养子女的爱心，都非常支持未成年子女帮助他人、参加各种形式的志愿服务活动，这就更需要志愿服务组织安排专人监控、看护，否则一旦发生问题，将会得不偿失。另外，如果需要志愿者外出工作，应该尽量安排多人结伴同行，这样也可有效规避风险。

思考与讨论

1. 为什么要进行志愿服务项目风险管理?
2. 志愿服务项目风险管理包含哪些内容?
3. 志愿服务项目风险管理的流程是什么?
4. 志愿服务项目风险管理的方法是什么?
5. 可以使用哪些工具进行风险管理?

参考文献

1. 孟鸿志. 论社团章程的法律调控. 行政法学研究，2001 (3).

2. 中共中央办公厅. 关于加强社会组织党的建设工作的意见（试行）. 中国政府网，2015.

3. 共青团广州市委员会. 从 0 到 1：青年社会组织组建及运行攻略. 广州：广州出版社，2015.

4. 中国社会科学院语言研究所词典编辑室. 现代汉语词典：第 6 版. 北京：商务印书馆，2012.

5. 陈林. 非营利组织法人治理及研究. 合肥：中国科学技术大学，2002.

6. 杜世宇. 我国非营利组织治理结构研究. 太原：山西财经大学，2011.

7. 张远凤，邓汉慧，徐军玲. 非营利组织管理：理论、制度与实务. 北京：北京大学出版社，2016.

8. 康钦平. 我国非营利组织治理结构研究. 重庆：西南政法大学，2007.

9. 张远风. 德鲁克论非营利组织管理. 外国经济与管理，2002 (9).

10. 共青团中央青年志愿者工作部. 中国志愿服务培训大纲. 天津：天津社会科学院出版社，2017.

11. 民政部社会工作司. 志愿者管理手册. 北京：中国社会出版社，2014.

12. 汪进. 我国志愿者权益保障研究. 重庆：西南政法大学，2009.

13. 布朗，海尔. 项目管理：基于团队的方法. 北京：机械工业出版社，2012.

14. 于建伟. 中华人民共和国慈善法学习问答. 北京：中国法制出版社，2016.

15. 刘艺. 我国公益慈善项目的运作路径及其管理. 南京：南京大学，2013.

16. 张俊虎. 志愿服务是创造社会财富的行为：谈志愿服务与慈善的差别，2016.

17. 项目管理协会. 项目管理知识体系指南：4 版. 北京：电子工业出版社，2009.

18. 王名. 非营利组织管理概论. 北京：中国人民大学出版社，2002.

19. 戚安邦. 项目评估学. 天津：南开大学出版社，2006.

20. 刘光富，陈晓莉. 基于德尔菲法与层次分析法的项目风险评估. 项目管理技术，2008（1）.

21. 陈秀红，张登国. 志愿服务项目成效评估指标体系研究——基于 AHP 法和模糊区间评价. 广西社会科学，2015（1）.

22. 邓国胜. 公益项目评估——以“幸福工程”为案例. 北京：社会科学文献出版社，2003.

23. 胡勇，谢康，肖静华. 软件项目风险管理的协同过程模型. 现代管理科学，2007（3）.

24. GAZY L，连青松. 管理项目风险. 经理人，2006（3）.

25. 北京志愿服务发展研究会. 中国志愿服务大辞典. 北京：中国大百科全书出版社，2014.

26. 宾图. 项目管理. 北京：机械工业出版社，2007.

27. 王忠平. 志愿服务管理理论与实务. 北京：北京交通大学出版社，2015.

28. 王忠平，陈和午. 志愿服务项目评估理论与方法. 广州：广东人民出版社，2017.

29. 中国志愿服务联合会. 中国志愿服务发展报告（2017）. 北京：社会科学文献出版社，2017.

30. 王忠平. 志愿者管理工具包. 广州：广东人民出版社，2018.

图书在版编目（CIP）数据

志愿服务组织建设与项目管理/王忠平，沈立伟主编．—北京：中国人民大学出版社，2018.10
（志愿服务实务丛书）
ISBN 978-7-300-26185-0

Ⅰ.①志… Ⅱ.①王… ②沈… Ⅲ.①志愿-社会服务-组织机构-建设-中国 ②志愿-社会服务-项目管理-中国 Ⅳ.①D669.3

中国版本图书馆 CIP 数据核字（2018）第 202083 号

志愿服务实务丛书
志愿服务组织建设与项目管理
王忠平　沈立伟　主编
Zhiyuan Fuwu Zuzhi Jianshe yu Xiangmu Guanli

出版发行	中国人民大学出版社		
社　　址	北京中关村大街 31 号	**邮政编码**	100080
电　　话	010－62511242（总编室）		010－62511770（质管部）
	010－82501766（邮购部）		010－62514148（门市部）
	010－62515195（发行公司）		010－62515275（盗版举报）
网　　址	http://www.crup.com.cn		
经　　销	新华书店		
印　　刷	运河（唐山）印务有限公司		
开　　本	720 mm×1000 mm　1/16	**版　　次**	2018 年 10 月第 1 版
印　　张	20.5 插页 1	**印　　次**	2025 年 11 月第 3 次印刷
字　　数	356 000	**定　　价**	45.00 元